成为你自己

张文晶 著

辽海出版社

图书在版编目（CIP）数据

成为你自己 / 张文晶著. -- 沈阳：辽海出版社，2017.12

ISBN 978-7-5451-4634-9

Ⅰ. ①成… Ⅱ. ①张… Ⅲ. ①儿童教育—家庭教育 Ⅳ. ① G78

中国版本图书馆 CIP 数据核字 (2018) 第 000208 号

责任编辑：丁　凡　高东妮
责任校对：丁　雁

北方联合出版传媒（集团）股份有限公司
辽海出版社出版发行
（辽宁省沈阳市和平区十一纬路 25 号 辽海出版社　邮政编码：110003）
北京市天河印刷厂印刷　全国新华书店经销
开本：1/16　印张：20.75　字数：340 千字
2020 年 1 月第 1 版　2020 年 1 月第 1 次印刷
定价：80.00 元

卷首语

苏霍姆林斯基说过:"有一样东西是任何教学大纲和教科书、任何教学方法和教学方式都没有做出规定的,这就是儿童的幸福和充实的精神生活。如果人的精神生活,仅仅被局限在掌握知识上、分数上表现自己,那么就会有失败和困难在等待他,使他的生活变成一种痛苦。"

作为一个母亲和教师,每当面对闪亮的、纯真无邪的眼睛,总是禁不住自问,我能将他们带向何方?这些鲜活的生命在美好的岁月里与我同行,我将以怎样的赤诚之心给予他们知识和快乐?

我们在宽敞的教室上课、在温暖的阳光下读书,在花园小径席地交谈。那一张张明媚的笑脸背后,潜藏着一份神圣的让人敬畏的力量。

作为母亲、作为师者,只有怀着一丝惴惴不安的、温柔的心,将自己的身躯弯得再低一些,以平视的目光体验他们的视野,跟上他们的步履,与他们的心灵共鸣。感受他们成长中的快乐和烦恼,甚至难以承受的学业之重。以一份积极、坚定的信念激励他们,帮助他们认识自身与众不同的潜能,那是鼓舞他们树立理想和信念,勇于践行的不竭力量。

世间最美的风景,就是我站在这里,看着长大的他们洋溢着自信,昂然远去。

张文晶

家长篇　陪伴是最好的教育

第一章　幼儿启蒙

迎接石子	/ 9
人生第一月	/ 11
蛰伏的冬季	/ 13
生发的季节	/ 15
一周岁	/ 17
分　离	/ 19
甜　蜜	/ 21
识　字	/ 23
天使在人间	/ 25
留　级	/ 27
童言稚语（1）	/ 28
童言稚语（2）	/ 29
习惯养成	/ 32
旅　行	/ 34

第二章　学习是儿童的本能

小点滴　　　　　　　　　　/ 37
警　醒　　　　　　　　　　/ 38
一本书的启迪　　　　　　　/ 40
游　戏　　　　　　　　　　/ 43
时光因你而闪亮　　　　　　/ 45
英语启蒙　　　　　　　　　/ 48
适当集中学英语　　　　　　/ 56
平分生命　　　　　　　　　/ 60

第三章　金色童年

小学伊始　　　　　　　　　/ 63
挚爱历史　　　　　　　　　/ 66
告别兄弟　　　　　　　　　/ 69
选　择　　　　　　　　　　/ 70
上班路上　　　　　　　　　/ 72
快速成长　　　　　　　　　/ 74
责　任　　　　　　　　　　/ 76
向　善　　　　　　　　　　/ 78
信　任　　　　　　　　　　/ 80
爱　　　　　　　　　　　　/ 83
心　愿　　　　　　　　　　/ 85
徜徉书海　　　　　　　　　/ 87
学习宽容　　　　　　　　　/ 89
考　验　　　　　　　　　　/ 92
收　获　　　　　　　　　　/ 94

第四章　青葱岁月

偶　像	/ 98
少　年	/ 101
拷问生命	/ 103
亲　缘	/ 106
陪　伴	/ 107
尝　试	/ 110
回到故乡	/ 112
幸福的感觉	/ 114
困　惑	/ 116
挫　折	/ 118
中　考	/ 121
同学情	/ 124

第五章　高中同行

15岁的祝福	/ 128
新闻启示	/ 130
认识自己	/ 132
牵　手	/ 134
给予你什么	/ 136
向左走，向右走？	/ 138
面对面的距离	/ 140
直面高三	/ 142
当初，那些删不掉的痛	/ 143
断　臂	/ 145
内心的呼唤	/ 148
解　脱	/ 150

家长会 / 152

唯一不变的是变化 / 154

悦纳自己 / 156

卷　面 / 158

体　重 / 160

放平心态 / 162

遭遇瓶颈 / 164

扶　持 / 166

陀　螺 / 168

因为你，我们相识 / 170

静待春暖花开时 / 172

星月为伴 / 176

记忆中的样子 / 178

共同成长 / 180

别样的春节 / 182

一切都是最好的安排 / 184

春天的记忆 / 187

全力跑好剩下的路 / 190

考前调整 / 192

高考第一天 / 194

佐　料 / 197

结　束 / 200

抉　择 / 202

面　试 / 205

圆 / 206

祝福成年 / 208

教师篇　在教育中提升生命

第一章　脚踏实地、眺望远方

开　端　　　　　　　　　　／ 215

惊心动魄　　　　　　　　　／ 217

七年级关键词　　　　　　　／ 219

关注细节　　　　　　　　　／ 222

在反思中提升　　　　　　　／ 224

放　假　　　　　　　　　　／ 227

八年级关键词　　　　　　　／ 229

小组合作竞学　　　　　　　／ 232

梳理学习方法　　　　　　　／ 235

谁之过　　　　　　　　　　／ 237

走过八年级　　　　　　　　／ 240

迎接九年级　　　　　　　　／ 243

走近中考　　　　　　　　　／ 246

走向另一条路　　　　　　　／ 250

毕业季的春天　　　　　　　／ 252

奋斗的真正意义　　　　　　／ 255

走过毕业门　　　　　　　　／ 257

喜　报　　　　　　　　　　／ 259

元旦节目：喜赞教师　　　　／ 263

寄语七年级学生　　　　　　／ 266

寄语八年级学生　　　　　　／ 269

寄语九年级毕业生　　　　　／ 272

家庭是孩子成长的最好助力　／ 276

携手同行毕业季　　　　　　／ 279

反思篇　在叩问中警醒

第一章　心灵断想

面　对　　　　　　　　　／ 285

期　望　　　　　　　　　／ 288

感恩有你　　　　　　　　／ 290

青春致敬母亲　　　　　　／ 292

画　面　　　　　　　　　／ 294

七年与梦想　　　　　　　／ 296

踏实走出每一步　　　　　／ 298

师生相聚　　　　　　　　／ 300

教师节　　　　　　　　　／ 302

素　描　　　　　　　　　／ 304

羁　绊　　　　　　　　　／ 305

学　习　　　　　　　　　／ 307

为你守候　　　　　　　　／ 309

我的 2015　　　　　　　／ 311

心　声　　　　　　　　　／ 315

第二章　教学醒悟

从反省中探索激扬生命　　／ 318

在朦胧的季节，遇见懵懂的你　／ 323

陪伴是最好的教育

第一章　幼儿启蒙

孩子的首席教育者，第一任教师，就是母亲和父亲。

——苏霍姆林斯基

美国教育家 M.S.斯特娜说："教育不应该在学校由教师开始，而应该在家庭里由母亲开始。"

犹太人是世界上最重视教育的民族，一位犹太教育专家说过："人刚生下来的时候没有什么两样，但是因为环境，特别是幼小时期所处的环境不同，有的会成为天才或英才，有的则变成了凡夫俗子甚至蠢才。就算是普通的孩子，只要教育得法，也会成为不平凡的人。"

"零至三岁的学习方式和长大后不同，前者是无意识的学习，后者是有意识的学习。最为重要的是在生活中，在家庭教育中挖掘孩子的潜能。"

——《犹太人的智慧全集》韦恩·玛格尔

迎接石子

暑假已近尾声，酷热散尽，早晚微凉。相对从前的丰富，这个假期最为平淡，甚至有碌碌无为的惶恐，老公却说我做了此生最伟大的一件事，甚至永远也不会再做的：等待孩子出生。

整个孕期都在学习如何做母亲，假期更为专注，从母婴的饮食营养、身体锻炼到幼儿陪护、早期教育，无不纳入热切积累的育儿常识。

所有需要的物品已经备齐，只等待那痛苦又令人激动的时刻。自己身体一直很健康，对孩子也有莫名的自信，相信一切会平安顺利。每天早晚在小区花园散步、倚靠在床头看书、听喜欢的古典音乐，就像母子相伴欣赏一台音乐会。放假前上课时播放英语磁带，贴着录音机的肚子会动得更频繁，很敏感啊！这个活跃的孩子从娘胎里就每天听英语，将来说英语会不会很好呢？

8月19日清早已见征兆，去医院看过大夫，让耐心等待。雨或急或缓地下了一天，整个夏天也没有这样通透的雨。空气清新、路面湿滑，孩子，你会踏雨而来吗？

傍晚雨越下越大，已有瓢泼之势，我和老公忙碌着整理材料。上午陈老师给我送来晋升中级职称的表格，懂事的孩子清早打好招呼，预留一整天的时间让我精心筹备，争分夺秒，终于在晚上11点完成了所有内容，专心迎候他的到来。

睡下之后并不轻松，时而的痛感已经出现，这个性急的小家伙还是不想避过这场风雨，开始横冲直闯。20日凌晨两点已经无法入睡，悄悄起来熬了一锅小米粥。一阵强于一阵的痛感逼迫我们在四点冒雨赶到医院，多亏所在企业的医院就在生活区内，只需要步行几分钟，提前预约好的值班大夫非常熟悉，告诉我们不必紧张，慢慢走动。

没有多少人住院的病房在凌晨更加安静，走廊里只有我们的脚步声，被老公搀扶着，头昏脑胀，一步步丈量着疼痛的深度，一寸寸跌落到没有止境的痛的深渊。

天亮以后才通知母亲，看着亲人们围在身边，莫名增加了无穷的勇气。大约6:40进入产房，7:35分一个头发黑黑的小东西，闭着眼睛大哭着被抱到眼前，50公分、3.4公斤、男孩。心中没有涌起书中描绘的感动和激动，只有长舒一口气的放松和虚脱。一切本应如此，似乎我们是前世相约的母子，必定要今日相见。

那一刻内心忽然蹦出一个笑点，两周前做完超声波检查，从相熟的大夫口中隐约听出是男孩，说不上什么惊喜，女孩也好，可是一直觉得就应该是男孩，回家故意逗老公说，可能是女孩。他连说三个"完了"之后，有些尴尬地笑道："女孩也不错。"但是我知道老公想要一个男孩，像他一样头脑聪明的男孩子。如今会不会欣喜若狂呢？努力睁开双眼，看他紧张地盯着襁褓里的孩子，在纳闷吧！多亏他始终守在唯一的产房、唯一的产妇、唯一的婴儿旁边，不必怀疑有抱错的情况发生。

这个又丑又红的小家伙昏睡了一整天，到了晚上12点却不肯再睡，拼命地大哭，哭声又长又亮，响彻整个医院。

我们本是一体，经历撕心裂肺的疼痛彼此分离。你一定无法接受这陌生的环境、陌生的声音和气息，甚至无法尝试陌生的进食方式。我还无法理解你的需求和不安，虽然筋疲力尽，还是小心地抚摸着你，在昏暗的光线下不由一阵羞涩，第一次生涩地说出："别哭，宝贝儿，妈妈在这儿。"

我们在这儿，我和爸爸都在你的身边，一个家庭因为你的到来变得完整。也许今后还有许许多多这样的无眠之夜，我们将一起相守度过。

十个月的孕期，自己的身体始终没有太大变化，没有明显反应，一直行动轻松干活麻利。没有手脚肿胀、没有难看的妊娠斑和纹络，一切辛苦都是可承受之重，是妈妈太坚强，还是孩子太懂事？你用嘹亮的哭声宣告你的健康和力量，谢谢儿子，但愿以后相守的日子也充满轻松和快乐。

我们给这个不惧风雨的狮子座男孩取名：石子。

人生第一月

一向不被风俗约束的父母为了方便照顾我们，第二天出院就把我们母子接回娘家，开始在姥姥家坐月子。

忙碌一天的大家已经睡去，我忐忑不安地独自孤军作战，果不其然，十二点多石子醒来睁开眼睛，一夜不曾关掉的壁灯散发着昏黄柔和的光，他一定觉得很奇怪，圆圆的黑眼珠四处看看，这就是玩吧。

玩的时间并不长，很快就不明里地哭起来，还不丰盈的奶水无法招架，小心翼翼地抱起软软的细胳膊长腿，马上安静下来，刚一放下又像扭动了开关嘹亮地响起来，几次三番对他的哭声无计可施，只能拍着他的肩膀任其委屈，他倒也知趣，最终乖乖睡去。还没有睡踏实，又被警笛儿一样的哭声吓得心惊肉跳，吃、拉、吃，还是不能到天亮，闭着困倦的、睁不开的双眼，给孩子换尿布，这仅仅是开始啊！石子，还是在妈妈肚子里更舒服一些吧？你是，我也是啊！

两天以后，姥姥给石子洗完澡，穿上小衣服，真是个漂亮的小娃娃了。

如今才明白那句话"孩子还是自己的好。"躺在他身边，静静端详这张渐渐圆润起来的小脸，熟睡的时刻也不断浮现出生动的表情，撇嘴哭、咧嘴笑或皱眉嘟嘴。无法想象他在睡梦中是如何忙碌，难道时而是吃饱的满足，时而是不适应的紧张？会有什么事让这个小人儿快乐和烦恼呢？

轻轻将他揽在怀里端详着急促吃奶的样子，偶尔他也会睁开双眼，碰触到妈妈温柔的目光，虽然还没有对视的微笑，但是那眼神中忽而专注的一瞥，一定将环抱他的这个人和丝丝甜蜜的奶香联系起来了，深深记在脑海。哦，这是妈妈。

远离了人群，远离了清新的空气和养眼的绿色。困在这方寸之地，每天最专注的事情就是目视石子的成长。逐渐圆胖起来的小手小脸、皮肤娇嫩、眉毛浓黑、鼻梁挺直，睡梦中的眼线弯弯长长地翘起，睁开以后一双大眼睛清澈明亮，表情逐渐增多，特别是偎在怀里笑眯眯的样子真是让人甜蜜到心疼。

都说头型是睡出来的，石子偏执的睡姿依然没有转变。小脑袋倔强地拧向一边，母子交换位置、将枕头两边用书挡住，仍无法控制他三两下就恢复到最舒服的姿势，很多天生的禀性是不是就这样丝丝缕缕地显现出来了？

那鼓鼓的"气肚脐"是烈性子的标志吗？看那要命的哭声可见一斑。但是熟睡时再大的声音他都充耳不闻，绝不会被惊醒，似乎是个大彻大悟大度量的人。不需要看他的脸，只听他睡觉的动静就可以想象可爱又可笑的表情。有时哼哧哼哧似乎在鼓足劲儿长大个儿，不用看，脸已经憋得通红。有时哼哼唧唧似乎在与谁喃喃细语。最可笑的是，在睡梦中也会裹着圆嘟嘟的嘴唇吧嗒吧嗒做吃奶状，而且吃的有声有色有滋有味。即便是后脑勺睡偏，执拗的睡姿也难更改，可是仰着小脸默默微笑的时刻越来越多，那一刻所有的忙碌和困倦一扫而光。

有两天发现奶水不足，石子要是醒两三个小时，就感觉应付不过来，真正的嗷嗷待乳，张着小嘴让人心疼又心急。无奈之际，只好给他冲奶粉，看他龇牙咧嘴难以下咽的表情，肯定在想这不是妈妈的味道。心里一阵难过，以后不会更糟糕吧？他瞪着发怔的大眼睛，好像也在猜测不会没有饭吃吧？那该多么可怕！

这个月是一生中少有的受禁闭的幸福时光，可以安然地休息，泰然地接受别人的照顾。心情随着满月临近变得激动又担心，就要结束被隔离般的日子，开始三口之家的生活，我们能行吗？甚至很担心能否解决最基本的温饱问题。所有的家务随着孩子的到来不知要翻几倍，爸爸上班，妈妈带石子，未来的日子里三个人会不会自我培训、合作共赢、快速成长呢？

石子也许感觉到就要结束在姥姥家的生活，忽然没了规律，要是吃饱了，没有特别之处，也会哭一会儿，姥姥的话，哭一哭是消化和运动。不会表达的孩子只能用哭解决一切要求，有时看到没有人抱他，居然也能很委屈很可怜地自己收场，挂着泪花睡去。难道这么快就应验了曾经的想象，以后忙起来也不会总有人抱着他，需要自己玩耍，成长中需要自己解决的事情将越来越多，石子，你准备好了吗？

蛰伏的冬季

很多的成功教育案例说明，对孩子的教育开始越早越好。认为新生婴儿如同一个小动物，只需要吃饱长身体，不具备学习与接受教育的能力，这是普遍存在的偏见。

满月后，姥姥还要照看比石子大 11 个月的侄子，我们搬回到单身楼的家，蜗居在一间宿舍，准备从十月就开始的冬天。幸运的是同一层楼有四五个孩子和石子出生年月相仿，这些年轻的妈妈抱着孩子交流育儿经，分享着小儿头疼脑热的护理经验，年轻父母经营家庭的拙劣在和睦的邻里之间得到了弥补。

做饭要将炉灶搬到屋外，走廊里洋溢着集体生活的热闹氛围。锅铲翻动的噼啪声，哗哗洗菜的流水声，抱孩子的母亲聊孩子、掌勺的父亲谈做菜，很快就闻到浓浓的鱼汤、香辣的鸡肉，长长的走廊里弥漫着幸福的味道，有时狂风肆虐无法出去炒菜只能在屋里用电饭锅熬小米稀饭。这些没有老人帮忙的年轻父母，在忙乱时相互照应，怀抱里的娃娃长大后也成了最好的伙伴。

石子白天睡眠极少，经常出现胃肠不适带来的反复哭闹，让我们恐慌又痛苦，担心无数次的大便影响他的成长。但是石子精神很好尤其爱笑，看到大人微笑的面孔转向他，就用专注的眼神配合着口型开始和你"交流"，似乎在说，别担心，我没事的，只是直肠子而已。

为了锻炼他的视觉听觉反应，我们在小床四周、墙壁、家具上贴满了颜色鲜艳的图片，只要不睡觉，房间里总是播放着轻松的音乐。他明亮的眼睛追逐着那些图片，寻找着发声的角落，时而兴奋地喃喃自语，漂亮的面孔开心一笑，像个天使一样挥释掉我们所有的焦虑和疲惫。

元旦前夕我们告别单身楼，搬到宽敞明亮的新家，与姥姥家仅有一路之隔。时常抱到姥姥家与表哥玩耍一会儿，但是更多时间母子俩像一大一小两只虫子，蛰伏在五楼的新家里，每个房间营造着适合石子活动的氛围。阳光晴暖时抱到阳台晒一会儿太阳，远远看着路上的车来人往，楼下就是单位的幼儿园。

幼儿园四周被刷漆的铁栏杆围拢，上面焊接着五颜六色的动物图像，院子里浅草依依，分散着大型或小巧的玩具。老师阿姨每天定时带孩子们到院子里组织活动，被家长接出来的孩子也可以在院子里玩耍，因为是单位的幼儿园，也成为小区的公共娱乐空间，白天对公众开放。

幼儿园的院子里，穿戴臃肿的孩子们滑滑梯、玩跷跷板、转转椅。我们像坐在豪华包厢，每天从楼上透过窗户欣赏真实的儿童剧，隔着窗户都可以听到他们快乐的笑声。石子亮晶晶的眼睛紧盯着那些奔跑的身影、五彩的玩具和图像，挥舞着拳头在妈妈怀里欢笑，你也想挣脱双臂脱缰而去吗？会有那么一天的，多么盼望啊！

爸爸上班，母子相伴的日子里，我喜欢将房间打扫得干净整洁，把石子放在洒满阳光的大床上，相对而坐。像训练一只小狗一样陪他做运动，引导他随着指令伸腿、拍手，扬着笑脸指出妈妈的五官和四肢，开心地随着音乐左右摇摆，哈哈大笑。

爸爸在家的时刻，被举高的石子欢叫着，去触摸和摆弄墙壁上、家具上的玩具和图片，用他自己的语言表达着内心的快乐和兴奋，用我们彼此能懂的眼神交换心中的爱和幸福。

石子的辅食新鲜营养，一小碟、一小碗的红的绿的菜泥，白的黄的鱼肉和蛋黄，活动量很大的石子会一扫而光，吃饱的圆脸上现出甜甜的酒窝以示满足。唯一的美中不足，他在上下午各睡半小时，对于一岁之内的孩子来说睡眠太少，但是他举止灵活、身体健壮、精力充沛，尤其喜欢听妈妈给他唱歌、讲故事。

这样的时间并不长，过年之后的新学期，石子妈妈要去上班，半年的哺乳假期间，上课时送到姥姥家，下课带着成包的作业回家陪石子。石子圆溜溜的大眼睛看着妈妈在床头批改试卷，那哗啦啦翻纸的声音吸引得他目不转睛，扔掉玩具争抢着能画出红印的圆珠笔。

这个娇嫩的娃娃一天天强壮起来，在寒冷的冬季里积蓄着成长的力量。

生发的季节

在学生和石子之间奔波忙碌，在如飞的日子里穿行。恍然之间，天气渐暖，抱着石子走进灿烂的阳光，在和煦的风中散步，任春天的温馨将我们环抱。

冬眠的孩子终于等来春暖花开的季节，迫不及待地舒展腰身、迅速成长。灿烂的樱花树下，石子被爸爸高高举起，浅浅的酒窝在微笑的圆脸上溢满快乐，这一刻成为妈妈心中永恒的经典。

八个月的石子出了第一颗牙，不知什么时候他已经能用眼睛说明一切，问他小狗在哪儿，大胖猪、灯、钟表在哪儿？他的眼睛立刻扫描过去，并伸手指给你看。有时健壮的石子会自己玩上半天，满脸安静，像个小大人一般目光专注。

喜爱他熟睡时的模样，留恋他温软的小胳膊倚在身上的感觉，只有父母才懂那份沉醉的幸福。九个月的石子健壮地翻来翻去，响亮的笑声如春风一样感染着每个人，甜甜地叫着爸爸妈妈的表情更是让我们乐得不知所然。

细雨像一把轻盈的扇挥去了树梢、叶脉间的尘埃，尽显清凉。我们在如丝的春雨后走进浅草青青的户外，去亲近已经疏远太久的大自然。石子对静悄悄的田野并不太感兴趣，几只路旁垂首吃草的小羊吸引着他的眼神，最让他开心的是那些风中飘扬的旗子，也许好奇图画中的旗子怎么动起来了？

天气暖和的傍晚带他去小区广场玩耍，石子一双大眼睛忙碌地追逐到处奔跑的孩子，在别人的逗弄下开怀大笑，可爱的模样时时被人称赞，在热闹的气氛里变得兴奋不已。路边的灯让他充满兴趣，左顾右盼，对比观望，用眼睛表达出所有的好奇，一走近路灯旁就像见到熟识的朋友高兴地欢叫起来。

我们像翻出积压在箱底太久的宝贝，只要天气晴朗就要拿出去晒一晒。石子就是被我们不断晾晒的宝贝，走出楼顶脚踏实地踩在泥土上，亲近土地、锻炼手脚。在阳光下补钙，在人群中欢笑。

周末带石子去小花园，亭台楼阁、假山水池、鲜花浅草，所有活灵活现的东西都让他深感新鲜好奇，这是开阔眼界的开始吧。在灿烂的阳光下，我们融为美景中的一份点缀，春天是生发的季节，石子的成长就像田野中的花儿，各种各样，五颜六色悄悄绽放。

石子对声音特别敏感，看到客厅跑动的火车玩具激动地叫嚷着车的音节。给他买的玩具都线条简单，色彩明快。一个颜色鲜艳的小狗弹琴，有动作和音乐，石子终日爱不释手，不停地拨弄着发出声音。看到他爸爸新买的翠绿色乌龟和鹅黄色小鸭子，眼睛瞪得圆圆的，挑衅似的伸着小手拨弄一下，看它们在床上摇头晃脑，高兴地忘乎所以、手脚乱动，发现没有任何危险就抱着又啃又咬表达着自己的欢喜。

石子喜欢水，在家里的水盆洗脸洗脚兴奋地直跳，第一次去澡堂却小心得不敢动，虽然没哭，明显看出不同的环境让他非常紧张。人们总是在要变化中充满戒备、新鲜，然后适应，这就是成长吧。

春末时节，石子感冒持续了10天，康复之后，像是变了一个人，说话意识越来越强，表情丰富地自言自语，有时自己很认真地指着一个东西叽叽咕咕说半天，对别人说话的热情也明显增强，看着你的脸，很专注的眼神迎向你的眼睛，特别是在非常清楚地叫完爸爸妈妈之后，那份交流仅限于最亲的一家人，只有彼此能懂的秘语让人不禁心花怒放，异常满足。

俗语说生病让孩子长心眼，也许因为生病的孩子得到更多关注。成人每一天似乎没有什么变化，但是对于一个幼儿，在盎然的春季，每一丝风动，都会都在他身上留下成长的痕迹。

一周岁

一年前抱到眼前的那个新生儿，在过去的每一天，都焕发着让人惊叹的生命力，改变着模样，改变着我们。

暑假里，有更多时间陪伴石子，观察他一点点觉醒生命中的力量、展示天生具备的学习能力。

石子记忆力非常好，教给他的物品记得很快，见到玩具会指着说出来，对身边的小狗、小兔子、门窗等图片实物都能按要求拿过来。特别明显的是拿一本图画书能说出暖瓶、水壶等单字，并且能够认出厨房中的实物，对各种灯和车尤其着迷。迷宫一样的家里家外，有多少事物不断地涌进他的视野，渐渐从眼中进入心中，最终成为他生活中的一部分。

石子陆续长出牙齿，帮助他更好地进食，更加健壮。翻身迅速，趴在床上手臂支撑着身体四面转圈，头和胸抬得特别高，有一跃而起的架势。偶尔又是一副悠然的模样，坐在小车里将一只脚伸出车外，或者坐在另一只团起的脚上面，表现他的柔韧？不愿意别人抱，总想挣扎着下来走路，显示他开始向往的自由，行走的确是自由的基础。

有一天清晨，石子竟然坐在小床上，手扶着床框站起来，略弯着腰慢慢挪动，看到我们惊讶的眼神，露出胜利者的微笑，这是走向独立的开始吧。从此看他小心地扶着沙发，扶着床边站稳，摇摇晃晃地挪步，除了睡觉，其他时候没有安静的时刻，坐在小车上也要站起来，显示出旺盛的精力，还有10天就满一岁，还不能独立行走。

学会迈步就要准备摔跤，石子一周内从床上和小车上摔下来两次，更加依恋妈妈，以前别人还可以抱一抱，如今绝对不可以，挫折会把你吓倒吗？

暑假即将结束，石子明显胖壮起来，虽然还不会走，变化却很快。原来软软的小腿已能急促地迈步，让扶他的人都跟得很吃力，喜欢被扶着上下楼梯，完全不考虑他身后的爸爸妈妈苦不堪言，只任性地让一双小腿自由地施展它的力量。

　　石子满一周岁了，这个属于他和我的特殊日子。

　　时间转瞬即逝，快得如光似电。自己从没有经历过这么多的辛苦，也从未体味到如此特别的感受，被一个人完全依赖的压力、快乐和幸福。

　　作为一个母亲，无论多么年长或年轻，都会为了一个生命的到来欣喜万分，对他唯恐照顾不周、宠爱不足；同时为一个生命的成长愿意付出所有，为此变得坚韧、自信、成熟、而又满足。

　　一个母亲，在日复一日的疲惫中，与那个日渐茁壮的小生命共同呼吸，从他身上学会爱，又毫无保留地为他付出所有爱，心甘情愿，无悔无怨。

　　　没有能使儿童独立成长的环境，他们就无法自由地成长。只有不再依赖成人，儿童自己的个性才能得到真正的发展。

——蒙台梭利

分　离

石子上幼儿园了，却不是走进去的，一岁一个月的石子还不能独立走路。

楼下的幼儿园充满无穷乐趣，石子每天在家里的窗前观望，也经常去院子里玩耍，却不愿意被独自留在那里，因为那不是家，里面没有妈妈。

哭是唯一能够表达的语言，送去时大哭，接的时候依然在大哭。

最初抱着石子走到幼儿园门口，看到小小的他在怀里挣扎着不肯下来，嘶哑着嗓子哭喊，满脸泪花，眼神里充满无穷的惶恐。可以想象，朝夕相伴的妈妈，怎么会转身离开，把他留给别人，内心该是被丢弃的恐惧吧！只是，石子看不到上班的妈妈也是满眼泪水，一路上都是他哭闹紧张的表情，那紧张依恋的眼神在脑海里久久挥之不去。

当了母亲，特别是当母亲面对孩子的痛苦却无可奈何时，只能将更加深浓、无法丈量的痛把心塞满。石子最渴望的就是妈妈温暖的怀抱，我又何尝不和他一样难以放手，希望他随时能触摸到妈妈的手，看到妈妈的脸。

可是，孩子不可能总是在最爱他的妈妈怀里长大，虽然还如此稚嫩，总是要离开、总是要跑要飞的。每天背书一样用这样生动空洞的话告诉孩子、安慰自己，给我们坚持下去的勇气。可是一看到那沾满泪水的脸，多想率性一下，不去上班，终究还是放下孩子急促地扭身而去。已经是一个母亲，已经没有任性的资格，最多给自己一点流泪的自由，只能在说服自己的同时让孩子开始懂得分离。

每天在送孩子的苦恼中挣扎许久，也在等待接孩子的快乐中紧张更久。不敢看表，不忍看表，那份急切被深深地、紧紧压在心底，只有摸到那张可爱的脸，才会在窒息的拥抱中肆无忌惮地喷发出来。原来，孩子可以让母亲因母性的本能疯狂。

两周以后，哭闹渐渐减少，一岁两个月的石子会走路了。他终于知道走路的快乐，刚走稳当就开始歪着肩膀走来跑去，性格急躁，很不喜欢别人抱他，喜欢自己跑来跑去地玩耍，每每看着石子手脚不停的兴奋模样，不由感叹生命真是神奇，这一年我们一直在创造奇迹。

石子语言表达能力进步最快，每天在家不停地叫叫嚷嚷，急于表达，有些话已经说得非常清楚，会唱泥娃娃等儿歌，喜欢看书、认识很多书上的动物，经常踮起脚尖伸长手臂去拿四处的图书，看过的图画很快就能记下来。

早晨他看着忙碌的爸爸妈妈会说："爸爸上班，妈妈上班，石子上幼儿园。"然后仰着小脸露出甜蜜蜜的笑容，等待每人印在他脸庞一个亲吻，那是融化一家人幸福的良剂。

阿姨说石子在幼儿园已经变得很快乐，调皮又可爱。那个赖在妈妈怀里不肯下来的孩子，大哭着面对恐惧，又在大哭中积攒着勇气，接受了他出生后的又一次割舍和融入，离开妈妈进入一个新的环境。已经走得稳当、跑的结实的石子，轻易不再让人抱，想抱着他不放下的想法只是妈妈的一厢情愿。

想起石子满月后刚回到单身楼，有一个下午天气阴沉，石子大哭，怎么哄也停不下来。索性把他放在床上看着他哭，姥姥曾经提示我们不能一哭就抱，否则就很难放下来。

哭声终于把隔壁的阿姨引来了，她看到我坐在床上看孩子哭很不解，我的解释让她不以为然，慢条斯理地说："我们就一个孩子，他哭，就抱抱，你以为能抱多久。"听完顿时为自己的偏执羞愧。当年忙碌的父母哪有多少精力去哄抱每个孩子，只好任其自由生长。

是啊！孩子能在你怀里呆多久，总有一天要挣脱离开。后来几个月只要石子一哭就抱起来，更升级的是他爸爸不仅要抱着还要轻轻摇晃。

开始上班后的哺乳期每天送到姥姥家，我们很内疚没有按照她的理论调教，石子被抱惯的'恶习'让老人有一段时间很辛苦。对有一天可以放下孩子充满期待，如今这一天已经到来，这么快就到来了。

眼睛追随着他小小的背影，等待他回头眉眼间的微笑，定格成为妈妈心中最美的瞬间。

甜 蜜

陪伴石子成长，日益感受到为人父母的幸福和责任。看着笑呵呵的石子甜腻腻清脆脆地呼喊爸妈，心中像注入一股暖流，其中的甜蜜无以言表。拥抱石子的快乐与充实有时竟让我晕眩。

不善表露感情的爸爸对儿子充满无限的宽容和溺爱，随着石子的成长，他眼中的温柔、轻松与骄傲越来越多。我上晚自习，石子和爸爸玩积木看画报。三个人都在家，他就高兴地跑来跑去，忽然使劲抱住我的头，将他的胖脸蛋在我脸上蹭来蹭去，无尽的亲昵。儿子的欢乐埋在我心中，映在他的脸上。

一岁五个月的石子喜欢和爸爸妈妈玩儿歌游戏。我说上句天上星，他便接亮晶晶，爸爸说挂在天上，他说放光明。每人一句，他接的恰当及时，极富韵律。一闪一闪，又一闪，就像石子的亮眼睛，然后大家开心地哈哈大笑。这样的儿歌已经能说出十几首。每当我做饭就打开录音机，他会拧着眉头专注地靠在小床上听儿歌、听故事。

又一个寒假到来了，石子不必去幼儿园，我尽可能把他带到户外，感受不同的环境和天气，在行走中锻炼体魄。经常领他去不远处的火车站看来来往往的火车，看长得望不到边的轰隆隆的货车，看快速驶过的客车，石子明亮的大眼睛目不转睛地追着火车飞奔，满脸惊讶，直到消失无踪才挥舞着手臂大声叫喊、兴奋不已。

在这份自由宽松的氛围中，参照0岁方案的系列丛书，有意识地对他进行早期教育，石子各项成长指标的达成度都高于该年龄段的平均值。我们看书、听音乐、做游戏，他特别喜欢背诵长长短短的儿歌。在广场与其他小朋友玩耍，那些单身楼里的伙伴已经相熟，石子身高体重增长很快，越来越清楚地和别人简单对话，有一天看到我低着头他居然说出妈妈生气了，当时惊得我目瞪口呆。

孩子不断长大，挑战越来越多，认为孩子大了就轻松的希望越来越渺茫，也可能由体力的辛苦变成精神的考验。孩子正以我们无法预知的速度成长，父母的一举一动都在他的眼中留下印象，也许一直以来他在观察、在倾听，当他学会表达的时候，就脱口而出。你无法看到、猜度到的逻辑思维能力已经在他的小脑瓜里渐渐形成。

身正为范，我们只有时刻警醒，因为身后有一个最爱的人在临摹我们的举止，将来还有一天复制我们的想法，超越我们，成为我们希望的独立的人。

成为你自己

识 字

一个周末去大姐家玩，她交给我们两本关于幼儿成长的书籍。书上指出人们一直忽略的孩子认字问题，有理有据地论述了孩子在三岁之前认字的诸多好处，石子才一岁七个月属于早期。看完书后，我们夫妻俩经过认真商讨权衡利弊，我们有时间、有想法、做事肯坚持，石子记忆力好、好奇心强，我们应该可以尝试一下。

找出旧挂历，折叠切割成一个个小卡片，石子爸爸在卡片上面写上生活中接触较多的字，第二天开始尝试。先教"门、床、糖"三个字，把卡片交给石子，他忽闪着大眼睛拿着卡片左看右看上看下看，等着他跟读以后，就分别贴在卧室的门和床上，以及糖盒上。

开始石子不知道这是怎么回事，只是对卡片比较有兴趣，但是打开糖盒取出一颗糖给他吃，再说这个字就是糖，石子立刻明白了，继而指指门上的"门"，床上的"床"字，他眯着眼睛笑着模仿。这一天我们有意识地提醒他经过这几个地方，不断指出这几个字。

第二天把另外一套门、床、糖的卡片交给他，让他到另一间卧室，把卡片放到相应的位置，桌子上有一盘糖，石子第一个认出的就是糖。把卡片放在了糖上，然后找到了床和门，依次贴上，得到我们拥抱亲吻的鼓励。

接下来的日子里，每天教石子三个字，有时学得非常快，比如"鞋"，一次记住再也没有忘记。我相信石子的智力很出色，只需要家长持之以恒并且保持有趣的方法。我们用所学的字拼成句子。"石子的鞋哪去了？啊！他的鞋子在床上？不，他的鞋在床下，石子讲卫生。"

石子看着字能读出这些句子，读到最后，他高兴地跑到床下拿出自己的鞋子。我也鼓励石子将学过的字摆成句子和对话。他拼的第一句话是"石子和爸爸妈妈吃糖。"我不仅开心地亲吻着石子，给他一颗糖，还送给他一个红五星。当天学习的字是"红五星"。

孩子的变化永远超过母亲的预想，你无法预料他与生俱来的能力到底有多强大，不经意间像超人一样变幻出你不知道的模样。他越来越懂事，像个大人一样跟我们对话："妈妈，爸爸哪去了？上街买粽子了吧？妈妈，这是怎么回事，这是什么？"小家伙越来越爱问问题，听录音机会问："声音怎么出来了，那个唱歌的人在哪儿？"

石子特别喜欢上课，自己搬一把小红椅子，坐上去便说："上课啦，学习了。"那认真可爱的样子让人忍俊不住。在他要求上课的时候，识字最认真，听故事也记得特别快。

我们不仅自己用字拼故事，石子尤其喜欢大人给他讲故事，无论遇到什么事情哭闹，只要一跟他说，哭鼻子的石子想听故事吗？他就会安静下来，赶快跑去找书。他很熟悉"小马过河"等故事，还在幼儿园讲给小朋友听，聪明可爱的石子越来越受到阿姨和别的家长赞赏。

看到妈妈来幼儿园接他就高兴地举着小手小脚，一蹦一跳地唱自己编的儿歌"妈妈妈妈，亲妈妈，妈妈妈妈好妈妈，妈妈妈妈爱妈妈。妈妈妈妈接我了。"来到院子里，石子在草坪上快乐地奔跑，真像一只被放飞的小鸟。

> 儿童应该生活在美、游戏、童话、音乐、图画、幻想、创造的世界里。
> 当我们想教会他们读和写的时候，仍然应当使他们置身于这个世界里。
> ——苏霍姆林斯基

天使在人间

又一个春天走近了,路边的樱花已经绽放,空气中弥漫着温暖和馨香。石子穿了一冬天的大棉袄换成小外套,中午燥热时分,只穿一件小棉袄,看上去格外轻松神气。

石子辅食很早,特别喜欢吃胡萝卜和肉,可以吃八个水饺。一岁七个月断奶就是因为吃水饺大功告成,没有麻烦任何人,也没有任何哭闹和不适,在他们班小朋友中年龄最小个头最大。越来越强壮的石子动作敏捷,歪着肩膀跑步很快,已经能独自上四五级台阶。

石子喜欢幼儿园院子里的玩具,唯独总是绕过滑梯,也许他担心走进那个神秘的洞口,但是看到小朋友穿过洞口从滑梯上欢呼着滑下来,他又满脸羡慕。一个周末,在我们的鼓励下,他爸爸扶着他一步步走上去,在洞口前的最后一级台阶石子站了很久不敢滑下去,爸爸鼓励他看洞里什么也没有,石子终于坐上去,从上面冲下来,第一次感受到滑落的快乐。从此一发不可收拾,每天都要爬上滑下很多次,一脸的骄傲和神气。体验成功是最大的鼓励。

看着眼前这个昂首挺胸的小男孩,以后长长的路上他会迈动灵活的小腿,走得更远。

石子就像一台收录机,睡醒觉就如打开了开关,小嘴叽叽咕咕说个没完。只要回到家里,就像一个小精灵,高高兴兴地又蹦又跳,一边晃来晃去一边鼓着小嘴巴唱儿歌,节奏快起来时,脚步更加复杂急促,完全进入一副载歌载舞的自我陶醉状。玩卡片时唱儿歌,就像随机播放的磁带一样。有一天我准备了一个空白磁带,把他唱的儿歌录下来,满屋子萦绕着他稚嫩清脆的歌声。

"六一"儿童节,石子表演了一个节目《小燕子》,一张圆脸让阿姨描画得粉嫩漂亮,身上披着彩带做成的翅膀,随着明快的节奏边舞边唱。台下的我禁不住热泪盈眶,一个可爱的孩子能带给家庭的温暖和快乐,石子毫无保留地送给了我们。没有陪伴孩子成长的父母是遗憾的,没有体验到琐碎的辛苦也绝对无法回味小儿带给家庭的甜蜜。

蒙台梭利说:"儿童是成人之父。"儿童与其说是父母创造的生命,不如说是自然赐予父母的小小神灵。

一年多来陪伴他长大的日日夜夜让我们醒悟,成长是相互的,他督促我们自我成长,送给我们走向成熟的机会,让我们收获春华秋实累累的感动,对于明天充满更热切的向往和渴望。

正如朱永新教授所说:"陪伴是父母向孩子学习的过程,也是父母跟孩子建立终生联系的机会,是父母的鼓励和期望造就了孩子的未来。"

成为你自己

留 级

新的学年开始了，石子所在的托儿班小朋友将升到小班。年龄限制在六月底前出生的孩子；8月出生的石子达不到标准，虽然几番争取还是没能升上去，只能在托儿班再呆一年。

开学第三天，等所有小朋友都到齐了，阿姨领着可以升班的小朋友到楼上，听别的家长说石子哭得特别厉害。虽然之前耐心地给他做了解释，可怜的石子还是不能理解为什么不能和那些熟悉的小朋友一起上楼，特别是看到他们真的走了，可以想象偌大的房间只剩下石子一个人，自然有一种被抛弃的不安全感，再加上新换的阿姨也不熟悉，这个刚过两岁的小人儿肯定会感觉孤单害怕。

下午再送石子时，果然看到休息室里只有石子一个人的被褥，我把他抱到小床上，看着他独自躺下，虽然不高兴但是没哭。外面滴滴答答地下着小雨，一年前最初送孩子的不舍再次爬上心头，当年他的哭闹可以宣泄恐惧，可是现在他就这样乖乖地躺在那儿，一双紧张期待的眼睛看着你，看着你转身，把他留在空荡荡的大屋子里，不言不语。

当天石子爸爸提前回去把石子接回家，他并未睡安稳，迷迷糊糊醒来看到没有他的伙伴，不远处是一个不熟悉的阿姨，终于大哭起来。无奈之下，阿姨带他到楼上，原来的小朋友还没睡醒，阿姨们聚在一起说话，他爸爸去时，石子正坐在外屋活动室的地板上，独守着一份可怜无助。

过了几天，孩子慢慢增多，石子面对哭闹的新朋友反而不哭了。也难怪，他是老队员，高大的石子站在他们中间，一副大哥哥的模样。只要进入集体生活，最需要接受的就是变化，无论它们会给你带来什么样的感受。

一个这么小的人儿，将一次次面对陌生和熟悉，一点点积累接受变化的感受，装在心里，成为他成长的勇气和助力。

童言稚语（1）

秋天的天空明朗澄澈，在这样无风无云的周日，最适合带孩子去户外玩耍。

看着石子和小朋友们开心地奔来跑去，在院子里捉虫摘叶，心情无比轻松。路边的棉花已经结了棉桃，石子对迎着阳光挺立的棉桃非常感兴趣，终于知道故事里小猴捡到的棉桃就是这样被包裹着。

等他们玩累了准备回家，忽然想起他的小被子还在姥姥家，周五接石子时把被子也带走了，准备周末晒一晒，当时先去了姥姥家就放在那里了。如今走到姥姥家楼下，和石子商量去晒晒他的小被子。不料，石子大声地说："妈妈，我去，你回家吧。"说完还把我推到一边。

我又惊又喜，反复对他说，告诉姥姥，"把我的被子晒一晒。"石子在我疑惑的目光中独自上楼，我在楼下守候。不多时就听见三楼开门说话的声音，原来妹妹、妹夫小余、嫂子和侄子出来了，他们在楼梯上碰见上楼的石子，惊讶地问他怎么一个人来了？听不清他的回答，但是又等一会儿，就听见敲门、开门，可以听见他大声说："姥姥，晒晒，晒晒石子的被子。"可以想象大家好奇的目光，瞬间又被他的举止和话语逗乐了。

我在楼下一直等到他们下来，接过小姨怀里的石子，他正扬着一张骄傲又快乐的笑脸。待大家都离开了，我又带他上楼，姥姥笑着说，她听明白了，开心的石子脸上的酒窝更圆了。

他走进厨房去看姥爷钓的小鱼小虾。过了一会儿，石子舅舅回来逗弄着石子，随口问姥姥："小余哪去了？"他指的是石子的小姨夫，我们还没回答，石子拧着眉头很认真地接过话："小鱼在厨房里，在盆里。"我们一时纳闷，恍然大悟，不禁捧腹大笑。石子跟着我们哈哈大笑，他能知道自己有多可爱吗？

爱并不是原因,而是结果。它像一颗行星,得到了太阳的光芒。爱的动力就是本能,是生命的创造力,并在创造的过程中产生爱。

——蒙台梭利

童言稚语(2)

托儿班的孩子有些走路还不利落,为了安全起见,把孩子们放在一个一米见方的四方木框内。旁边还有一些带框的推车,石子已经在这有限空间"圈禁"了一年,如今又高又壮的他在大框里肯定觉得局促,也一定比别的小朋友更灵活。我们给他讲道理,不能推搡其他小朋友,他们太弱小,要让着他们。

天气进入深秋,孩子也像小动物一样,喜欢在暖洋洋的阳光下玩耍。去接石子时看阿姨领着孩子们在转椅上晒太阳,心里有些释然的轻松。阿姨说石子比较活泼调皮,可以看出他已经和新朋友非常熟悉了。

石子被接出来就像撒欢的小狗,唱着叫着一路奔跑,没有一刻清闲。回到家里更是随着录音机大声歌唱,似乎压抑一天的精力终于得以尽情释放。白龙马的儿歌已经非常熟练,会背很多简单的古诗,还会唱 ABC 英语歌。看这张稚嫩的、圆乎乎的笑脸变换出不同的表情,你无法不为他的快乐健康深感欣慰。

石子的语言表达能力并没有因为和更幼小的孩子在一起停止增长。不知何时已经能流利地和我们对话,还会在句子中插入可是、肯定等词汇,不经意使用时非常可爱。

妈妈:"石子,别的小朋友被接走时,你着急吗?"

石子:"着急啊!"

妈妈:"为什么?"

石子:"因为我想走,可是阿姨不让我走。"

妈妈："为什么不让你走？"

石子："因为我妈妈没来接我，妈妈上班，她们就不让我走。"

妈妈："对啊！好孩子，妈妈下班就来接你，你和阿姨好好玩。"

石子："我还和小朋友玩呢。"

妈妈："对，不能跟别人走。"

石子："可是姥爷是别人吗？"

妈妈："不是，可以跟姥爷走。"

"石子，你的苹果吃了吗？"

石子："没有，扔了。"

妈妈："谁扔的，是你扔的吗？"

石子："我在大框里怎么扔啊？是阿姨给我扔的。"

妈妈："为什么给你扔了啊？"

石子："肯定是脏了啊！"

每次和石子这样的对话，听到他逻辑很清晰的表达，一副认真专注的表情，都不能不认真对待，绝不能应付这个小孩子，他在一天天快速成长，总有一天你会跟不上他的节奏。

石子喜欢的游戏是打枪和做饭，用他的玩具锅碗给我包饺子，那认真的样子像是能成为一个大师傅。做游戏时我问石子，如果一个小朋友掉进河里怎么办啊？他惊讶地皱起眉头，眼神里满是思索的专注，忽然说道："那青蛙哪去了？"

他看过一个故事，青蛙把落水的蚂蚁救起来了。我说青蛙抱不动小朋友，应该大声喊救命。过了一会儿，他在客厅摔倒了，立刻喊"妈妈，救命！"让我啼笑皆非。

爸爸出差给石子买了一些面包和饼干。我在厨房做饭，石子边吃面包边听录音机里的故事。过了一会儿，他拿着面包跑过来说："妈妈，你吃一口吧，这比饼干好吃多了。"歪着小头，一副满足而得意的神情。晚饭后我们出去玩，他刚出单元门就指着他爸爸的自行车说："这是我爹的车子，"我惊讶的表情让他很开心，补充一句"我爹就是我爸。"这脱口而出的话让我惊喜之余又不禁感动。

晚上我俩坐在床上看书，他爸爸开门进来，石子睁着大眼睛说："爸爸，你进来有什么事吗？你去看电视吧。"爸爸说："我也想看书啊！""那过来坐下吧，别说话。"一脸的郑重其事，我们为他连贯的表达惊叹不已。

儿子经常早晨起来抱着我的头问："妈妈，你喜欢我吗？"嘟起的小嘴紧贴在我的脸上，明亮的眼睛一直看到我的心里，当得到肯定的回答，一定是亲了又亲，眉开眼笑地蹬着小腿，很有韵味得唱到："妈妈妈妈，好妈妈。妈妈妈妈亲妈妈。"让旁边的爸爸嫉妒不已。

一天就从这美好又温柔的一刻开始，所有将面对的辛劳都化作力量，只为那漆黑的瞳仁里单纯的爱和依赖。偶尔也会感慨，这份依恋能持续多久，总有一天他不再这样亲昵地黏在妈妈身上，总有一天他会踏着大步留给我一个背影，失落还是骄傲？是孩子离不开妈妈，还是妈妈离不开孩子。

习惯养成

有一段时间为石子没能升入小班焦虑，不完全因为小班每天教半个小时的儿歌，作为老师我们可以在家弥补知识上的不足。总觉得和大孩子在一起成长得更快，更能锻炼语言交流、开发智力、锻炼能力。也许潜意识里深藏着不要落在起跑线之后的顾虑吧。

其实孩子成长的时间长着呢？何必只争朝夕，把孩子放在哪里，也没有父母对孩子的影响和教育重要。习惯是成人之本，一个人的习惯养成大部分取决于家庭的生活方式和生活状态。

父母有什么样的行为意识，就会慢慢通过言行转移到孩子身上。良好的卫生、礼貌、阅读等习惯需要家长潜移默化地培养，对习惯的培养越早越明显，有些好习惯是跟随一生的财富。

学习的知识会遗忘，但是习惯会潜入意识，成为身上挥之不去的印记，好习惯助于培养好的学习方法和生活方式，从而能力突出、德行高尚，拥有幸福完整的人生。

石子的生活习惯从吃饭开始，他开始吃辅食，就放在小车里推到餐桌旁，后来长大一些直接坐在椅子上，每次吃饭戴着餐巾、使用专用的小碗小勺，像模像样地坐在桌旁，一个独立的家庭成员，没有人追着他喂饭，饮食习惯好，身体也结实强壮。

石子对讲故事非常感兴趣，很喜欢看书。家里有很多图画书，有简单识物、也有儿歌和故事。饭后爸妈忙着收拾餐具，他会自己翻那些图书。生字记得越来越多，很多书上的大字都可以读出来。

有时他会拿着生字卡片对玩具小白兔说："小白兔，我教你认字吧。这是书。"有一天下午姥爷接石子出来在院子里玩，他拿着一个小木棒在草地上敲来敲去，他姥爷问他在干什么啊？他回答说："打草惊蛇"。这个成语就是石子从书中看到的，不仅记住了还使用得如此贴切，让姥爷高兴得合不拢嘴。

孩子看书不仅是识文断字，最重要的让孩子在故事中汲取书中的文化和道理。

一天下午天气很好，接完石子带他到小区的广场去玩，路过超市看见阳阳和他妈妈从里面出来。石子看到阳阳正在吃零食，他看了一眼，既没有伸手要，也没有说去商店买，只是拉着我的手往广场走。

我对他说跟阳阳再见吧，石子转过身扬扬手说："阳阳再见，阳阳妈妈再见。"我低下头对石子说："石子真是一个懂礼貌的好孩子，也是一个不乱要东西、不在街上吃东西的乖孩子。"石子拉着我的手高兴地甩起来，又向前走了几步，本来与我并排走的石子忽然转过身抱住我的腿，贴在我身上温柔地说："我是妈妈的心肝。"那温柔可爱的神态让当妈的瞬间就醉了。走了很久我问他累不累，他回答不累之后，也会问一句："妈妈你累吗？"

当妈妈的幸福感总是与那笑弯弯的眼睛、胖嘟嘟的圆脸、一颗藏在小小身体里透明的心联系在一起。

旅　行

三岁前的石子跟着爸爸妈妈出去游玩，在火车和汽车的周转中度过。年幼但强壮的石子出门必带三样东西：书、玩具和碗。

有这三样东西可以保证石子一路不会哭闹，可以保证他在外面正常吃饭。就像小动物养成的条件反射一样，石子一看到他那两个橘红色的小碗和小勺就能安静地吃饭，无论是见过或没见过的食物，否则再可口的东西不放到他的碗里坚决不吃。

石子第一次坐火车是在一岁半，把他抱进拥挤的车厢不久，石子就挣扎着从座位上下来，在车厢内不停地走来走去，当所有的新鲜感过去，开始吵闹着要下车，我们发现他站在车站看火车疾驰而过的兴趣远比坐火车高涨，也许那种远观的整体感要好于身在其中的拥挤感，最后还是随身带来的故事书解了围。

他怀抱着玩具时而瞟一眼窗外单调的田野，更多时候眼睛盯着书中的图画，父母讲错的每一句话都能得到他及时地纠正，他不是看到了书上的字，而是因为听到的内容与以往不同，哪怕一个字。

第二次坐火车是一年以后，一整天都在火车与汽车的周转中度过。两岁半的石子明显沉稳了很多，我们准备的书也更多。同行的小伙伴因为晕车不停地睡觉，我们只好自己玩耍，在小餐桌上摆出所有的故事书，像一道道美味呈现在他眼前。

这时的故事书更多是文字，石子依靠在爸妈身旁，眼睛盯着某个地方，安静地听我们轮流将书里面的字一个个念一遍，听到熟悉的、好笑的环节，他的脸上已经提前酝酿好情绪，随着相应的描述一出现，他就开始竭尽全力地表演一番。有时激动地站到座位上，一脸生动的表情诠释着故事中的人物情绪。

给石子买的书是分年龄段的全套学前教育，有相应的卡片，动手操作的玩具，内容丰富的故事儿歌等内容，也有与数学相关的数字计算等游戏。还有各种类型的宝宝睡前讲故事读本，层出不穷的小故事，里面丰富多彩的人物填充着石子好奇的大脑，还有一些科普类的书籍带有大量的图画和说明。

石子最喜欢其中的一本完全恐龙宝典，16 开 100 页的彩印精装本，他自己拿着都困难，也被带到了火车上。里面囊括了不同时期的恐龙家族，石子看着图片可以逐一描述每只恐龙，周围旅客对这个小家伙读书的热情和记忆力赞叹不已。一路长途石子因为有书相伴少了乏味，在那永远也听不够的故事里融化着他无法估量的好奇心。

石子第一次看到了大海，也许无法分辨曾经泛舟的湖泊与大海有什么不同，爸爸趁他不注意用手指沾了一点海水抹到他嘴唇上，看他瞬间皱紧的眉头，撇嘴吐舌一系列表情，可以看出他会记住海水是咸的。

爸爸双手扶住他的胳膊，将肥胖的小脚没入凉丝丝的海水，踩在柔软的细沙上，稍微紧张片刻，石子就开始扬起小脚踢水，拨弄起一层层的浪花，笑声淹没在海水翻涌的潮声里。回到岸边，父子俩挽着裤管在沙滩上留下深深浅浅的脚印，弯下腰捡起大大小小五彩的贝壳，被横行的小螃蟹、粗涩的海星吸引。在海边逗留了一个下午，小脸红红的石子居然总结般地说："海真的好大啊！白日依山尽，黄河入海流，妈妈，黄河在哪儿呢？"

当你把一个孩子带到世界上，你知道该准备多少答案等候他的询问吗？好的，下次我们去黄河。

第二章　学习是儿童的本能

"生命不是生不带来、死不带去，而是通过亿万年的基因传承，从出生之时，就像新的电子计算机携带了本机程序一样，拥有了语言的、思维的、学习的、创造的本能。"

——郭思乐

成为你自己

小点滴

我正在做午饭，被姥爷接出来的石子跑回家让我坐好，他郑重其事地站在客厅中间大声说道："妈妈，您辛苦了。今天是你的节日，祝你节日快乐。这也是奶奶姥姥、大姨小姨舅妈的节日。也祝她们快乐，这是我送给你的礼物，让我给你唱一首歌吧！"说完他一边扭摆着身子一边大声唱起来："世上只有妈妈好……"

这是迄今为止度过的最特别的"三八妇女节"。看着儿子可爱的笑脸，儿子画的美丽妈妈，内心被深深地感动，有妈的孩子像个宝，妈妈何尝不是孩子眼中的宝，看着石子一天天健康聪明，快乐如鸟，自由如风，这何尝不是对妈妈最大的褒奖？

四岁的石子进入中班，表现出很明显的语言优势，识字特别快，简单的读物已经可以自己阅读，有一天他看着幼儿园老师佩戴的工作牌，逐个读出了每一个字。生活像个被封闭的宝藏，文字像石子获取的一把钥匙，突然之间打开了一个五彩缤纷的世界，无论他走到哪里，超市货架上物品、路边的广告牌、电视上的节目，他们都有大大小小的方块字，石子开心地发现很多出现在自己的认字卡片和在书本上，于是很骄傲地大声念出来。

为了培养石子从小做力所能及的事情，从锻炼他早晚自己洗脸做起，帮着妈妈拿筷子、搬小板凳，随着年龄的增长补充内容。通过自制家庭教具，在游戏中鼓励他参与劳动，同时培养他讲究卫生、整理房间的好习惯。

我们绘制了一个自检画板，和石子商定他能做的事情。如自己洗漱、整理书桌、洗袜子、整理床铺等，完成一项在对应的方格内画一张笑脸，每天统计笑脸总数，可以获得表扬、拥抱、亲吻、小礼物等奖励。这个画板上一张张鲜红的笑脸，鼓舞着石子养成坚持、自律、独立的好习惯。

孩子永远在规律地默默成长，不必急于一时，他们拥有独特的成长方式，绝不会停滞不前。

警　醒

　　石子三岁之前的早期教育给我们极大的信心。他健壮可爱，热情开朗，喜欢读书，醉心于所有的故事和童话，尤其在语言学习上表现突出。我们没有发现他有多么超常，只希望他像普通孩子一样通过传统的学校教育，参与集体生活，只是注重对他进行早期教育，养成良好的行为习惯，特别是阅读习惯。

　　但是石子表现出的聪慧和越来越强的学习能力，让我们不由对他寄予更大希望，一份急切的让他成长得更快的可怕欲望占据了我的意识，除了他最喜欢的阅读之外，还增加了英语学习，数学计算、画画，有一段时间的弹琴。特别是假期，长长的暑假和寒假每天都有一定数量的任务排满了所有时间。

　　在成人眼里虽然每件任务都不繁重，但是对于一个孩子来说却渐渐成为负担。石子变得爱发脾气，或者沉默不理会我们的要求，在他的眼里妈妈也慢慢变了，那个经常拥抱亲吻他的妈妈变得冷淡疏远，还经常因为他做的不好训斥，甚至还会打骂他。他变得小心谨慎，生怕什么任务完成不及时激怒急躁的妈妈。

　　真正的原因是什么呢？内心一直不愿意去面对，因为我自身在变化中充满恐惧和焦虑，才将太多的负面情绪辐射到孩子身上。石子的发展在我不恰当的干扰中受到了阻碍。

　　变化在生活中无处不在，每个人都容易在得与失之间变换情绪，只是有些变化并不明显，不会给人的身心带来太大的影响。而有些变化则以未曾出现的面目给人带来恐慌和不安。我正是突然陷于突变中，在焦虑不安中沉溺太久，压抑的情绪给依然脆弱的石子带来紧张和痛苦。

　　在社会巨变的潮流中，我们被裹挟着失去了曾经工作十年的岗位，企业停止办学校，作为企业中学的老师面临转岗的局面。突如其来的变化打破了原有的生活平衡，在望不到未来的时刻，心中唯有谁动了我的奶酪的痛苦和困惑。一直就兢业业、成绩优异的老师未来能做什么？

每天纠结于这样的焦灼，已经无法控制稳定的情绪。悲观失望、低沉落寞的情绪像乌云一样覆盖在屋顶，家里再也难以焕发出曾经欢快的笑声，即使可爱的石子也很难让面色阴沉的妈妈绽放笑容。

改变行动先从改变意识开始，在那些变化的日子，每天被单位的培训占据，很难和石子规律地度过每一天。只好给他留下明确的任务，等我回来再检查。

石子5岁的暑假，连续三天下午都没能完成布置的作业，当询问他为什么不写时，他绷着小脸不理不睬，最后说出不想写，气急败坏的我将他直接推出了家门。

从窗口可以看到小小的石子在楼外的幼儿园门口转了很久，终于还是鼓足勇气去了姥姥家。当时我为自己感到绝望，稍微理智一点的家长怎么可以这样对待孩子，那不是耗尽心血精心养育的骨肉吗？在他小小的心灵里会怎么接受如此跋扈的母亲？

蒙台梭利在早期教育法中曾写道："儿童发脾气或反抗，只是因为他们想发挥创造的欲望，而他所热爱的成人却置之不理，由此儿童与成人之间产生了严重的冲突。当儿童不听话或发脾气时，成人应该想到这种冲突，把它当作儿童成长中的必然，是一种无意识的自我保护。"

一本书的启迪

这段噩梦般的日子终结于一本书。

一个出差的机会在书店看到了《斯宾塞的快乐教育》,读着里面的一行行文字,内心被鞭打般的痛苦,一时间产生了醍醐灌顶般的醒悟。

变化让我们看到不同的风景和不同的自己,面对变化产生的狂躁背后是软弱,这是自己要传达给孩子遇事的表现吗?绝对不是。

一个母亲身上的淡定、宽容才是带给孩子最安全、快乐的财富。而自己在面对真正的困难时表现出来的懦弱和紧张,毫无保留地转移到了孩子身上,绝对没有达到一个母亲该有的成熟。

对石子过度的期望模糊了我的意识,借助对孩子拔苗助长的教育来掩饰自己内心的焦虑,忘却了教育的本真是让孩子身心健康成长。甚至回避多年来我们在石子成长中积累的有效的学习方法,那就是让他在快乐中接近和接受成长。

一遍遍读着书中的文字,坚定信念,决不可以再恣意随性。一遍遍重读其中的文字,让它深植于心底,成为教育孩子和学生最清晰的指南、不变的理念。

"我在教育孩子这件事上,的确得到的快乐比苦恼多得多,我一直认为快乐的方法和气氛比其他方法更有效。教育应该是快乐的,当一个孩子处于不快乐的情绪中时,他的智力和潜力就会大大降低,呵斥和指责不会带来好的结果。"

"在家庭教育中,努力去营造快乐、鼓励的气氛,让孩子有实现感和成就感。"

"努力做一个乐观、快乐的人。一个快乐的人,看孩子时,更多的是看到他的优点,而一个不快乐的人看到的更多的是孩子的缺点。"

"孩子在快乐的状态下学习最有效,让兴趣为快乐求知引路,多一些友好和鼓励。"

"其实孩子的处境与成人的处境是一样的。爱,我们人人都有,但爱和有目的的教育，则需要一些耐心、技巧，有时甚至是令人发笑的机智或多少有些令人不快的克制。"

"在孩子的智力培养中，拔苗助长和放任不管都是有害的。比这两种方式更有害的则是惩罚和粗暴。就像你不可能在一张抖动的纸张上画下什么美观的图案来一样，你也不可能在一个颤抖的心灵上留下什么有用的知识。"

读着这些精辟的语言，被愧疚和悔恨折磨地无地自容，也像失去了方向的流浪儿，终于找到摆脱困境的方向。

我拥有一个最好的孩子，可是却在突来的迷雾中差一点失去他的手。这两年来因为过度的教育、过度的期望他的学识而忽略对他的陪伴和交流，石子成长的力量受到了影响。

石子身体一直很棒，源于从小丰富的营养搭配和良好饮食习惯。但是在他四岁前入冬的一次感冒，半个月吃了很多西药仍未治愈咳嗽。去了几家中药店看的中医，又调整半个月终于好转。以后每次感冒，咳嗽都很难治愈，后来到省医院去找专家检查，怀疑是哮喘，顿时让我们倍感压力，过敏源检查，吃各种中药调理，本来很强壮的石子在四岁以后变得瘦弱，吃饭也变的小心。

其实我们没有意识到正是紧张和压力给他的身体带来了伤害。身体和精力是有限的，长期的思维，身体机能也必然下降，反过来会引起记忆力下降，情绪低落。

调整孩子先从调整自己开始，面对现实，接受变化。任何滚滚红尘若干年之后只是尘埃，稳定心态、降低期望值，平衡预期和现实的差异。

"孩子的生与死、善与恶、成才与否，最终责任都在于父母。即使是饲养一头牛、一匹马，人们都知道要去获取相关的一些知识，而对于养育的是一群自己的孩子这样的一件大事，难道不应该去学习吗？"

时刻用这样的话勉励警醒自己，培养孩子健康的心理首先要从家长做起。继续看各种教育儿童的书籍，追逐教育讲座，从单纯地凭借感性的本能和父辈经验培养孩子，走向尊重科学和认识成长规律的教育理念。《卡尔·威特的教育》《蒙台梭利早期教育手册》，从书中不断学习，坚定对孩子早期教育的正确方法。

"培养自信，最好的方法莫过于得到肯定和赞扬，即使同时指出不足也不要紧，消灭自信，最好的办法也莫过于经常性的否定和指责。"

"在孩子的学习和生活中，很多事情也像这样，乐观的心理总是带来快乐明亮的结果，而悲观的心理则会使一切变得灰暗。"

以一颗虔诚的心坚定着这些教育大师带给我的信念。

为了石子改善体质，提高免疫力。天气转暖我们每天早晨带他去跑步，一家人在操场上跑步跳绳的情景成为一道亮丽的风景线。傍晚带他到不远处的小河边散步，一起做游戏。石子随着年龄的增长身体也越来越强壮，经过两年的调整，咳嗽的顽疾终于克服，再次恢复了快乐的天性。

游 戏

卡尔.威特曾经说过"能够使孩子产生兴趣的教育方法是最好的方法。"对于成长中的孩子来说，游戏是他们生活中最快乐的事情。我们始终很重视创设各种情境和游戏，让石子参与其中，快乐地学习知识、领悟道理。游戏可以促进孩子身体、智能和品德的形成。

婴幼儿时期的石子生活在一个彩色的世界里，家具、墙壁、小床周围都张贴着颜色鲜艳的图片和画报，有活泼的小动物、生活日用品以及交通工具等。每天抱着石子从这些图画面前走过，通过亮丽的色彩和清晰的画面吸引他的注意力，在能够辨认之后调整图片的位置，再让他指出所见物品，随着图画书的增多，让他分类找出小动物，食物、生活用品，以此锻炼他的记忆能力。

藏宝一直是石子最喜欢玩的游戏之一。在不同年龄段适合不同的内容。如：先让他看看两个不同的小玩具，然后让他自己去各个房间寻找，找到之后说出在哪儿找到的。为了让他识别色彩，在每张纸上画出不同颜色的苹果，折叠之后藏起来，看他是否能记住并逐一找到了各种颜色的苹果。这个游戏锻炼他的记忆能力，需要找什么物品；细致的观察能力，从所藏地点发现变化；语言表达能力，能够完整表述，空间感觉，描述位置。一家人商量藏宝规则，轮流变换角色。

扑克牌游戏：在石子认识数字和学习加减法运算的时候，经常使用扑克，甚至他上学之后学习乘法还常玩这个游戏。

游戏一：每人抽取五张牌，

（1）分别说出自己牌中的数字。

（2）将自己抽的牌快速展示再掩藏，由一个人分别说出所有人的牌。锻炼集中精力，对数字的敏感性。

（3）接龙游戏，按照牌的数字大小排序。

游戏二：每人抽取一张牌，将三个人的牌数相加，或两张相加再减第三张。

绘制一张扑克牌得星表，每人一列，每获胜一次得到一颗星，每天一汇总，获胜者得一颗红色的大星，以此锻炼专注度和计算能力。

词语、成语接龙游戏。这是全家人每天必玩的游戏，时间非常灵活，可以散步时，也可以陪爸爸妈妈做家务时玩，在接龙游戏中锻炼反应能力和语言积累和运用。许多成语接龙游戏后还讲成语故事，明白其中道理。

运用实物。在教石子比较大小、数量、认识图形的时候，我们会画一些长方形、正方形，比较图形的数量和大小，引导石子用尺子测量他们的长和宽，比较他们的长短差距。为了让他认识各种圆柱体、正方体、长方体，将和好的面或者用土豆切成不同形状，让他用手触摸到立体感。

创作。我们用彩笔绘画出动物，坐在地板上用彩带圈出栅栏，在这个拟定的动物园里，讲述小动物们之间发生的故事。充分发挥石子的想象力和语言表达能力。

大自然是最开心的活动场所。我们住的生活区社会功能一应俱全，大门之外可以看到宽阔的田野，一公里之外有一条清澈的小河，河堤岸边是一片年代久远、茂密浓郁的槐树林。

石子还不会走路时，我们就带着石子到田野散步，听清脆的鸟鸣，呼吸新鲜的空气，享受温暖的阳光。石子会走以后，假期里几乎每天都领他步行到河上的大桥。春天和小朋友到河边看小蝌蚪，小蝌蚪找妈妈的故事就在眼前，夏天和姥姥姥爷哥哥一起到河边钓鱼，在小树林里奔跑。

在一年年春华秋实的自然变化中观察草长莺飞，麦子黄了、玉米饱满。田野里忙碌的人们刨地瓜、摘花生、种土豆，餐桌上摆放的不仅仅是可口的食物，石子还看到了它们生长成熟的过程，看到了人们辛苦播种的过程，珍惜粮食、勤俭节约的想法变得自然。在肥沃的土地上，晴朗的蓝天下，生命相互依存、自然生长。

这广袤的原野成为小石子深入生活的课堂，有无穷的学习资源、直观的感受体验。接触万物生机，汲取自然力量，留下了他最为快乐的童年时光。

时光因你而闪亮

儿子,今天8月20日,是你6岁生日。小床上的你已经安静地睡着了,想起你睡前说的一句话,"妈妈,我今天过生日不快乐,你太忙了。"

这一天真的很忙,下午6点钟回家,6点半还要参加统一活动。仅有的半小时,匆匆准备你爱吃的食物,匆匆给你切好蛋糕,匆匆给你拍张照片,甚至你的面孔还没有洋溢起由衷的、快乐的笑容,就匆匆按下了快门。

妈妈在屋内匆匆的身影、催促的话语,一定让你感到紧张了,你没有感到期待了几天的生日快乐。看着你送妈妈出门时的不舍,不禁对你说,"等我回来后给你开游戏晚会。"可是快9点回来的妈妈依然又是忙着打电话,又是给即将出差的爸爸准备行装,已困乏的你蜷缩在沙发上,依然摆好玩具执着地等待妈妈兑现诺言。此时你睡得那么香甜,梦中是否有我们游戏的快乐?儿子,对不起。

石子,6岁的你成长的太快,快得让妈妈既快乐又感到手足无措。

曾几何起,在你刚能蹒跚走路,就开始牵着你的小手上下楼梯。似乎就从那时起,你就开始挣离对妈妈的依恋。走过周边的山坡、树林和草地,趟小河、挖小虫,那些行走、那些不知疲倦的好奇心让你变的健壮快乐。有一次在外面玩的太晚,看你困乏无力,我便抱你回家,我们爬了一层又一层楼梯之后,你迷迷糊糊地对我说,"妈妈让我下来吧,你抱不动我了。"

看着你小小的背影一步步攀上五楼,我惊讶的意识到,你已经慢慢具备了自由的力量和勇气,不需要我的背负。

儿子,你成长的太快,比同龄的孩子高出半头,因你的贪长,身体偏瘦。放假前我们制定假期计划,其中有让你长胖5斤的任务。可是一次次的内外培训、考试以及各种任务将时间挤得满满的。午饭逐渐成了负担,假期已近尾声,妈妈对你说,"长胖的计划要落空了。"你却说,"可是我不咳嗽了。"是啊,因过敏性体质喝极苦的中药、一次性注射15针实验针，妈妈看小小的你忍受痛苦的折磨，曾是愁肠百结、苦不堪言。一个假期的充分活动让黑黑的你更加健壮、灵活、快乐，妈妈已经很知足。

儿子，你真的成长的太快，从3岁起你独自到生活区外买面包。而今，你还会常常跑到妈妈床前说，"我去买早饭吧，你们吃什么？"在阳台上看着你左右小手拎着面包、油条、烤饼、豆浆等早饭，昂然走回家，清楚地告诉妈妈每份食品多少钱，还剩多少钱，然后放回储蓄罐，那份快乐只有开始独立的人才能体会。

假期里你成了挂钥匙的孩子。独自在家画画、看书、帮妈妈记录电话、请小朋友到家里来玩。你骄傲地向我描述你和朋友如何游戏，妈妈因为你的快乐而快乐。特别是经过提醒，游戏之后你们将所有玩具分类、及时清理，家里一丝不乱，你面带骄傲的微笑、你的自立让妈妈分外满足。

石子，你像每个孩子，在妈妈眼里是不寻常的。妈妈一度对你期望过高，似乎想让妈妈仅有的一点教师经验都能在你身上显示优势。可是渐渐"上课"的痛苦代替了热情，紧张代替了乐趣。妈妈曾一度不知该如何教育你，甚至想放弃所有的努力，并以忙碌为借口不再坚持。直到妈妈看见你随意拿几个玩具便能编出那么动听的故事，看见你每次听故事凝神注目的表情，看见你灵巧地将一张复杂的拼图照样板独自完成，并乐此不疲，妈妈知道你有你成长的节奏，自由的世界。

当初给你买一张中国地图拼图，为了让你在玩中了解中国省市、地貌，有一天已不借助图样独立拼图的你问到，"我的小鸟呢？我的海豚呢…？"才知道那一个个妈妈眼中的文字块，在你心中是一副可爱的只有你能读懂得卡通。将一堆散乱的拼插玩具，迅速构建成你想象中的世界。

在你最期待的看书时间，对重复的故事，你能迅速分辨出哪句话、甚至哪个词的差异不同，你能整段地表演出爱看的动画片，几乎原字不漏地背诵出磁带中的故事。你画一张恐龙、海豹的卡片，问我用英语怎么说，玩着玩具竟哼唱起英语歌，照相机是怎么做的、人、地球是怎么形成的，玻璃是什么做的……？你手捧一本《十万个为什么》想了解所有你眼中的神奇。

儿子，妈妈对你盲目的期望越来越少，而你成长留下的痕迹却比那些期望更加丰富多彩。

儿子，你知道吗？你是爸爸妈妈快乐的源泉，你最爱饭后我们三人做接龙游戏、讲故事、唱歌、跑步比赛，这也是妈妈的最爱。爱看你和爸爸下象棋，煞有介事地将爸爸的"老将"逼上绝路，听你在楼下嘹亮地喊我们的名字，问你为什么不喊爸爸妈妈，你说，"楼上那么多爸爸妈妈，我一喊，他们不都出来看吗？"儿子，你知道吗？你是唯一的、唯一的让我们随时随地都能辨认出来的孩子，无论你在哪里，哪怕仅凭一声呼喊、一个背影。

　　石子，你永远是爸爸妈妈快乐的源泉，你成长的太快，但是我们依然盼望你快快长大。

英语启蒙

学习字母

　　石子从小所表现出来的语言天赋，加上我作为一名英语教师的优势，都给石子学习英语创造了很好的条件，他在成长过程中一直保持着这门学科的优势。早期的英语教育起到了奠基作用。在陪伴石子十多年的英语学习中也收获了许多难忘的记忆。

　　英语很早就在石子的成长过程中出现。从他牙牙学汉语就穿插单词表达身边实物、对话中使用简单的英语句子。像儿歌、像故事一样潜移默化地融入他的生活，慢慢形成语感。

　　在刚过两岁生日不久，我们经常在一起做游戏，有一次在玩买东西游戏时我说了两次"Good-bye"。第三次他说完例行的 bye-bye。想了想又说了句"Good morning to you。"那笑眯眯的表情很骄傲。虽然他还不是很确定语言的环境，但是已经积累了一些语言信息。在生活中也会用英语说出一些水果名称，例如他指着苹果说："妈妈，我要 apple。"

　　石子四岁起我开始有意识、有计划地教他英语，以听说读为主，体现语言的基本功能，学习课本之前先从教字母音标开始，我在常年的教学实践中熟悉掌握了一套更轻松的学习方法，英语课本在学完字母音标后再使用。

　　他最喜欢唱歌背儿歌，通过背字母表、唱字母歌已经掌握字母发音。后来将大小字母写在卡片上，通过采用不同规则的游戏慢慢认识了字母的写法。

　　游戏一：找朋友，规则就是将字母大小写配对。看谁在一定时间内完成得多。一家三口人同时参与，有意识地发挥他的积极性。比较熟悉后再做限时训练，三个人独立做找朋友的游戏，用时少者获胜。一段时间之后，石子可以非常熟练地认读字母。

游戏二：原生态家庭。把五个元音字母的大小写放到一起，A a Ee Ii Oo Uu 按顺序排列，为以后的字母归类、学习音标打基础。规则就是从 26 个混乱的字母卡片中找出这五个元音字母，为以后学习元音音标打基础。

游戏三：我爱我家。将有相同发音的字母放到一个大家庭，相同音就是家庭的姓氏。如

（1）A H J K

A 氏家庭，所有的成员都含有 A 的音

（2）B C D E G P T V Z

E 氏家庭，所有的成员都含有 E 的音

（3）I Y

I 氏家庭，所有的成员都含有 I 的音

（4）O R

夸张家庭，遇人就喊 O R

（5）U Q w

U 氏家庭，所有的成员都含有 U 的音

（6）F L M N S X Z

/e/ 氏家庭，所有的成员都含有 /e/ 的音

除了第四个家庭 /e/ 没有出现过，但是这个音很好发音，其他都是借助字母的发音。为了更加形象，原生态家庭就像姥姥家，其他的家庭就像我们和大姨、舅舅、小姨家，每家都有自己的姓氏。石子很容易就理解了，他还惊讶地说："/e/ 家好多人啊！"通过字母规律为以后学习辅音音标打基础。

游戏方法：两个人或三个人。一个人提要求，另外的人操作。

（1）天黑找妈妈。可以把代表所有成员的卡片混在一起，傍晚各回各家，不能走错门。把各个字母按发音归类，组成六个家庭。

（2）相约去旅游。任意说出两个或三个姓氏的字母家庭周末去旅行，迅速找到相应的字母。

（3）串门儿。任意提出一个姓氏的成员到另一家去。按要求把两组字母排好。
石子对玩这样的游戏非常感兴趣。不仅我们家三个人玩，还教他的表哥玩。

有一天幼儿园老师跟我说，石子教大家玩字母家庭的游戏，大家都听不明白。我微笑着抚摸儿子的头，鼓励他慢慢教大家。

经过相当长时间的游戏训练，石子已经非常熟练字母。26个字母按顺序或者按发音归类都特别流利。这时教音标就很成熟了。这期间依然每天用英文问候，相互询问简单物品，例如. What's your name？ I'm ShiZi. Nice to meet you . 以此保持语言的实用性。

学习音标（1）单元音

一个周末早晨，天气晴朗，石子情绪很好，吃完早饭我对他提议，我们一起再用卡片组建一些新的家庭好不好？他很好奇地问我："什么样的家庭？"我从书包里抽出另外一摞卡片。这是我早已经准备好的12张音标卡。石子看着卡片上怪模怪样的字，很是意外。

选择周末学习一方面早晨精力足，学习效率高，另一方面为了在周末可以及时巩固，按照遗忘曲线的规律，前48小时是关键时期。

我慢慢告诉他："你认识了不少汉字，他们摆在一起就是一句话，很多句话排在一起就是你喜欢的小故事，你现在可以读出来一小部分了。"我找出几张汉字卡片，摆出"妈妈爱石子。"他大声地读出来笑眯眯地看着我，忽然伸出小手挪动卡片，重新摆出"石子爱妈妈。""哇，石子，谢谢你，你真棒！"我激动地直晃他的小脑袋，更增加了教会儿子音标的信心。要想坚持学英语无论如何躲不开学音标的过程，而现在正是时候。

我指着26个字母的卡片对他说，这些字母会变戏法，也可以组合在一起，形成很多单词就像我们的汉字。比如说book。我把四个字母摆在一起，你会读吗？他看看摇摇头，又点点头，然后大声地读出b-o-o-k，逐个念出字母，我微笑着点头。"你读的很正确，但是你读的是每个字母，这是字母组合在一起的单词，单词也有自己的发音，这个单词这就是你每天说的book，你只会说这个词还没见过它的样子。如果按你读的，每个单词都把字母都念出来，一个句子好多单词，把每个字母都念出来，要累死人啊！听着。"我把 It's a book 的每个字母连在一起给他拼读了一下，然后装作累倒的样子。石子听了哈哈大笑。我坐正身体，严肃表情，看着他的眼睛说："你知道它怎么念成 It's a book ？的吗？"石子也停止大笑扭着身子摆摆头。

"每个字母在单词里也有发音，组合在一起就是单词的发音。"我知道他听不懂，干脆不解释，"我们一起认识一下字母的发音吧。"石子对我说的也许不感兴趣，但是他对玩卡片有兴趣，对认卡片上的内容也有兴趣，这就够了。

在那个没有视频音频的年代，录音带和老师就是学发音的最主要资源。我把五个原生态家庭的元音字母卡片拿出来摆在上面，让这五个字母当金拐杖，领着我们学元音。然后拿出5张单元音的卡片对应放在下面。告诉他这就是这就是五个元音字母常常在单词中的发音，我们一起试一试。

Aa Ee Ii Oo Uu

[æ] [e] [i] [ɒ] [ʌ]

我让他看着我的口型，然后把嘴张开，舌前微升，舌尖抵住下龈，牙床开，唇自然开放。上下齿能容纳两只手指的宽度，然后发出 [æ]，因为它很漂亮称之为梅花 [æ]。石子也跟着我把小嘴张开，放两个手指，反复发音几遍以后，已经很正确了。然后学习 [e]，因为嘴巴张的较小称之为小口 [e]。舌抵下齿，牙床半开半合，作微笑状，能容纳一个中指的宽度，发出 [e] 音，他学这个音非常快。接着学习短促 [i]，嘴唇再合上一点舌抵下齿，双唇扁平分开，牙床近于全舌，发 [i] 要短促而轻快。这个音比较困难，他能发出类似短促"一"音就可以了。下一个是链子 [ɒ]，它像把字母 c 倒过来拴上了链子。发 [ɒ] 时，双唇稍微向外突出圆形，舌尖不触下齿，类似"奥"音。最后一个我们称之为屋顶 [ʌ] 因为它像屋顶。双唇平放，牙床半开，舌尖抵住下龈，舌后微微升起，发短促之"阿"音，依次反复读了几遍，因为每个音加上了别称更好记忆。

石子模仿得很正确，能够逐个跟我读出来之后，连在一起像唱歌一般拍着手快速读出来。梅花 [æ]、小口 [e]、短促 [i]、链子 [ɒ]、屋顶 [ʌ]。为了保证5个音不间断，我们把它们快速连在一起读 [æ][e][i][ɒ][ʌ] 反复几遍。

然后我们用两只老鼠的曲调唱出来。当石子已经能够看着每张卡片发出正确的音，我们开始做游戏。

（1）影子游戏。一个人拿5张字母卡扮演字母，另外一个人拿5张音标卡扮演影子。每个字母都有一个影子，影子就是它常发的音，也就是写在卡片上的音标。一个人抽一张字母放到头顶大声读出来"我是字母 A"，另一个人拿着对应的音标卡大声说"我是你的影子梅花 [æ]"，说完躲到字母后面。如果对了就抱在一起说："你是我的影子梅花 [æ]"。如果拿错了，字母就会跳到一边，原地转三圈说；"影子影子哪去了？我的影子哪去了？"直到对方找到对应的音标。

Aa　Ee　Ii　Oo　Uu

[æ]　[e]　[i]　[ʊ]　[ʌ]

开始我扮演影子，石子注意听，跟着说："我是你的影子 屋顶 [ʌ]"，慢慢地他就可以扮演影子了。接下来的一周时间,每天换不同的游戏熟悉这5个单元音。如：连连看，将字母和音标放到一起。藏宝，将音标卡和字母卡藏到不同的地方，看谁找得多，读的准确。为了增加竞争性，让忘记音标的爸爸一起参加，提前确定胜方或败方讲故事，经常以拥抱、亲面颊的方式鼓励，刮鼻头的方式惩罚。在游戏中感受亲情，石子的积极性更高了。

一周以后再增加两个板凳队员 [ə] 和 [u]，发 [ə] 舌上抬，唇成自然状态，口半开半闭，发"厄"之短音，[u] 双唇成圆形，牙床近于半合，舌尖不触下齿，自然而不用力，发短促之"屋"音。两个音很容易，又经过三天的练习之后，石子就记住了7个单元音 [æ]　[e]　[i]　[ʊ]　[ʌ]　[ə]　[u]。

再又一个周末早晨，我们学习对应的长元音。

Aa　Ee　Ii　Oo　Uu

[æ]　[e]　[i]　[ʊ]　[ʌ]　[ə]　[u]

　　　　[i:]　[ɔ:]　[ɑ:]　[ə:]　[u:]

将新音标对应摆在原来音标下面。让石子观察它们有什么不一样。他很快就发现这几个队员都带'：'，[ʊ] 的链子没有了，屋顶变圆了。我表扬他观察得仔细。告诉他这叫长音符号，所以它们的发音只是比原来的发音长一点，其他没有什么不同。为了便于记忆和发音，一组一组对应得很整齐，提醒他要注意是从原来学的第三个音标开始加'：'。我试着拖长音读了两个 [i:]、[ɔ:]，让石子自己试读后面的，他小心地模范我拖长音读了 [ɑ:]，看到我肯定地微笑，大胆地将最后两个也读完了 [ə:] [u:]。

这回我们给游戏取的名字是"找尾巴"，那带点的长音表示尾巴。石子兴致盎然，很快就掌握了长元音。每天晚上抽出10分钟做游戏练一练，这样12个单元音就学完了。

为了避免单调，特别是调动石子真正使用音标的成就感。我找了一大张绘图纸贴在门上，选了几个字母卡片贴在纸上，下面是字母真正的音标卡。

Bb Cc Dd Ee Pp Tt Vv

[bi:] [si:] [di:] [i:] [pi:] [ti:] [vi:]

我用漂亮的彩笔写下它们的音标辅音用蓝色，元音用红色。石子看到我贴的字母音标很奇怪，我并不要求什么，他走过来走过去，总是会读一读，有时会问，蓝色的是什么意思，我问他你觉得呢？他反复看，最后说他看蓝色的辅音像字母小写。我没解释，笑眯眯地让他慢慢看。

后来的几天分两次再加以下字母及其音标，

Ff Ll Mm Nn Ss Xx

[ef] [el] [em] [en] [es] [eks]

Rr Uu Ww Zz Qq

[ɑ:] [ju:] [' dʌblju:] [zi:][zed] [kju:]

石子把大纸上的红色元音音标都能读出来，目的是让他不仅熟悉孤零零的音标，也习惯了拼在一起的音标。因为音标真正的作用就是放在一起拼读。但是不能急于求成，让他先认元音，无论在多长的音标环境里都能正确读出元音，就已经成功了一半，在任何单词里毕竟元音的发音决定着单词的发音，也基本决定着单词的拼写规律。

学习音标（2）双元音

石子通过无数的游戏、没有任何负担地学会了12个单元音，然后分两次教给他8个双元音，依然借助五个元音字母这个金拐杖。

Aa Ee Ii Oo Uu

[ei] [ɔi] [ai] [əu] [au]

双元音就是两个单元音组合在一起的，它们比较胆小形影不离，并且还保留着原来的发音，只是后面的小声点。其中三个双元音就是字母的名称音。A [ei] I [ai] O [əu]，另外一个 [ɔi] 在男孩的发音里，他会读boy [bɔi]，另外一个 [au]在how [hau]里面，他会说how are you。过两天再教最后三个 [iə] [eə] [uə]，它们后面都有[ə]的音。搭配另一个单元音非常好发音。

这时再在大纸上出现含有双元音的音标，他慢慢找慢慢读，让他每天有成就感，千万不能过快而失去兴趣。

A a　H h　　J j　K k　I i　Y y　O o

[ei] [eitʃ] [dʒei] [kei] [ai] [wai] [əu]

含有26个字母的音标也就包含了读音规律。有一天他发现有的音标卡片的发音和字母发音一样。我高兴地告诉他。"儿子，你太棒了，你发现了几个？你读出来吗？"

"A a [ei] I i [ai] O o [əu] 我觉得这几个好象也一样，
B b C c D d E e P p T t V v"

[bi:] [si:] [di:] [i:] [pi:] [ti:] [vi:]

我用力地抱紧儿子，"你说得对，下面的音标就是这个字母的完整的音标。""妈妈，你是说每个字母都有一个名字，就是把咱们学的放一起？"儿子似乎突然明白了，磕磕绊绊表达不清。原来一直只是跟着妈妈读，如今终于发现他们的用处。得到我更肯定的拥抱，他的眼睛亮起来，小手指着字母和音标一个一个读起来，拼不出来就看字母。

这是石子给予自己醍醐灌顶的启蒙，的确如郭思乐教授所言每个孩子具备天生的学习能力。学习音标最困难的瓶颈已经打破了。后来，我把字母卡拿走，再后来，我把剩下的音标卡打乱顺序，石子顺着我给他堆的小山坡一步步爬了上去。没有教给他蓝色的辅音并不影响他的拼读。等他真的可以会读了，无论是背下来了还是会拼读的，我把卡片全取下来。换了一批新的。这些卡片全都是我教给他的单词发音，例如他知道苹果是 apple，但是他没见过单词，更没见过音标 ['æpl]。我把它们的音标用红蓝色笔写下来贴在大纸上，就像一幅画。[dɔg] [kæt] ['pændə] ['elifənt] ['taigə] ['laiən] ['mʌŋki] 他每天看过来，看过去，终于慢慢能读出来几个，当他发现这是他熟悉的单词发音更高兴了。后来我让他把读出来的物品或动物用笔画出来，他很高兴地开始画。我早已经设计好，中间留出足够的空间，所以，一张大纸上出现了好多颜色。成为我们母子合作的首秀。就这样我把音标交给了石子。那些蓝色的辅音直到过了一个月我才点破，多数辅音书写和辅音字母小写相近的，发音也有联系。当初我们学的各大家族，去掉他们的姓，剩下的音就是这些辅音。辅音就是辅助，根本无伤大碍。

Bb Cc Dd   Gg Pp Tt Vv Zt
[b] [s] [d] [dʒ] [g] [p] [t] [v] [z]
Ff Ll Mm Nn Ss Xx
[f] [l] [m] [n] [s] [k]

对于以下书写特别的辅音在拼读过程中再教给他 [ŋ] [θ] [ð] [ʃ] [r] [h] [tr] [dr] [ts] [dz] [ʒ] [tʃ] [w] [j]。

学习了字母和音标，就为下一步逐步突破读音规则，集中识词提供了可能，为进一步阅读和背诵奠定了基础。

适当集中学英语

一、利用资源

新教师上班之初前五年是精力、体力上进心最强的时期。容易受周围工作环境和培训学习的影响，形成自己的教学思路，甚至奠定一生的工作态度和教学风格。虽然教材可以变、教法也可以变，但是以学生为本、充分整合利用教学资源、培养学生学习能力的理念不会变，以学定教的课堂教学设计不会变。

我毕业分配到父母所在的国企子弟学校上班，它的优势就是学生人数少，培训机会多，教师年轻，充满教研教改的氛围。先后多次到北京、曲阜、上海、大连跟随全国最优秀的英语学科专家学习，马承老师的三位一体教学法，张思中老师的十六字教学法，还有唱歌学英语的教学思路开阔了我的视野，也提供了具体可行的教学设计和步骤。为自己从业之初奠定了良好的教学理念和教学方法。在实践中不断摸索和总结，逐渐确立了高效的教学模式，为我多年来取得优异的教学成绩奠定了扎实的基础。

如今互联网时代给教学提供了非常丰富的教学资源，有更加直观、更加地道的听说材料。多媒体的课堂教学手段给学生提供了大容量、更为高效的训练机会。甚至连教师学习都可以足不出户鼠标点击之处随时收到专业的音视频，只要想学习英语就有学习学好的条件和可能。

时光倒回去近15年，年幼的石子正在被勤奋的妈妈引导着培养学习英语的兴趣和习惯。学完音标我还是不能确信石子是否具备集中识词的接受能力。毕竟这是相当枯燥的一段磨练。他学英语的时间还很长，不能急于求成影响了将来学习的兴趣，只需要打好一定的基础。多年来在集中教学中已经具备一定的经验，大学期间勤奋的听说训练、外教老师的影响，自己一直保持漂亮的英语口语。这都为石子学好英语奠定了良好的条件。

二、因材施教

坚持了一段时间的日常会话和单词音标练习之后，石子接近五岁的那个暑假，我们开始了正规的英语教材学习。为了避免将来重复使用同样的教材失去兴趣。我选用了张思中英语教程（4本）。遗憾的是当时没有购到配套磁带。这套教材突出的优点是完全按照集中教学的思路设计，单词按照音素归类，内容选材精良，有足够的阅读量，体现日常生活中的衣食住行等话题，还涉及报刊文摘、艺术欣赏、历史文物等内容，有效扩充学生的知识面。

第一册的内容主要以对话为主。话题基本上是日常会话，问候语、关于天气、生日、年龄、食物、喜好等等。对于石子来说很简单。原来石子会说的对话都是跟着我模仿朗读记忆的。用课本学习的目的在于让他学会认字读书，能够脱离别人独自学习。我们设定的目标就是能够根据音标读出单词，根据读音记住汉语意思。能够在句子中认出单词理解句意。

每一课时都有一定数量的单词，我们进行了酌减。经过一定时间的游戏训练，石子根据音标试读单词比较顺利。当他煞有介事地拿起书高声朗读时，我总是给予他极大的鼓励。虽然没有录音带，但是很注意培养他的语音语调。即便是这样，这也是我后来最后悔的一个选择，没有选择一套有磁带的教材。

在学生最具模仿力的年幼时期，对语言的模仿训练效果最好。能培养出一生受益的语言功底。我的语音再标准也是成年后训练的结果，没有原声带的语调地道。因此石子失去了最宝贵的模仿标准美音训练的机会。

第一本教材使用了一个学期，学习第二本教材时在进行朗读的基础上侧重了背诵。其中的词汇量和短语容量加大，基本上每个周末学一篇，长度一到两段的短文。内容以生活化的描述，以名词和be动词为主。语法难度不大。以前我们对话可以随时随处，对于朗读和背诵，石子开始觉得稍稍不适应。我们确定为早晨跑步后，妈妈做早饭的时间石子读背课文，晚饭后再复习一遍。为了激发石子背诵的热情，我们一起参加，一周之内背诵一篇文章意在强化巩固语音语调，降低难度保证效果。

这一册书结束后，石子就上小学了。小学从一年级开英语，他明显感到在班级学英语的优势，就像一个中学生跑到了托儿所学习一样轻松自在，这也激发了他继续学下去的热情。学习第三本的过程中明显感到难度提升了一个台阶，各种时态顺次出现，句型越来越复杂。课文已经长至一页，对石子的理解力和接受程度都有很大的挑战。看到石子有些烦闷的表情，我开始反思这一年半使用这套教材的效果。

首先学习英语的容量增大，远不是我们靠对话记住的几个句型。石子根据音标读单词已经掌握技巧，理解了读音规则，在学习一二册过程中对于开音节、闭音节、字母组合的发音规律不断循环反馈，他已经能根据任意一个音标正确读出单词。再次他的阅读量也在不断提高，他已经能看懂一些简单的阅读材料。

最重要的是这套教材没有磁带，长时间没有听力训练是不完整的。所以第三套学到一半的时候我们调换了教材。石子非常高兴，一张愁苦的脸绽开了放松的笑容。我们商量确定，等训练一段时间再拿起那本书。里面关于秦始皇等历史的材料还是比较有意义。

三、提升能力

石子一年级的寒假我们开始使用我教过的一套初中教材。有全套磁带和课本。因为初中已经更换另一套教材，不存在他将来再学第二遍的问题。

课本只要难度适中，内容传达的思想内涵和文化符合适龄学生就可以采用。就像汉字，无论出现在哪本书中，只要学习就会慢慢积累，达到一定数量可以阅读书报、增强理解能力，进而书写文章。任何字词都可能出现在不同主题的文章里，以他们为载体了解不同的文化知识。英语同样如此，在教材学习中记忆单词，同时跟进阅读，学过的词汇得以不断复现，提升理解运用的能力，在阅读中拓宽视野。

这套初中教材每个年级一本共三册，第一册的内容非常简单，重点根据录音带模仿听说训练。二年级时学完了第二册，重点讲解了四个时态。背诵其中的课文比较轻松，都是先听录音带，跟读然后自己朗读模范。石子自己理解内容，对于难点我再解释。三年级学习最后一本。我们不仅背诵了里面的每一篇文章，培养了极好的语感，而且培养了最好的听力训练习惯。学会了初中的大部分时态，基本掌握了英语的结构，在增加词汇量中提高阅读量。这也是我们小学阶段每天在一起学习的最后一年。

在他四年级时我调到了城里中学。为了保持学习英语的延续性，我们做了几个约定。继续保持每天早晨读英语的好习惯，每天晚上用英语对话，在电话中背诵一段课文，纠正发音，周末回来检查整篇文章背诵情况。其次养成每天"吃甜点"的好习惯。甜点就是每天看一篇英文短文，有相应的题目检测阅读理解效果。剩下的三年我们又重拾张思中的第三本教材，已经没有那么大难度。我给他准备了无数本英语课外阅读材料，只作为提升阅读量，提高阅读速度。每周末精读一篇文章，作为一周的背诵材料，锻炼记忆能力和表达能力。

从五年级开始每天增加一个"洗耳朵"环节，就是坚持听录音带。特别是在假期里，我们每天坚持做一份听说或理解训练，听完以后复述听力内容，或者听完回答相应的题目。正是源于这份坚持不懈，石子在五年级夏天参加的全省少儿英语口语大赛中获得金奖。健硕的石子留着整齐的小平头，挺胸抬头，浓眉大眼，显示小小少年的英武之气。他沉着地站在演讲台上，全情投入到《平分生命》的演讲之中。

当石子在台上伸出胳膊，满眼流露着诚挚、善良、纯真的神情，一双酒窝盛满幸福的决心，台下的我骄傲得难以自持。

这个带给我一生幸福的孩子，以他的热情、开朗、专注感染激励着我，无私地帮助影响着周围的伙伴，爱孩子胜过爱自己，每个母亲都会在内心许下诺言，如果可以我会为你付出生命。

平分生命

10岁的石子经过层层选拔准备参加全省少儿英语口语大赛。在厚厚的备选材料中寻找演讲素材,优美的诗歌、生动活泼的寓言故事,拟人化的动物剧目都符合他的年龄,却似乎与他的个性不匹配。

又一次上网浏览,一则散文故事《平分生命》赫然在眼前出现。

男孩和妹妹相依为命,父母早逝,他是她唯一的亲人。所以男孩爱妹妹胜于爱自己。妹妹生病需要输血,男孩以为输血会失去生命,依然坚持输血给妹妹。深受感动的医生微笑着告诉他输血不会失去生命,他会活到一百岁。男孩得知自己不会死,坚定地挽起胳膊,郑重其事地要求医生抽一半血给妹妹,他愿意与妹妹平分生命,每人活到50岁。

读完这个故事,禁不住热泪盈眶,这个10岁男孩的可爱勇敢完全符合石子的精神气质。石子6岁开始阅读三国演义,在上下五千年历史故事的熏陶下,他的身上慢慢浸染出一种英雄情怀的正义感,也许源于阅读的积累,比同龄孩子多一份沉稳和专注。皮肤微黑,浓眉大眼,微笑的眼神里散发着超越年龄的浓浓正气。让石子看过这个故事,他也分外喜欢,试读几遍非常契合。

带着几经修改的《平分生命》中英文版,暑假期间石子跟我回到华北农村我的外婆家,那是我童年生活的地方。

所有的一切对于石子来说都是新鲜的,门口矮墙后的铁铲、葡萄架下的浇水大壶,高大的枣树、柿子树无不成为他玩耍的道具,结实灵活的石子在苍翠的农家小院奔跑雀跃、舞枪弄棒,浑身散发着无尽的活力,圆头圆脸热气腾腾,亮晶晶的汗珠在圆润的手臂上闪闪发光。黑红的面孔通透着健康的光泽,像即将涨裂的红苹果。

石子睁圆乌黑的大眼睛、抿紧丰润的嘴唇,在小院里寻珠访宝,发现堆满杂物的屋角藏着一箱小人书，他会立刻丢下棍棒，团坐在炕上有滋有味地看几小时的故事纹丝不动，静若处子、动如脱兔正适合眼前这个灵动又壮硕的男孩。

乡村的早晨安静清爽，我们沿着乡村小路走到村头小河边，水面清朗，晨风吹皱涟漪，泛映着点点曦光碎影。河堤上的垂柳在我年幼时就已栽种，长长的浓荫夹道是伙伴们最惬意的去处。

石子站在清凉的河堤之上，面向玉带般蜿蜒的小河，对岸延绵的玉米地有如碧绿壮阔的挺拔方阵。挺胸抬头的石子气息饱满、声音洪亮，满怀激情地朗诵着一个 10 岁男孩的赤诚，语调抑扬起伏、字正腔圆。看着他扬起手臂的果敢，眼神中的坚定，真像看到一个只顾惜妹妹健康宁愿平分生命、让人肃然起敬的兄长。他清脆的宣言在静寂无声的清晨，在漫远的华北大平原深情响起，空气中流动着每一个感人的音符，没入眼前浩瀚无边的观众席，绵远深长。

这个暑假石子每天都在练习，一个人面对空荡荡的墙，面对镜子里那张圆圆的表情专注的脸，面对同学和家人，他都用满腔真诚感动着所有听众。

终于等到了比赛的这一天，偌大的比赛场馆，宽敞的舞台上还余留着上一个演讲者"三只小猪"的热闹气息，身着蓝色条纹套头衫、灰白运动裤的石子昂扬踏上舞台中央，那份沉稳立刻无声地熄灭了满场的喧闹。整个场馆开始回荡石子清朗的声音，或委婉低沉或激情澎湃，饱满的情绪、清晰的语调、准确的发音，分分秒秒的气息转和、眉眼间的表情变化、岿然不动却全身心投入的专注抓住了每个在场评委和观众的心，在他鞠躬致敬的片刻沉寂后，全场报以热烈的掌声。

他的眼神里闪动着亮晶晶的泪光，数百次磨炼之后，那个生动的故事已经融入自己的血脉，那个敢于伸出手臂献出生命的男孩就深植于内心深处，在无数次的朗读之中，就像做一个源自于肺腑的宣言，无论何时何处，他都会像故事中的男孩，会有那样一份坚强和勇气。那是他感动了别人更是感动自己的拳拳赤诚之心。

在那一刻，我看到了一份浓浓正气在他身上慢慢洋溢升腾。

第三章　金色童年

不要违背儿童的天性，教给儿童利用自由支配的时间，这就意味着，尽量做到让有趣的、使儿童感到惊奇的东西，同时成为儿童的智慧、情感和全面发展所需要的、必不可少的东西。换句话说，应该使儿童的时间充满使他们入迷的事，而这些事又能发展他们的思维，丰富他们的知识和技能，同时又不致破坏他们的情趣。

——苏霍姆林斯基

小学伊始

企业办社会，主要是针对传统国有企业而言，企业兴办了一些与企业生产经营没有直接联系的机构和设施，成立了学校、医院等许多社会性的机构。企业内部好象也是一个社会一样，在计划经济时期方便职工生活，特别是对于许多远离城市的制造业。

我们所在的国有大型企业新建于 80 年代初，职工来自全国各地，范围广、人员多，是当年影响深远的龙头企业。建厂初期就成立了小学，方便陆续调入企业的员工子女入学，三年后又成立中学。

中小学分别在生活区的东西两侧，个别老师在原单位任教，大部分教师是学校成立之初到师范院校选聘的优秀应届毕业生。学校生源基本上都是员工子弟，几年后分配到企业的几批大学生成家立业，他们更加重视对孩子的教育，家校合作更加默契。作为一个规模不大、办学条件优越、师生素质较好的新建企业学校，不受任何主观部门干预，教学质量非常好。

企业生活区内，相熟的人群、优美的绿化环境，人们在这里过着封闭的、世外桃源一般的安稳生活。上学无需缴纳学费，学生基本上都是从幼儿园一起长大的伙伴。家校之间只有几分钟的路程，给孩子上学提供了便利，免除了家长接送的后顾之忧，根本无需担心孩子走失的危险。

石子过完 6 岁生日，新学年开始上一年级。

也许石子早已习惯和书本打交道，母亲又是老师，经常到学校玩耍，对学校的环境并不陌生，但是活泼好动的石子在入校一周就表现出让我们深感意外的变化。

石子自小生性开朗，长大一些似小马驹一样活跃，从幼儿园接出来更是极尽疯狂，欢笑雀跃。进入校园，教室桌椅像是拴上了弹性的细绳，他随时准备飞奔的小腿像被突然施了魔法，局限在这根细绳的范围之内，放缓了速度，石子一下子安静了。

启蒙教育可以让一个孩子懂规矩、遵守纪律。虽然家庭、幼儿园的教育都对孩子进行了适度的影响，但是对于一个灵动的、身心缺乏稳定性的孩子来说，还是一种微化的施教过程，孩子适应、强化规矩意识还需要进一步完善。

孩子到一定年龄，进入学校，明确的学习和纪律要求，一份隆重的仪式感会无形地给孩子带来趋同意识。按照老师的明确要求、同学之间的相互影响，还有校园里年长同学的示范，一个独立的个体很容易顺从为集体中的一员，个别不能遵章守纪的同学也会渐渐凸显出来。石子没有这样强烈的散漫和自由意识，他很快适应学校生活成为一个听话的好学生，受到老师喜爱、同学信任。

稳当下来的石子非常轻松地完成学生的本分，回家先完成作业，晚饭后呼朋唤友到小区广场玩耍一会儿，经过几次示范，再不需要过多督促，他能自觉地收拾文具整理书包，干净的桌面只有几本课外书。学完拼音的石子已经不需要我们再给他睡前讲故事，在原来识字基础上，加上个别拼音帮助，可以独立看各种拼音版的课外书。校服叠放整齐放在床头，早睡早起。

孩子上学，家长之间也很快结识，有时碰到熟悉的家长，会抱怨孩子写作业磨蹭拖拉、丢三落四，边看电视边吃饭，边看电视边写作业。我提示他们孩子上学之初务必培养规范，需要家长和孩子共同商定，适当提醒，对孩子的各项任务完成情况进行及时表扬或批评，帮助孩子养成良好的学习习惯。

家长也要牺牲部分娱乐，回家就打开电视难以给孩子创造安静的空间，建议养成陪孩子看书的习惯，有助于孩子稳定情绪、高效率地学习。从一年级起培养学生的自觉性，良好的学习习惯，未来十几年的学龄都会受益。

上学的孩子理解力比年幼时增强，与父母朝夕相处，处于反应最快的观察和模仿期。家长具有什么样的行为操守对孩子影响最大，家长的思想意识和价值观，是否谨言慎行，都将言传身教地影响孩子的健康成长。孩子在小学期间出现不良习惯和言行是否被足够重视积极引导，家长孩子之间是否建立平等融洽的亲子关系，都将直接影响孩子的身心发展。

孩子小时依从父母，如果没有将正确的行为意识和学习方法教给孩子，到了中学很难扭转既已形成的不良习惯，甚至制约他们健康成长成才。

也许石子上学之初我有一些侥幸,他的表现让人放心省心。仔细回想,这么多年的学前教育,是否正体现《礼记中庸》的那句名言:凡事预则立,不预则废。

在一些知识里渗透着道德的政治的力量,这首先是指历史知识。正是历史知识反映在人的精神世界里,为形成信念打下基础。应当让少年一边读有关英雄人物事迹的书,一边对照自己。

——苏霍姆林斯基

挚爱历史

新教育实验发起人朱永新教授说过一句话："一个人的精神发育史就是他的阅读史。没有阅读就不可能有个体心灵的成长，不可能有个体精神的完整发育。"

阅读习惯的培养更多取决于家庭，孩子的阅读兴趣和能力培养一定离不开父母的引导，而且越早越好。

对石子的早期教育我们最重视的就是培养其读书。从幼儿开始，他的生活从来没有离开过书的陪伴，家庭始终营造着读书的氛围，从录音机听故事、父母给他读书、引导他识字共读，直到他终于可以独立阅读，始终沉浸于读书的幸福之中，时至今日，读书一直是石子最大的爱好。

石子满5岁便搬到自己的房间，里面除了床和衣柜，一套桌椅、还有一个单人沙发和书橱。除去坐在书桌旁完成写、画的作业，他最喜欢的就是坐在沙发上读书，书橱里摆满了每一年龄段的书籍和杂志。二年级下半年，石子在书店选了一本《水浒传》，我曾经迟疑片刻，以前给他读过带有插图的简写本、拼音版，他能看懂这完整的文字版吗？当他宝贝一样捧在怀里，我相信他一定可以做到。

从此以后，石子和家人谈论的话题全部转移到这本书上。最喜欢和姥爷、爸爸讨论里面的故事和人物。"姥爷，你知道谁在野猪林救的林冲吗？"姥爷故意露出好奇的神情，"石子，你给讲讲。"好看的酒窝立刻在石子的圆脸上露出来，瞪着大眼睛开始给姥爷姥姥、哥哥讲起故事，大家在他连贯的讲述中听得津津有味。

"爸爸，你知道菜园子是谁吗？""张青"。石子接着问："张顺是谁？""浪里白条"。他继续追问到底："他在水里藏了几天？"爸爸缴械："不知道，你说呢？"石子得意地回答："张顺水性非常好，能藏在水里三五天，被扔下江以后，又游到岸上得救了，后来又找到了那个梢公，张顺也把他扔下去了。"爸爸故作惊讶地问："梢公是干啥的？干嘛把他扔到江里啊？""梢公就是划船的，他把张顺的金子偷了，还把他扔江里。张顺找到梢公还不惩罚他？"

石子能把爸爸问倒当然很开心，爸爸偶尔的问题更能激发石子阅读的兴趣。"杨林和戴宗你更喜欢谁？"石子歪着脑袋想了一会儿回答："我更喜欢戴宗，他一天能走八百里，神行太保，走路跟飞一样。"爸爸有时趁他睡了赶快把书重读恶补一番，否则真的要被难住了。父子共读增加了他们交流的话题，建立了更融洽的亲子关系。

石子对书里面的人物越来越熟悉，108个水浒人物的别称也成了他经常考问家人和班上同学的题目，开始一部分我还能参与一下，后来已经完全跟不上他的进度，他只愿意和非常熟悉《水浒传》的爸爸和姥爷讨论里面的情节。

在姥姥家吃午饭变成了他说书的时间，即使书里有生字也不影响他理解故事概况。每个人都惊讶于他的理解和记忆能力，大家言语之间的赞叹极大地激发了石子的兴趣，将这本书看了三四遍，随便挑出一页都可以给大家讲述一番，信心十足。

《水浒传》激发了石子阅读历史故事的热情，接下来看了《三国演义》，之前曾给他读过绘图本。每天放学后写完作业，坐在沙发上看书是石子最开心的时刻，等爸爸下班回来再讨论一番，更是兴奋十足。

进入三年级看书的速度越来越快，五年级结束，石子先后看了《三国志》《西游记》《上下五千年》《史记》学生版、《兵圣孙武》《前汉演义》《后汉演义》去图书馆借阅《雍正皇帝》《康熙皇帝》《唐太宗李世民》《东州列国转》《周文王》《明太祖朱元璋》《忽必烈》《成吉思汗》《海底两万里》全套图说天下等等，当年正值中央电视台播放《百家讲坛》，每天中午吃完饭，他都会兴致勃勃地看上一集。通过专家讲解，对各时期的历史事件、英雄人物、历史背景深刻地剖析，增进了石子对书中内容的理解，对阅读历史书籍更加着迷。

吃完饭在小区广场找同学和小朋友去玩，他也会给大家讲上一段故事，小朋友们像听评书一样追捧他，他曾骄傲地说长大以后要到百家讲坛当主持人。

石子七岁的暑假去内蒙奶奶家，十几个小时的火车上他很快和周围的旅客熟络起来，不停地给大家讲历史故事，时而提出有趣的问题，如果不知道答案，他就热心地讲解起来，这个精力充沛、活泼开朗的男孩表达清晰、思维敏捷，让大家刮目相看、非常喜爱。

　　整个小学期间石子阅读的书籍不下百部,当年提前识字、家长读书都给他提供了阅读的基础,但是,真正吸引他的是从书中汲取的养料丰富了他的内心世界,开阔了视野,对历史产生了浓厚的兴趣,激发了探索历史渊源的热情。

　　一个十岁左右的孩子周末看书几个小时,在那些历史人物和故事情节中全情投入。作为后人了解先祖文化,虽然还不能做到察为人之道,悟处世之法,但是在阅读中明辨是非、诱发思考,凝聚着他自己的精神财富,建立着他自己的生命成长场。

　　一个人从小形成的阅读习惯,一定影响着世界观和价值观的形成。石子多年来一直最崇拜赵子龙,他阅读了大量与这个英雄人物相关的书籍,曾经为他赋诗、写短文介绍他。作为文武双全的武将之一,赵子龙神威盖世、重情义、有谋略、忠直敢谏。其公正无私、谦虚谨慎、律己严格、胸襟开阔,这些优秀的品质都潜移默化地影响着石子的道德意识建立,意志品质的培养,慢慢浸润成为他的内心需求,在他身上积淀出一份独特的精神气质。

告别兄弟

侄子鹏鹏仅比石子大十一个月,两人一起长大,是童年时形影不离的最好玩伴。石子八岁那年,哥哥嫂嫂一家随着企业扩张调到外地。

一天晚上,我陪石子在他的小床上聊天,说起他最喜欢的伙伴和朋友,石子忽然不说话了,我纳闷地探过身去看臂弯里的石子,一双大眼睛亮亮地闪着泪珠,盈满眼眶,我默默地抱紧儿子,"你是不是很想哥哥?"怀里的圆脑袋动了动,抬起一只胖胳膊压住了眼睛。上学以后的儿子很少哭泣。即使受了批评和委屈也总是绷紧一张小脸,一副打不垮的倔强模样。

这是第一次看他默默流眼泪。除了父母,在他小小的心海里陪他一起长大的哥哥是最亲近的人,失去这一段最深厚的情谊让他几日来落落寡欢。轻轻抚摸他的背,等他平静下来。石子的世界里还没有经历多少分离,所有最亲最爱的人都在身边。

我扳过他的头靠近我,看着一张愁苦的脸。"石子,没有谁和谁会永远在一起,我们本来就是孤零零降生到这个世界上,将来也会孤独地离开。在这期间,我们会遇到很多人,也将不断与大家告别,上不同的中学、高中、大学,还要到不同的地方工作。再知心投缘,分别总是难免的。所以要快乐地珍惜大家相聚的时刻,享受在一起的美妙时光,有分手才有重聚的期待和快乐啊!再找新的伙伴和朋友,同样还有很多快乐的日子。等告别的时刻到了,就挥手告别,伤心是正常的,流眼泪也很正常啊!没什么不好意思的。说明你是一个很有情谊的小伙子啊!"说到最后我逗弄着儿子的胳膊和肩膀,终于把他逗笑了。

以后的每个假期,鹏鹏都回来和一大家人团聚,哥俩更是朝夕相伴如影随形。虽然每次车站送别后都要难过一段时间,小小的背影孤单着,但是他已经知道如何快速让自己忙碌起来,缓解伤感。

选 择

我所在的企业学校经过两年的协调从企业剥离，中学停办，保留小学归属地方教育部门管理。每个老师有选择的机会，可以留在企业从事其他工作，也可以继续留在小学。我还多一种选择，可以到城里的市直中学去任教。

十几年来父母、兄妹和孩子三代人已经习惯世外桃源般的生活。儿子开学上小学四年级，城里没有房子，到城里上班就意味着短途两地分居，当时交通不便，如何兼顾孩子、家庭和工作的确困难。

年轻时希望自己的一生充满梦幻，每一天都与众不同，甚至在跌宕起伏中感受生命的强大力量和各种可能。可是真正踏入生活，特别是有了家庭和孩子，已经不愿意接受任何变化，只求平安宁静。面对生活中的又一次选择，经过无数日夜的纠结，甚至一直强壮的身体也因焦灼衍生病痛，最终还是决定选择进城里中学，重返讲台，在一个陌生的环境从零做起。

开学一个月，天气转凉。学生已经回宿舍，教学楼里静悄悄的。因为晚自习讲题时遇到了一些不顺利，我独自坐在办公室里陷入沉思。学生基础比较差，学习状态不积极。忽而有那么一刹那的沮丧，我是不是选择错了？明明可以在温暖的灯光下一家人其乐融融，有儿子甜甜的的笑容，可以给父子俩烹制美味佳肴，陪孩子看书玩耍。可是如今，面对全新的生活工作环境，心生一种孤零零的落寞，这种日子还有多久？

穿过渐渐熟悉的校园返回教师宿舍，夜风习习。还没进门已经听到同宿舍两个新分大学生的哈哈笑声，心里顿时温暖开来。开学以来，大家同吃同住，有时一起在电脑上看电影，我还坚持早晨跑步，不看镜中的模样，恍惚感觉重返大学生的集体生活。虽然住宿简陋但是收拾得干净整齐，忘年之交的室友彼此相处温馨融洽，新的生活还算如意。

想家想孩子是一天的必修功课，每天的电话联系是缩短20公里距离的唯一办法。先用英语和儿子对话，不能将一直学习的英语荒废。孩子保持学习的状态，很大一部分原因在于父母的坚持和鼓励，才会渐渐形成习惯。虽然触及不到儿子的双手，但是那张满含笑意的面孔已经浮现在眼前、可爱的神情融化在心里，和家人一小时的通话完毕才圆满结束这一天。

开学之前整个大家庭开了一个会议，权衡利弊最后决定在买房之前先不搬家。石子依然在原来的小学上学，他的老师很优秀，学校教学质量一直很好，每个班只有40名学生，都是从小一起长大的小朋友。石子小姨也在这所小学任教，可以随时了解他在学校的表现，及时帮助解决问题。最重要的是在生活区内非常方便安全，不用家长早晚奔波接送。中午石子可以到姥姥家吃午饭，相互照顾非常便利。石子爸爸上班也不用变化，我每周三、五回家，周四、周一早晨返校，加上节假日寒暑假，老师的在家时间将近半年，大家的生活节奏变化不是太大。

如果租房，石子要转学在市中心上学，城里的小学都在80人以上，还需要有人接送上学，房子冬天没有暖气，每天清早全家人要奔向三个地方去上班上学，租房的位置也难协调，爸爸单位班车的站点有限制，我的学校在开发区，所有人的生活都会陷入早出晚归的紧张忙碌中。

最后问到石子，每周有两天见不到妈妈你会难过吗？没等到回答，自己已经泪流满面，其实我想要什么样的答案呢？

舍得，生活总是在取舍之间。我最后选择到城里中学重新执教，就是考虑石子将来上中学、上高中生活学习更加方便。为了将来我们有更多的时间在一起，只能忍耐暂时的别离。但是9岁的石子在我的眼里始终是一个自立、坚强的小伙子，他的表现一定不会让我担心失望。

过去的日月更迭中，我做过许多决定最初不被看好，但是经过时间的考验，历经波折，每一个岔路口的选择都是上策。自己就是一个自尊自立做事极度投入的人，面对变化能够在勤恳的付出中迅速适应。习惯决定性格，性格决定命运。在历经诸多选择之后的这个决定，应该也是命运之中环环相扣的一节吧。虽然看不清它怎样延绵曲折，但是善于梦想的心性决定我对自己的人生充满憧憬，对未来充满信心。

不知道这次选择对于我的生活意味着怎样的转折，只能等到若干年后尘埃落定。有人说，选择无关对错，只有得失。在任何岔路口，你只能选择一条路走下去。只能看到一条路边的风景，甚至风景的妙处也见仁见智。但是，选择时已经决定，你和那里必定惺惺相惜。

上班路上

　　窗外晨曦初绽，东方的天空已经涂抹出些许红晕，清晨的气息像一团团化不开的浓烟让我慢慢隐没在其中。路旁的市场零星晃动着几个吃早点的人影，记不清有多少这样周一、周四返校的清晨，一双眼睛总是守望着姗姗迟来的汽车，然后踏上近一个小时的上班路，中间需要倒两次车。

　　每次上车的那一瞬间，眼睛大多停留在车内的时钟上，看那有节奏跳换的时、分数字，急切地盼望快些到达学校，不要有任何意外，不能迟到。因为心里揣着一份急切，抽不出丝毫的闲情去欣赏窗外掠过的风景，闪过远远近近的村落，高高低低的树木，光秃秃地在晨风中守护着沉默。直到越来越多的车辆疾驰而过，错落的建筑丰富起来，城区越来越近，心情才有些许放松。

　　冬天的一个清晨，走出家门，感觉周围只有一个字"静"。小区、马路没有一个人，昏黄的路灯孤独地把持着黑暗的天空。有一瞬间我以为自己看错了时间，再次看表没有问题，但是瞬间感到手指发麻，脸上刷了一层冰似的绷紧。怎么回事？我继续迟疑地站在站牌下等车，脚上的棉皮靴似乎被粘掉了鞋底，光脚一般地站在路边。低头一看鞋子好好地整齐地套在脚上，刚出家门的温度已经没有了，只能踏着麻木的脚掌，一寸一寸朝着车来的方向原地转圈。

　　天已大亮，空气透明，无风无尘，只是所有的一切都已凝固，被一种叫做"冷"的气息浸泡封冻。小区里的石子一定去上学了，而我还在小区外苦等。不知过了多久，汽车终于从远处慢慢开来，比正常时间足足晚了半个小时。车站没有往日那么多乘客，两个和我一样用手套捂住口鼻等车的乘客（口罩已经失去了防寒效果）哆哆嗦嗦拽住门把手上了车，小心地回头看看失去知觉的脚是不是也跟着上来。直到车启动才想起满心被冻住的怒火，纳闷地问司机，"今天怎么这么晚啊？""晚？能来就不错了。""为什么啊？""看不着吗？今天太冷，车发动不起来了。""哦!"憋住差点出口的话,"只知道下大雪会堵车,会停车。不知道冷也能把车冻得动不了。"

路上的车辆果然特别少,专列一般缓慢地行驶在敞亮的省级公路上。到处看不到一丝冰、一丝雪,但是冷让地面无比苍白坚硬,似乎稍不留神轮胎就会被一点儿凸起划破。

进入城里,往日熙攘的早市、上班上学的车辆都冷藏起来了,所有的公交车已停开,我无可奈何地走到附近一家开门的茶叶店,亮着红鼻头,用冻掉一半的微笑尴尬请求在店内暖和一下,听说我已经用了两个小时,还在上班的路上,店员同情地让我坐下休息。

面对干净的玻璃窗,看着红彤彤的太阳越来越高,等待融化空中无处不在的封冻,等待不知何时才能启动的公交车,等待上班。

快速成长

> "我认为教育的理想就是在于使所有的儿童都成为幸福的人,使他们的心灵由于劳动的幸福充满快乐。"
>
> ——苏霍姆林斯基

每过一个暑假,石子就长大一岁,不仅可以目视他长高长壮的身影,还有无形的惊喜不经意间蹦跳出来。

这个暑假闷热无比,我每天陪着石子和他鹏哥在家学习,同时辅导两个人的英语。午饭时两个人开心地边吃边聊,我对眉飞色舞的石子说:"我又累又热,真不想洗碗了。"石子居然很爽快地回答:"我来洗。"

等他们吃完饭,石子真的穿着小背心,一边唱歌,一边洗碗。我惊讶地发现他唱歌如此好听,最重要的是这么快乐。突然想起一句话:"因为快乐而歌唱。"唱歌会让人感到生活中美好的东西很多,心中的郁闷就会释放,大脑也渐渐兴奋,唱歌总会让自己和周围的人轻松一些。

做一些家务对他来说并不新鲜,很小时就开始做力所能及的事。一放假就商量着让他帮忙做饭,他很开心地接受了,能独立熬粥、做米饭、削土豆,开始他会把米撒在地上水池里,慢慢就熟练了。看似在做微不足道的事情,孩子在动手过程中培养用心细致、计划统筹,对家庭有义务劳动的责任感,感受自己对家人有帮助、自身有价值。

对于一个正在成长中的孩子来说,除了书本知识接受生活的锻炼也是非常有益的。石子做这些家务充满热情,说明他在其中拥有满足感,感受到了成功的快乐。

还有一年多新房才交工,石子适当做点家务还可以缓解爸爸的压力,增进父子相互体贴的感情,这是异常珍贵的。这个假期石子一不小心就会对着我叫出"爸爸"，他已经习惯生活里更多出现爸爸的身影，心里酸溜溜的无奈却也感动，他们父子更平等、信任，相处更愉快，他们的健康平安才最令我心安。

清楚地看到这一年发生在石子身上的变化，自理能力特别强。自己把暑假安排得很有意义，独立做分内的事，读书、画画、作业、玩耍等计划都落实到位，基本不用督促。

开学前我对石子说："学校让我当班主任，妈妈征求你的意见，你说行吗？""有什么不一样吗？不能回家了吗？看着儿子紧张起来的眼神赶紧回答。"不会，正常回家，只是在学校要忙碌一些，还有可能着急上火。""不会气坏吧？""应该不会，妈妈是十几年的老班主任了，放心吧。只是怕影响你学习。""为什么影响我？你不知道我是"三好学生"吗？"看着石子瞬间亮起来的眼神，我不由被他逗乐了。信任地拍着他的厚肩膀："那好吧，就这么定了。我们一起努力。"

对孩子的要求和渴望，能否实现也取决于大人的态度，父母好吃懒做，拈轻怕重，会不自觉体现在言行上，慢慢会被孩子察觉，自然而然地会一点点效仿。我对自己提高要求给予压力，不仅是为学校分忧，（学校里有很多人认为我这样的资历没必要这样辛苦。）也是给孩子做好榜样，父母做事努力坚持才会影响孩子积极上进。

看着他的背影我还是有点担心，住宿学校的班主任确实繁忙操心，好在我也住学校，担心偶尔周三不能按时回家。石子即将上五年级，迎来快速变化的时期，家长稍不注意，孩子就可能陷入迷途。特别现在的电脑游戏很容易让学生相互影响迷恋上网，如果家长仅凭孩子一句"相信我吧"就撒手不管，失去中间的询问交流、管理控制，不及时发现孩子的变化，真的出现问题就可能于事无补，没有良好的过程管理不可能期待完美的结局。

石子是向往自由的风筝，他的天赋、爱好带来的变化也许存在无限可能。作为父母，还需要手持一根无形的线，在他飘忽不定的时刻提供适度的牵引和助力，等他达到足够的高度和空间才可以慢慢放松，任其飞翔。线似无形却有形。

责 任

似乎转眼之间，经过 10 年的日日夜夜，石子已经成长得健壮懂事。珍珠一样宝贵的记忆串起了石子成长的点点滴滴，那些美好的瞬间无数次感动过我。

襁褓中的肉团在妈妈温柔的目光和亲吻中不断长大，虽然文字没有全部记录下那些甜蜜的时刻，很多画面已经清晰地定格在记忆深处，永远挥之不去。而今依偎在身边的儿子已经充满爱心、坚强和智慧，将他的童年生活装扮得溢彩流光。

又一个周三匆匆忙忙赶回家，一路都在想象天天见到石子该有多好。到家比较早，做好晚饭站在阳台上望眼欲穿，等了很久视野里才出现石子健壮的身影。如果有镜头记录，那一刻自己脸上的微笑一定比花儿还灿烂。焦灼的目光将他迎进单元门，楼道里终于响起通通的脚步声、混杂着歌声、间或模糊的自言自语，我已经按耐不住推开门探出头，石子转过最后一层楼梯，抬头看见站在门外的妈妈，瞬间的惊诧之后，欢呼着"妈妈"冲上来，将一张汗津津的圆脸埋进我怀里，世间再没有任何事情可以替代此时的幸福。

石子一边吃饭一边讲述当天如何值周，如何给同学瑶瑶检查作业，我疑惑地问他原因，原来他们组的瑶瑶经常不写作业，老师很生气，作为组长他想代替老师督促她完成作业。

我忽然想起上周六下午，石子正打算去骑自行车玩耍，他的同学拿着两张英语卷子到家里向他请教。他毫不犹豫地坐下来，一道道题讲给同学听，满眼的专注认真。此时听他笑眯眯地叙述如何完成这项新任务，连酒窝里都盛满骄傲，圆眼睛闪烁着快乐的光亮，不由从内心为他的善良、热情感到自豪。

这次回家给他带回来一顶新蚊帐，石子兴奋不已，看完书后早早钻进蚊帐要睡觉。半夜到他房间检查蚊帐是否被踢开了，看到他酣然入睡的样子禁不住微笑，最喜欢看他甜蜜熟睡的模样。

禁不住自言自语："儿子，没有蚊子咬你的胖肉，睡得舒服吧？""是的，妈妈。我把热水器关了。"我被这突然的答语弄懵了，以为他在说梦话，忍不住接他的话问道："是吗？学校的？"我以为是他班里的烧水热水器"不是，家里的。"但是家里没有烧水喝的热水器啊？我也半梦半醒，几乎不能确认到底谁在说梦话。不由自主地再问一遍："家里的？"我坚信他在做梦，没想到他依然接着说："刚才卫生间的热水器流水了，我去关了。"

我恍然大悟太阳能的上水管可能没有及时关掉，如果不是蚊帐挡着，真要亲亲他的圆脸。带着满满的幸福悄悄关上房门，相信自己在睡梦中都会微笑。

向 善

　　暑假的夜晚热气散尽、凉风习习，这是一天中最快乐的时光。大人在小区散步，孩子们聚伴玩耍，同住一个生活区给孩子们带来无尽的便利和快乐。

　　楼前的幼儿园是全家人相约回家的地点，这一天晚上我们散步回来，依照惯例去等待石子。黑暗的天色下，只听见石子嘹亮的说话声，我们循着声音走过去，在幼儿园门口，几个孩子在热烈地讨论什么，凑近才看清楚，他们正在围着一只小猫。这是他同学白天在小区内捡到的一只猫，晚上家长不允许带回家，他们在这儿商量谁收留它一晚上。

　　经过讨论，亮亮抱着回去了，其他孩子在他身后千叮咛万嘱咐，要喂它一点牛奶。没想到不到十分钟，他又抱着小猫回到这里，他妈妈不让带回去。这时只有石子和他表哥鹏以及另一个不许带回去的孩子。小猫怎么办呢？

　　他们商量决定让石子抱回家。虽然我也有担心，从来没有养宠物的经历，但是看到石子充满怜惜的表情，语气中不容置疑的坚定，一定要照顾小猫一个晚上。我们无话可说，他是对的，这种情况下没有理由不心疼这条小生命。

　　正当我们抱着它快到楼门前时，石子的姥姥正在找鹏鹏回家。看到两个孩子用衣服抱着猫顿时大惊失色，姥姥用坚定的语气让他们把猫放在外面。两个孩子一方面要履行对小朋友的承诺，一方面对小猫充满同情，根本不同意姥姥的意见。

　　见此情景，我们只好从中劝和，如果拿回家，放到箱子里搁在阳台上，它如果从箱子里跑出来，从5楼没封的阳台栏杆处掉下去就没命了。这个季节天气不冷，不如把它放在箱子里搁在草丛中，况且不远处还有一只大猫的呼叫声，说不定是妈妈在找它。

　　经过再三商量，他们俩终于同意，从家里拿来一个纸盒子，还有煮熟的南瓜和牛奶。石子把它连盒子放到墙角处的草丛里，依然不放心地频频回头，我知道他小小的心灵里充满了愧疚的自责，善良的怜悯。

  第二天我被关门声惊醒，出来一看，石子穿戴整齐倚着桌子望向窗外。我问他在看什么，他表情中有份失落，"我刚才下去看过，小猫不见了。不过牛奶已经喝光了。""那说明小猫没事啊，也可能真的找到妈妈了。"我的话给他增加了一点活力，减轻了害怕小猫会有意外的担心，石子绷紧的面孔才有些许的轻松。

  没有饲养宠物的经历让我对小动物有一份莫名的害怕和顾虑，也许正因如此没有坚持让孩子实现他的愿望，哪怕在家呆一晚，早晨再送出去也会让他更心安。默默抚摸着儿子的头，内心被一份自责牵动着。

  无论平时我们如何教育孩子要善待别人、同情别人，知道乐于助人的品质有多重要，但是当一件事情毫无预料地发生时，大人的表现就是最好的教材。正所谓言教不如身教，用什么样的方式去帮助别人，想法再多也没有行动更具有说服力，因为它无需语言直接通过双眼渗透到孩子的心灵。

  孩子善良可爱，因为他们拥有金子般可贵的心灵，生活在最真纯的内心世界里。

信 任

深秋的夕阳落得更早，瑟瑟的风中已有寒意。下班后匆匆收拾好东西离开校园，开始四十里转车回家的行程。

对于任何一个在城里的班主任来说，放学回家是再正常不过的事，但是对于我，即便是没有晚自习也对学生放心不下，每周三回家都感觉偷偷摸摸，生怕被学生发现老师没在学校放纵自己。但是对石子无法摆脱的思念战胜一切困难和焦虑，其实自己完全不必太过紧张，教室里有老师上晚自习还有学校领导值班。

当我伴着万家灯火、满怀见到儿子的激动踏进家门，石子一个热情的拥抱、一声甜甜的呼唤，就将一路的疲倦驱散得烟消云散。接过丈夫手中的锅铲，在厨房里轻松地翻炒出一盘盘可口的菜肴，特别是一盘金黄的花生饼端上桌，石子尝一口，香甜的味道顺着嘴角流溢开来，瞬间眉开眼笑赞叹不已。一家人最幸福的事就是共进晚餐吧！的确，晚餐是让家人最感轻松和安全的时刻。

正要拿起筷子享受一桌美食，手机响了，那清脆的铃声不由让我疑惑顿生，电话里传来政教处主任的声音，询问我是否给班里的学生开过假条，三个学生没有上晚自习。心跳顿时加速，几乎随着他的话"腾"地蹦起来，我告诉他没有学生请假，下午一切正常，他说那再找找吧。电话挂断，脑海里的第一个想法就是他们一定去上网了，可能知道我不在学校想去"放风"，内心忽地被气愤点燃怒火。

面对一桌热腾腾的饭菜已经没有一点胃口，身边的儿子看着我铁青的脸，小心翼翼地说："妈妈，先吃饭吧。"我不声不响也不动筷子。儿子又碰碰我的胳膊，"好不容易回家了，还不高兴，吃点吧。明天去学校再处理，要不吃完饭我帮你出出主意。"听着石子懂事地安慰，我不好意思再没有反应，喝了一小口汤。可是他哪知道妈妈内心的焦急和气愤。强忍着怒火喝完一碗粥，坐到一边去生闷气。想不到这些学生竟然这样不听话，平时经常给他们讲道理，班里井井有条，这三个学生里面还有班干部，更应该以身作则啊，可是居然做出这样让我伤心失望的事。

我正在低头沉思默想，石子吃完饭又凑到我眼前。"妈妈，你明天打算怎么办啊？要不我帮你出出主意？"我抬起头却没有看儿子的脸，不想让他看到妈妈眼中的气恼。"你先让他们给你做检查，如果有第二次就在全班同学面前做检查，如果有第三次就调座位。"我禁不住插嘴问："往哪儿调呢？""到最后一排。""可是他们现在就在最后一排啊！"石子显然为他的主意落空感到遗憾。停了一会儿接着问："那你打算怎么办？""拿棍子揍他们一顿。"我几乎下意识地说道，似乎只有这句话最能解我当前之气。"那算体罚吗？"儿子皱着眉头问。"是体罚。"我有些气短地回答。"那他们家长不来找你？"

我知道儿子的担心，他们学校一个老师因为打孩子受到家长指责。他也许担心我会不会被学生家长怪罪。我依然怒气未消地说："让他们家长来学校拿棍子揍他们。"说话时内心已经下定决心，一定要把他们家长请到学校。没想到儿子又问了一句："那你准备揍他们多少下呢？"那声音里明显已有感到疼痛的紧张。

我竟一时不知道如何回答石子小心翼翼的问题。不由拉过石子的手，抚摸着他的头，轻声地问："别担心，妈妈只是说说，不会揍他们的，我们看看你的作业好吗？"也许刚才丈夫不慌不忙的一句话起了作用，"你至于吗？别的班主任都不回家了？不都是孩子吗，上一次网有什么了不起的。"我当然不同意他的话，但是面对儿子一句话，"他们以后也许再也不敢去了，你就原谅他们吧。"我无法不静下心来。

坐在儿子身边看他做作业，依然在胡思乱想，他们会不会遇到坏人，有人敲诈？时针在眼前慢慢地移动，终于熬到九点，以前最怕这个时间，一家相聚的时间即将结束，儿子该睡觉，第二天我又要走了。可这一天盼着快到这一刻，他们该下晚自习了。心中估计着熄灯查寝的时刻，我赶紧打电话问他们是否已经返回，回答已经回来睡觉了，这时我才长舒了一口气，焦灼两个小时的心跳终于放松下来。

无论如何学生安全回来了，我在黑暗中不禁扪心自问："他们为什么会这样？我的责任在哪里？"一直对他们充满尊重和信任。平时总是讲道理摆事实，几个班干部也非常负责任。但是许多事还是自己干涉太多，也许让他们有一种被监视的感觉，再加上我平时住校，几乎时时刻刻都和他们在一起，自己下班回家都不希望他们知道，想保持一种看不见的威慑，其实内心没有真正地信任他们。偶尔我离开，他们自然生出一份放松感，时刻的监视让他们倍感约束和压力。

"爱一个孩子，就要原谅他，宽容他，爱是无条件的。不是成绩好、不犯错误就爱他，成绩差了，犯错误了就不爱他。"我不由想起最近董博士的一番话。

作为管理学生吃喝拉撒的寄宿学校班主任，对待每个学生的爱不也是有条件的吗？当他成绩好，不惹事就认为他是好孩子，当他调皮捣蛋，影响其他同学或者班级管理，就认为他是麻烦孩子。不想给一句温暖的话，一个和善宽容的眼神。

我在黑暗中不由地看清了自己。我能无条件地爱每一个学生吗？我能吗？原来我不能，但是现在我愿意尝试。每个孩子的成长环境都不同，孩子的个性差异、学习能力和基础都不同，他们怎么可能表现得一致完美，成绩一样优秀？

学生需要鼓励和肯定，一味指责只能加重他们的自我否定，信任和赞美会强化他们向善向美。如果十几年的教学过程中，我拥有更多的是"纠错"意识，那么今后开始，我将努力去尝试老师的"赞美"意识，也许赞美和鼓励真的会让我的学生变得越来越进步。

盼望着天亮，盼望着快点到学校，当然首先，我要给石子留言：谢谢儿子，你帮妈妈出主意。我会接受你的建议，原谅他们、信任他们，做一个好老师，好妈妈。

爱

周末看到石子的作业上有一道题：讲述一下，父母如茉莉之香的爱。

那道题空在那里没有做。我笑着说："没有话写哦。"他不好意思地笑着，后来写了几句话，简述他生病时妈妈为了照顾他整夜不睡。虽然的确有这样的事例，在他笔下，我知道完全是应付作业。

他甚至想不起一件事足以表达父母对他的爱。

我不由得反思，为什这样爱他，爱到骨子里，他却感觉不到呢？十年前他出现在我面前的那一刻起，他就成为我、成为这个家庭的中心。也许在有生之年都不会改变。

元旦前我们在网上搜索一张贺卡，他选中一张贺卡画面，上面的留言是：我将爱你一万年，请嫁给我吧。他果断地将一个字"将"和后面的"请嫁给我吧"删掉，然后从我的QQ邮箱发给他。他说，这是他替我送给他的，之前他已经发给我一张。我纳闷地问他为什么把"将"字去掉？他回答："那就像以前不爱我似的，你不是一直都爱我吗？"在十岁的年纪他已经清楚感受到父母的爱，就像每天的甜食，习以为常，但是不能辨别出哪件事是爱的表现。

在他看来，父母所做的一切都是常态化的，是应该的。就像空气一般自然、必不可少。感觉更清晰的也许是父母对他学习生活的要求，有时近乎严厉的责备。如果说有被爱的感觉，具体的事例应该是满足他的要求。

其实不是，石子，你知道父母是如何爱你的吗？哪些行为是爱你的表现吗？不仅仅是我们为你做的一切，要求你去做的一切也是爱你的表现。

我们会常常用饱含深情的目光追逐你的眼睛、面孔、身影，无论侧影还是背影，毫不吝啬对你的微笑和拥抱，因为，每个孩子在父母眼里近乎完美。

我们在每一顿饭前，第一个想法是儿子想吃什么，该吃什么？在尽可能多的选择里满足你健康的膳食。

我们会在每一个季节变化、阴晴雨雪之间提前为你备好衣物，提醒你尽可能独立选择，既保证温暖还要美观，因为你的模样就是我们的形象。

我们会在许可的范围内给你增添玩具、学习用品、图书几乎不计条件。让你在成长过程中不以物赘所累，但也绝不因物缺而怯。我们会适度满足你的需求，但绝不会无限制膨胀你的欲望。因为欲望无穷，只有懂得适可而止，才能活得健康快乐。

我们更愿意给你的生活、学习和精神给予快乐的元素，让你在幸福的家庭里感受爱的温暖，学习储备爱的能力。如果做的还不够充分，只能惭愧地对你说，也许我们先天不足，但是依然会坚持。

你知道吗？当我在街上骑着单车超过别人，我想骄傲地对他们说："请看看吧！我的包里装满儿子爱看的书，我的书迷儿子使我不怕骄阳，不惧路远，每周去图书馆去书城选取他爱看的每一本书。因为他沉浸在书中的快乐就是我最大的快乐。

你知道吗？我依然最爱你熟睡的样子，用目光丈量你一天天长大的身体，在你结实的四肢中寻找你曾经幼小的身影，虽然模糊，但是你圆润的每一寸肌肤在妈妈的视线里都是时光给予我最好的回报。儿子，酣睡的你永远也看不到妈妈看你时的表情，那应该是爱的表情吧。

石子，不再要求你说出茉莉花香般的父母之爱，你幸运地成为我们唯一的孩子，独享这份期望和祝福，让你的生活充满阳光和快乐，但也独享这份压力和鞭策，也许让你感受到烦闷和苦恼。

我也曾经像你一样怨过自己的父母，怪他们啰嗦，怪他们管的太多、要求太高，怪他们偶尔脾气暴躁、没有平等对话的机会。妈妈现在是已经做了母亲的女儿，一个已经40岁的女儿，才慢慢懂得父母的心意，懂得父母严爱有加的感情，懂得该对他们多一份理解少一份指责和不满。儿子，我耐心等你长大，希望自己能够幸运地活到70岁，等到40岁的你理解妈妈的爱，等到40岁的你面对你的孩子时，用洒满阳光的父亲的目光看着他时，你就会更加深刻地理解为人父母之爱。

今天对你的磨练是希望你更加坚强，对你严格的要求，是坚信你身上蕴藏着无穷的潜力，那是我们几代人的智慧在你身上显现的才华，你有力量将它燃烧到最亮。

慢慢等，你会发现茉莉般的花香始终弥漫在你身边、在你心中。

心 愿

元旦放假期间,石子告诉我他决定买同学良子画的一幅画。

最初深感意外,稍后反应过来还有一丝的不屑和气恼,同学之间怎么能有这样的交易?我不动声色地问他为什么,"他画的赵子龙像极了,我实在是太喜欢了。"石子一边打开存钱罐一边回答。"多少钱呢?""两块。""他在班里卖画吗?""是,还有别的同学买。""老师知道吗?""不知道。行吗?妈妈?"声调里满是渴求,我竟不知如何回答。

好一会儿,我拉过石子的手,"我如果说不行,你肯定不高兴。"我的眼睛捕捉着他的眼神,黑眼睛眨了眨。"如果我说行,你去买吧。好像哪儿有点不对。同学之间好像不应该如此啊!""怎么不对,你给我讲的犹太人挣钱的故事,不也是通过自己的劳动和智慧获取收益吗?"石子振振有词地搬出事例,语气里已经有了明显的不耐烦。

我和他爸爸又冠冕堂皇地说了很多大道理,同学间应该互助,保持纯洁的友谊。在我们枯燥的说教中我也在思索,这也许是新生代处理事情的方式吧。退后十几年,小孩子根本没有一毛钱,他头脑中怎么能产生用钱交易的想法呢?如果有点说不出的不甘,那就是人家的孩子怎么可以凭借自己的一点优势去挣同学的钱呢?如果反过来呢?我肯定不允许自己的孩子去收钱,但内心肯定有一份被别人追捧的洋洋自得。不同的家庭教育的角度不同,也许他的父母并不知情。

理清了内心的纠结,我告诉石子自己决定吧。看着噘嘴的孩子顿时喜笑颜开飞奔出门,长大的痕迹已经清晰地印在背影,他已经有主张,无论别人怎么说他的计划不变。他对自己的喜好非常执着,从小开始看《三国演义》,两年多看了无数遍,对其中的人物故事如数家珍,最喜欢的就是赵子龙,甚至还为赵子龙续编故事,如今为他花零用钱当然不在话下。他已经开始独立。那满脸倔强的表情,那个曾经软软、暖暖的孩子正一步步挣脱我的怀抱。值得欣慰的是，他依然信任、把想法告诉我们，能够感受彼此的心意是家人交流的基础。

那张画一直贴在儿子床头，清晰的线条勾画出赵云一份英武的将军气概。石子从小酷爱历史、遍读史书，所有的人物故事里独爱这个缜密、忠勇、沉稳、自律的英雄人物，他身上的某些气质感召着石子让他欣赏。

凡事必有因果，在每个通往结果的过程都非常重要。孩子还要在成长中经历很多事情，通过学习、辨别、分析变得有智慧有才华，通过和朋友或不是朋友的人交往，始终要记得善良、理智、宽容，这些品质才会赢得别人的信赖和支持。妈妈很开心和儿子一起享受这样一个充满快乐也有困难和挑战的过程。

徜徉书海

> 名人传记这一类书是进行自我教育的百科全书。一个人如果没有理想，他的个性就没有了核心，而理想的东西是最鲜明地反映和记录在书籍里的。所谓自我教育，就是用一定的尺度来衡量自己。很重要的一点是，要让学生用英雄人物的生活作为衡量自己的尺度。
>
> ——苏霍姆林斯基

培养石子看书从幼儿开始，买玩具的同时就买图书。最初大人念给他听，几遍以后他会指出你念的有错误，因为他已经会背了。后来买看图讲故事，让他根据图画自己编故事，和大人一起交换讲故事。外出游玩时讲故事让枯燥的旅途变得轻松愉快，每周末都要到市里的图书馆和书城去看书、借书、买书。

石子二年级时，爸爸妈妈都面临一次重要的考试，周日早饭后两个人都开始埋头复习，石子写作业。不知不觉竟然到了下午，我赶紧去准备午饭，担心地打开石子的房门，顿时一愣。一书橱的书全被翻出来了，从床头到床尾、桌子地上堆满了大大小小的书，他像一只大仓鼠藏在花花绿绿的图书里，弓着腰蜷缩着身子跪在床上看一本恐龙画册，一双滴溜溜圆的黑眼睛没有一点困倦。

"哈哈，全家都不用吃饭了，书中自有黄油和面包。"妈妈抚摸着儿子壮硕的后背笑着说。"书中还有可乐和牛肉。妈妈你看看这恐龙像不像一头大牛。"从那以后我们知道石子可以几个小时不困不烦地埋在书堆里。

我调入城里上班的第二年，每个周末迫不及待地回到家里整理家务。但是石子周末要进城学毛笔字和看书，平时都是他爸爸带他去。有一次他爸爸加班没有时间，石子说自己去，我犹豫一下，也赞同锻炼他的自立能力。

早晨七点离开家直到晚上六点到家，期间要到一所培训机构去写字，找地方吃午饭、到图书馆和书城借书买书，需要倒好几班城际大巴和市内公交车，对于一个10岁的孩子，近十二个小时如何安排时间、在几个地方能够安全周转是一个很大的考验。

下午我忐忑不安地在小区门口等待班车的到来，车开过来的瞬间我不禁闭上眼睛，心想要是石子没在里面怎么办啊？当我从下车人群里一眼看到那张黑红的笑脸，绷紧的神经豁然松弛下来，不由感慨，你给孩子多大空间，他就能飞得多远。

拽着他的小手问他害怕了吗？他满脸骄傲地把头摇了又摇，一路上给我描述如何先坐镇上到市里的长途车，到长途汽车站再换公交车去写字，下课后选一辆公交车去超市。买了两个大汉堡和可乐，吃完就到附近的书城看书，今天看的是《汉武帝》，手表定好铃声以防误了坐车时间，然后坐公交车去站牌等厂里的班车，安全回家。看着满脸兴奋的儿子，为他有这样的新鲜体验开心不已。

可以想象他站在高高的书架旁，捧着厚厚的历史书沉迷其中。多少家长为孩子不读书一筹莫展，庆幸石子爱读书，有这样的机会和执着，才敢于走出家门去满足嗜好。书海徜徉提升了他的信心和勇气，有助于培养他独立生活的能力。没有什么是与生俱来的，这一次尝试无疑是对他最大的锻炼和鼓励，只要时刻谨记安全，知道遇到意外如何求助，将来无论他走到哪里，都会将自己的生活安排得有条不紊。

每次看到石子自信满满的神情，在挑战的亢奋中昂首阔步，我都有一种分外幸福的满足感。生活不会亏待任何人，当你做到足够的勤奋、甘愿足够的付出，收获一定在某个地方等着你。

学习宽容

将每一顿饭做成心灵的舞曲，让每一道菜、每一份汤都演绎成心灵的欢歌。越来越喜欢给家人做一桌美味，看他们开心享用是一种内心的满足。

想象一下，去河边钓鱼的父母冒着炎热回到家，喝一碗解暑的绿豆汤，能吃上女儿包的水饺该是怎样的幸福和舒心。父母在不远游，和父母住在前后楼拥有更多相互照顾的方便。每次端着大盘小碟给父母送去，让他们开心快慰，这是做儿女的福气。石子在我们身上目睹着对老人的关心和体贴，有什么特别的点心会第一时间跑过去送给姥姥。

侄子鹏鹏回来过暑假，哥哥的到来给石子带来无尽的快乐，这一天清晨乌云密布大雨滂沱，大家都不能外出，趁雨稍停，我赶紧外出买来新鲜的水果、蔬菜、鱼和排骨，准备给大家做一顿丰盛的午餐。

厨房里迅速出现我忙碌、快乐的身影，精心地准备每一道菜。书中常提到菜中拥有"妈妈的味道"，那是因为妈妈用心酝酿出来的吧。我也希望自己做的菜让父母感觉到"女儿的爱的味道"，儿子感觉到"妈妈的味道"。兴奋地忙碌了一个多小时，当我幸福满满地完成色香味俱佳的汤汤菜菜，让孩子们帮忙端到姥姥家去。石子、侄子欢喜雀跃，分别端着我打包好的菜先出门，在我反复交代要小心的叮嘱声中叽叽喳喳地出门了。然后我将剩下的菜放进锅锅盆盆，叠叠摞摞收拾停当端着往父母家走。

就在我兴冲冲地走到半路，看到小雨中一身湿泥的儿子站在路边，沮丧的脸上满是委屈恐慌和不安。最不愿意看到事情发生了，他把我辛辛苦苦做的菜洒了一地。不锈钢盘子扣在地上，还剩几块排骨孤零零地歪在一边、罩住盘子的塑料袋脏兮兮地黏在水洼里，刚才酱红色香喷喷的排骨沾着湿淋淋的泥巴，弃儿一般丑陋地挤在一起。瞬时之间，我的神经触电般地扭曲了，也许正是石子爸爸对我的描述，我像一盆特殊的水，只要脾气来到，不需要加温，一下子就能从零度沸腾到120度。

这突然汹涌的怒火的确要将我炸裂，要不是当时我满手都端着锅碗，真可能在大街上给满脸内疚的儿子一巴掌，当时我的表情和呵斥声已经把他吓得心惊肉跳。现在一想，多亏没有，如果做了，那将是让我后悔终生、儿子铭记终生的可怕阴影。

回到家，父母的劝慰听不进去，自己闷在厨房里吧嗒吧嗒掉眼泪，这也是疏通不满的出口之一，终于怒火熄灭。家里静悄悄的，老人领着侄子默默地坐在卧室里，小姨领着小表弟去找石子，石子躲在楼梯上不敢上楼，最终在父母的安慰下才坐下来。一顿饭吃的不咸不淡、无滋无味。原本想象中孩子们吃得热火朝天的景象自然没有出现，我的心情就像窗外的天阴沉到极点。

下午妹妹带着石子和侄子去她家玩几天，直到背着大书包的石子走出家门，我也没有看到他露出笑脸。

深夜无眠，我第一次深刻地意识到自己有多么怯懦不成熟，强硬火爆正是胆小的表现。容不下生活中有变化，碰到一点和自己想象或意见不同的现象就难以容忍，面对意外只有不知所措、无所适从，没有忍耐和宽容，没有冷静的思考和处理办法。

石子一定是太开心、太急切，走的太快才摔倒，当时他擦伤的胳膊在流血，身上湿淋淋的，我对这一切视而不见、不管不顾，却为一盘可以再做、可以不吃的排骨而恼火。自己的表现几乎难以想象，可怕得没有一点同情心，难道他想摔倒吗？他不想吃香喷喷的排骨吗？

事情起于石子但真正的原因在我，也许内心太想让大家认可我做的饭菜多受欢迎，太想表现给大家我有多孝心。一旦出现一点变化，影响了我的想象，结果就是那么可怕。如果是侄子不是石子，反应一定没有这么强烈。只因为是自己的儿子，只有对最亲的人才会如此肆无忌惮，这，对石子不公平。

天天教育儿子要有同情心，要宽容友爱，可是我却用行动扎实地充当了反面教材，用自己的行为证明自己的教育目的和途径不一致，在这样一场突来的考验中我没有及格。所以直至深夜无眠，一整天都在为"打翻的牛奶"哭泣。

我的责备愤怒伤害了儿子和父母，当时率性的行为并没有让我轻松，时间越长反而被内疚压抑得更加沉重。内疚是最重的惩罚。只想快点天明找到石子,摸着他粗粗的腰、厚厚的背、圆胖胖的小脸真诚地说一声"对不起,真的是妈妈做错了"。

但是我知道一颗伤害的钉子已经碰触到他稚嫩的心,即便是拔出来,即便是止住流血,疤痕已经留下。

考 验

　　进入五月天气已经热得让人烦躁，周日石子要去城里买书，因为下午学校有个活动要求班主任提前返校，我也就陪石子一起回去了。

　　我们先去图书馆还书，又坐车到书城，在那买了几本书。等到中午，石子去德克士买汉堡，我突然感觉不舒服，没有胃口吃午饭。在附近的超市买些日常用品。谁知道腹痛越来越厉害，临到付款已经疼得头重脚轻，浑身冒虚汗，感觉自己随时就要晕倒，赶紧跌跌撞撞地到外面的快餐椅子上坐下。

　　石子紧张地跑到我身边，大概被我神志不清的状态吓得不知所措，惊恐地问："妈妈你没事吧？要不你回学校休息吧？"面对陌生的环境，妈妈突然在外面病倒，这个考验对他来说实在是招架不住。恰逢摊主可能说我们不能呆在那儿，吓得不知所措的石子着急地说："妈妈不买东西，是不能呆在这儿的。"看我没有反应，他扭过身对老板说："我妈病了，一会儿再买。"我知道此时他肯定不是被什么美食诱惑才说出这样的话，他内心形成的规矩，让他认为我们触犯了别人的利益，但又不可以这样让别人轰赶自己。

　　当时的我已经寸步难行，也没有一丝力气抬头跟他解释，别说回学校，连抬腿离开座位的力气都没有。被惊吓和恐惧慑住的石子不停地抚弄着我的胳膊，焦急地问："好点了吗？喝点水吗？"他向老板要了一点热水，可是我根本喝不下去。他紧张地皱着眉头看着我，"妈妈，要不我送你回去吧？"我只能喃喃地说："我走不动。"

　　又过了不久，终于感觉轻松一点，浑身已经湿透，一定是面色苍白。等我稍微能动一些，让石子扶我艰难地去卫生间，长达十分钟的时间里，按着肚子等待痛苦过去，不知道外面的石子该有多么恐慌和着急。一个进来的妇女问我：没事吧，外面有个男孩想问问他妈妈怎么样了。我无力地摇摇头。

当我挪动着麻木的双腿走出来,看见石子满脸紧张和不安,在他搀扶下来到附近的诊所,在等待量体温的几分钟,刚才猖獗的病魔突然精疲力尽抽身而退,一下子变得轻松了。我知道最难受的时刻已经过去,过去曾经有过这样的反应,不需要打针吃药。没有那搅人肺腑的痛,整个人多了些精神,就让石子扶着走出诊所。

石子还是不停地说:"妈妈,你的手现在不那么凉了。我送你回学校吧,你赶快好好休息。"他的口气里也多了些轻快。我安慰他说自己确实好多了,肯定没问题,自己一定能回学校。他又安慰我不用担心,他自己也可以坐车回家。虽然还没有多少力气,虽然彼此带着牵挂分开,但是心里非常感动。

石子送我到车站目送我离开,他的眼中有一份担忧,也有一份让我放心的自信,让我涌动着无限的感激和骄傲,我疼爱的孩子懂得去心疼、顾念别人了。他回到家立刻给我打电话报平安,还询问我是不是好一些了。等我吃完晚饭,石子又打来电话,原来这个时间都是我打过去。石子在电话中说:"妈妈,你吃饭了吗?我还是有点不放心,你怎么样了?晚上不会再厉害吧?不行你去你们医务室让大夫再看看吧?别耽误了。"当时我听完眼泪哗地流下来了,人在孤单有病时最脆弱,何况被最亲的人如此惦念。

我欣慰地看到他一定会成为一个有责任感的人,因为他的善良。这么多年对石子的爱和教育让他懂得去关心和体贴他人。因为他从父母对待爷爷奶奶,外公外婆,从父亲对待母亲,从母亲照顾父亲的点点滴滴,看到了亲人之间的关爱,那些流淌到他身上的疼爱就更无法估量,而今,这清泉已经开始回流到母亲心中,我又怎能不激动,喜极而泣呢?

收 获

新房子已经收拾好,为了等待石子小学毕业一直没有搬家。暑假以后,一家人终于可以天天团聚,石子到我所在的中学读书,我们将相伴上学,形影不离,多么期待新的生活。

但是距离放暑假还有一周,距离告别住校的日子还有一周,我病倒了,严重的椎间盘突出,行动非常困难。

这几天是一学年最关键的复习备考阶段,不想让同学们受影响,所以坚持着没有请假。除了上课缓缓地移到教室,其他时间静卧在宿舍。我天天锻炼身体,一个生龙活虎的人怎么能卧床不起呢?大家都疑惑,我也感受到意外,无论你有多坚强,经历岁月洗礼的身体在一定岁数后会向你展示它的脆弱,随时向你发出预警,身体垮了,除了加重别人的负担,给自己增加痛苦外,毫无用处。

在这突来的安闲里,承受身体疼痛的煎熬,也感受着独自在外生病的凄凉。却没想到在我卧床自怨自艾时候,却看到了预想不到的一幕。学生们热心地到宿舍给我打水打饭,关心问候,岳老师和杨老师还专门手工给我做了护腰。来自老师和学生的照顾、呵护让我深受感动,倍感温馨。

一个女生睁着亮晶晶的大眼睛紧张地问我:"老师你没事吧,过几天就好了吧?不会起不来吧?"另一个拍她一下,"怎么说话呢?怎么会呢,肯定能好!"其实我也非常担心,从来没有出现过这种情况,不确定自己多久才能好。看着一屋子叽叽喳喳的学生围在身边无比欣慰,平时自己的付出终究没有付之东流,学生的一片赤诚之心让我感觉到做一个老师的真正意义。

我明白人与人之间存在差异,但是更坚信每个人都有优势,都希望被关注被在意。你不知道自己的鼓励会给他们带来多大的动力。我们师生几乎朝夕相伴,一起学习、一起生活,有更多的时间相处,也建立了更融洽的关系。我的鼓励和提醒，信任和督促不断影响着他们。

八年级时班里转来一个叫小梅的女生，她跟随打工的父亲从湖北来到本地，在班里终日默不作声，同学们都疏远她，还有些男生打趣她上课发言时的腔调。我默默观察她，吃饭后、上操时装作无意碰见她，温和地和她聊几句。慢慢了解到她没有母亲、言语的障碍让她非常自卑。

有一次，班会前我把她各科的作业收集起来，用双面胶把名字盖住让大家传阅。同学们看到漂亮整齐的书面作业非常惊讶，纷纷猜测主人是谁，最后我把小梅领到讲台前，全班同学发出赞慕的惊叹声。以后再也没人用奚落的怪腔模仿她，同学们开始和她交流，她的脸上很快现出了笑容，感受到融入集体的温暖。每个人都有优点，将长处做到最长，这就是一个人的立足之本。

我做人的原则是珍惜时间和做好每件事，在有限的时间里经过自己的拼搏做到最好，一定要尽力而为而不是量力而行。我也将这种理念传递给学生，每个人都是有潜力的，我对自己和学生的潜力充满信心，坚持不让自己的学生掉队。希望有朝一日他们回忆起自己的老师，我是其中非常负责的一个。

时间对于每个人是公平的，多数同学珍惜时间、学习努力、成绩优异，班里形成了良好的学习风气。也有个别学生没有目标和责任感，散漫违纪、成绩不良让我大伤脑筋。可他们毕竟是孩子，我经常念这样一段话鼓励他们：青春期只有一次，在春日大好的时光下恣意放纵，没有播下希望的种子，待到秋日别人收获满仓时，那个寒冷的冬季你又该如何度过呢？

个别学生跟我争辩，"努力也不一定有用啊？谁知道什么有用啊？我们那儿有人不上学也过得挺好。"看着这些胆大的孩子，他们说的不无道理，似乎没有什么可以让他立刻信服。身边的确太多这样的事例。

我只能耐心地跟他们讲："每个人不知道自己能看多远，能走多远。但是能看到现在。你今天努力的态度会慢慢形成一种习惯，最后成为你做事坚持的品质。这种品质不仅对学习文化课有用，将来在工作生活中同样可贵。坚持学习除了取得良好的成绩，还会培养大家珍惜时间、善待自己的习惯，你会收获认识自己的机会。""哦，原来我可以做的这么美好。"看着大家似懂非懂的目光，心比心地善待引导他们，终有一天会被理解，要求会被接受。

经过两年的成长这些学生已经变得健壮、机智、懂礼貌。曾经连字母也写得歪歪扭扭的他们如今可以看懂文章、发音漂亮，这都是我们一起日夜努力的结果。如今我生病卧床，他们却能保证一切班级活动正常，就是对老师最大的鼓励。

　　暑假后九年级将重新分班，学生们在我床前纷纷流露出对班级的热爱、对我的眷恋，很多女生禁不住眼泪汪汪。这些真情流露、理解和关心，就是对我莫大的安慰。

　　这些年来我像陀螺一样陪着学生出现在学校的角角落落，这些不知疲倦的付出才会取得优异的成绩和师生的体谅。

　　但是对于我的家庭，缺失了多少家人在一起的生活细节。我看不到儿子胖乎乎的脸在欢乐时绽放笑容，在失落时触摸不到他的臂膀给他抚慰。渴望每天给他们做晚餐，饭后面对面地用英语交流，看孩子像模像样地写篆书大字，甚至漫无目的地闲聊，品味每个人心中恬淡的故事。

　　生活就是这样存在于得失之间，但是我依然心存感激，感激身边的每个学生、老师和亲人。是他们用无声的语言和目光激励着我做到更好，是他们让我面对困难和遗憾变得坚强不言放弃。更感激我的家人，三年来他们在背后默默地付出和支持，才让我心无旁骛地坚持下来，收获满满。

　　所以每天拖着病腿去给学生上课，面对讲台上准备好的椅子，面对一双双追逐的目光，内心充盈起一份深深的满足和幸福感。

　　老师真的是最美的职业，永远和人生中最美的心灵、最美的年华相伴。

第四章　青葱岁月

　　"如果有一本好书成为少年的朋友,那么他读得越多,就会越清楚地认识到,要知道得多,就要多用功。一个人在少年时期和青年早期读过哪些书,书籍对他意味着什么,这一点决定着他的精神丰富性,决定着他对生活目的的认识和体验。"

　　"少年好像刚刚睁开眼睛来看世界,他会逐步认识到,生活中的一切并不像出看起来那么简单,对人不能仅凭最初的印象就下判断。"

——苏霍姆林斯基

偶 像

石子在一个封闭却不落后的环境中长大。生活区外是一望无际的田野，不远处有清澈的小河、连绵的山坡，提供着四时之景不同的自然风光，我们经常带着石子到外面游玩，感受着在大自然中游走的轻松惬意。

单位筹建之初，划定了距离工厂不远的大型生活区，给职工提供良好的生活保障。宽敞开阔的小区内建造了几十座职工宿舍楼，学校、医院、物业、餐厅分布在生活区内。超市满足人们购物，每天来往于市区和单位的班车方便人们进市里游玩。

生活区环境整饬优美、干净整洁。单位和住户安装取暖系统，这在80年代初的城市里是不多见的。俱乐部功能齐全，是职工家属主要的休闲之处。每年的元旦及六一儿童节，职工和学生在此举行文艺汇演。早些年还经常播放电影，小型图书馆和阅览室给人们提供了读书看报的场所、地下舞厅和网吧也吸引年轻人常去娱乐。虽然企业生活区地处乡镇，但是职工的业余生活丰富多彩。

楼房之间铺设着漂亮整齐的草坪、蜿蜒的石板小路，干净的广场供人们饭后休闲。门球场、退休办活动室是老年人带着孩子娱乐的地方。一个标准的400米跑道圈出的操场为职工和学生运动会提供了场地。篮球场则是年轻人休闲放松的场所，厂里每年都会组织职工篮球赛、排球赛，球场便成了大人孩子的乐园。

在这个社会职能完备的小世界内，石子在快乐地成长，自由的环境满足着他不断增加的兴趣爱好。而真正影响石子成长的兴趣有两个：一是看书，另外一个就是篮球。

四年级以后，随着身体更加强壮，除了滑旱冰，石子更喜欢和同学们打篮球，喜欢看体育新闻。暑假里每天和爸爸、回来的鹏哥练习投篮，组织几个同学进行半场比赛，假期过后石子往往变得更加黝黑健壮。

在2008年北京奥运会的篮球盛宴上，石子见识到NBA球星的奇妙表演，从此更加痴迷篮球。当年寒假石子到表哥鹏鹏家去住了几天，在一家饭店里发现了一本杂志《篮球俱乐部》，像眼前打开一面窗，吸引他更全面地了解篮球信息，尤其是被球迷喜爱的NBA球员。

石子的视野豁然开朗，不仅仅是篮球比赛，相关的美国地域文化、饮食和风俗，都从书中字里行间渗透出来，让石子开始了解历史之外的现实世界。坚持定期购买篮球杂志、准时观看篮球比赛和相关节目。对NBA、CBA赛况和球员如数家珍，海量阅读篮球评论，给我们大段大段评述优秀球员的战绩和性格特征。听他滔滔不绝地罗列比赛数据、讲述赛事精彩程度，不由对他的记忆力刮目相看。

年幼时大家津津有味地听他讲述历史故事，对他小小年纪拥有的丰富知识表示惊叹。如今又给我展示出不一样的风格和视野，不知道他那双明亮的大眼睛背后蕴藏着多少过目不忘的能力，帮助他吸纳所有感兴趣的信息和文字精华。

只是有一件事让我非常费解，当年像王一样被球迷追捧的湖人队科比·布莱恩特，这个炙手可热的球星几乎成为所有小球迷的偶像，石子却单单喜欢马刺队和被称为石佛的蒂姆·邓肯。石子在每周的三篇周记上，记录大量的篮球信息和他的感悟。当他最初写这个名字，我还相当陌生。问他为什么不像别人一样喜欢科比，"为什么，没有为什么，我就是喜欢邓肯。他也是总冠军，四次总冠军。"石子简洁地回答，似乎对我的孤陋寡闻不屑一顾。

我疑惑地看着这个当时并不熟悉的名字，他甚至没有出现在梦八的队伍里，以为世界上最优秀的篮球巨星都应该集聚那里。我不知道小小的石子为何对他独独青睐。后来在石子追马刺、我追石子的过程中，才越来越了解到这支球队在整个美国篮球联盟中所处的特殊位置，教练、邓肯和其他球员如何锐意进取、魅力无穷。更难以致信的是后来10年期间，石子对篮球的挚爱忠心不改，对马刺和邓肯的痴迷忠心不改。

事实证明，邓肯是联盟中最完美的球星之一，后来又获得第五个总冠军。他的职业生涯从一个球队开始，在一个球队结束，获得过所有的荣誉，人品，能力都是绝佳的。NBA有无数巨星但却只有一尊石佛，在19年的职业生涯中，他平静地看着NBA的潮起潮落跌宕起伏，却独自平平淡淡的伟大，受到全世界篮球运动员和球迷的尊敬和爱戴。邓肯以他呆萌的眼神和幽默告诉大家他是很特别的人，最真诚最稳定的人，一名伟大的团队领袖。

　　石子在10岁就认定并开始追逐这样一个偶像，我只能暗暗赞叹石子的眼光，邓肯怀揣一颗能够临危受命的大心脏，一份面对胜利和失败宠辱不惊的淡然，石子在慢慢成长过程中表现出来的淡定是不是也受偶像的精神气质引领，或者说，他是否也在渐渐走向这样一种气质？

少 年

时间就像魔术师不经意间变换着每个人的容颜。小学毕业后的暑假,石子胖乎乎的脸庞逐渐瘦削,四肢修长,粗壮的腰背已有宽肩蜂腰的轮廓。洗完澡再也不像从前肆无忌惮地在房间乱跑,最热的时候也套一件小背心再出现在客厅。一股清新的气息正从这个英俊少年身上慢慢散发出来,举止、眼神、爱好都在悄悄变化。

健康的石子告别单纯的快乐童年,即将面对新环境、新朋友。为了假期学习乐器更加方便,他小学毕业后的暑假,我们搬到了城里的新家,分居两处的三口之家终于团聚,却不得不离开石子的姥姥姥爷,好在石子的小姨还在身边照顾他们。

假期里石子看篮球比赛,去球场打球。学习乐器、迷恋唱歌,听一些伤感的歌曲,不断表露出对小学同学的留恋。当然更多的时间还是看书,在市里借书、买书更加方便。话说世界、图说天下世界历史系列被他反复翻看,世界以它的悠久历史、绚烂文明吸引着石子,在痴迷的阅读中开阔视野、丰富知识、陷入思考。

新学年石子到我所任教的学校上学,从此开启我们相伴同行的初中生活。

在享受城市生活丰富便捷的同时也感受着与之而来的麻烦。首先是出行的变化,无法像从前一样,步行几分钟就可以解决上班上学的问题。中学离家5公里,虽然电动车更快,但是考虑到一个成长的少年被动地坐在后座没有益处,我们全家人一向热爱运动,最后母子各选择一辆自行车,每天早晚骑车往返于家校之间。在披星戴月的骑行中,我们分享着学校的故事,有微风拂面的轻松惬意,也有风雨兼程的艰难。

深秋季节有一天放学正赶上大雨,在寒风冷雨的回家路上,雨雾弥漫的路灯、一辆辆闪烁的汽车大灯干扰着我们的视线,小心地在路边骑行,被快速驶过的车辆溅得满身是泥。石子头上的雨披滑落在肩上,满头满脸的雨水在路灯映照下熠熠发光,看着他眯起眼睛直视前方、面孔绷紧的表情,我不禁问石子:"你觉得这样苦不苦啊?"沉默了片刻,他回答:"这不到家了吗?都能忍受。"

这个回答对于一个12岁少年略显成熟。也许石子的秉性中就比同龄人多一份坚强和忍耐,可能源于对他的磨炼多余溺爱。入校半年,学校组织元旦文艺汇演,石子担任主持人,在露天的寒风中精神抖擞地站立2个小时,他饱满的激情给师生们留下了稳重大气的印象。高高的石子每天笑容满面,和同学们相处融洽,已经完全适应初中生活的忙碌。他的勤奋努力不仅帮助他获得了全年级名列前茅的优异成绩,也成为老师同学们最信任的帮手和伙伴。

如果说石子当年一上小学就在举止上发生变化,不像儿时活蹦乱跳。进入初中,他在表达上忽然骤显稳重,完全收敛了童年的活泼和张扬,一双眼睛装进所有看到的,在内心酝酿所有能想到的,却不再轻率地表现出来。再也找不到大庭广众之下滔滔不绝的石子,我知道他的脑海里藏着许多同龄人不曾想到的问题和见解,却不以此作为炫耀的资本。"慵人以惰致败,才人以傲致败"石子是不是渐渐懂得其中的含义。

我也会疑问,一个人的性情能够随着时间的推移产生这么大的变化吗?一个人的单纯简单就这么快消失了吗?其实,我更加留恋那个眼睛圆圆、脑袋圆圆笑嘻嘻的石子。

像每个当老师的妈妈,肩负着双重压力。忙于学生的正常教学还要照顾好自己孩子的学习生活,自行车上负荷着一整天的生活用品。也许有了更多机会的陪伴和关注,对石子的变化了解得更清楚,也让彼此多了一些压力。

看着石子在朝霞中壮硕起来的立体剪影,所有的辛苦化作说不出的满足和幸福。

喜欢这样每天陪你一路同行。

拷问生命

石子初一结束的暑假里,我冒着酷暑、在流汗流泪的惶恐中学会了开车,终于拿到驾驶证,回家去看望父母、带石子和各种用品去学校更加方便。

新学年我开始担任石子所在班级的英语老师,更了解他的学习状态,一份让优秀成为习惯的座右铭,坚定着他勤奋学习的意志,在一次次考试中不断刷新年级名次、代表学校在区市级英语演讲比赛中成绩斐然。这些表现也让我对他更加放心,将更多的精力转移到生病的父亲身上。

父亲病重了。

手术一年半后检查出癌细胞已经扩散,随着父亲再次住院,全家人的生活变得异常紧张忙碌。因为妹妹家也在城里买房,家门口有直接到达医院的公交车,父母离开生活区住进妹妹家。提前预定床号,陪父亲接受各类检查,分疗程接受化疗。白天打完针晚上回妹妹家,在外地的哥哥姐姐也加入了忙碌。哥哥周五从500里之外赶过来照顾,周一早晨坐火车赶回去上班。姐姐专门回来陪护、做饭。

我们兄妹四人原本一家同属一个企业,随着时间流逝,像扩张一样各自组建自己的家,迎来各自的孩子,四个男孩都是父母伺候月子看护长大,几年之间,我们又像鸟儿一样或近或远地飞向四方,离开父母。只有每个春节,才是全家人最幸福的团聚时刻。而如今以这样的方式再次相聚,每个人都承受着巨大的压力往返于医院这个战场,想方设法陪伴父亲度过生命中最寒冷的冬天。

经过反复化疗,父亲的病情并不见好转。鼻子出血、满嘴溃烂,吞咽困难,连续的化疗药物沉积对身体造成极大的伤害。热情乐观的父亲承受着身体和精神的双重煎熬,对于一个76岁的老人已经是最大的考验,病痛加快了老迈的步伐。每次想到父亲曾经腰杆挺直、谈笑风生不由心酸。看到父亲一天天衰弱地忍耐着病痛的折磨,心疼不已。健康是生命中最重要的,挂在嘴边的道理只有面临挑战和拷问才体会深刻。

春节期间，全家十四口人围聚在一起，看着父亲满足的笑容百感交集，这样的天伦之乐对于老人来说是最大的安慰。内心在陪伴父亲治病期间不断发生变化，岁月和经历让我对一些世事理解得更加透彻。平安、健康、全家团聚并不像空气一样自然，也许有一天它们会像奢侈品一样珍贵得难以获取，珍惜已有的平安是最大的福气。

又一次准备放疗的间隙，父母回自己家休整一段时间，我周末回去看望他们，石子因为作业太多不能同行，但是他在前一晚给他姥爷写了一封信，还认真地装在自己裱糊的信封里。

回到家里，看到父亲正萎靡不振地坐在沙发上，母亲一脸束手无措的无奈。我把石子的信交给父亲，看他流着眼泪看了一遍又一遍，直到我把他们接上车，从后视镜中看到那封信依然攥在他的手里。

每个人在困境中即便是走投无路的时候，内心还会迫切地燃起希望，依然期望着一份鼓励和帮助，不然怎么会有绝处逢生的故事？我们每个人在看不到明天的时候，依然坚定地认真做好今天的努力。石子像全家其他人一样，不断地鼓励着饱受病痛折磨的姥爷。

姥爷您好：

在我写着这封信的时候，不知道您在干什么？是默默地躺在床上忍受着无尽的疼痛，还是想象自己也可以迈着艰难的步伐上下楼梯，白天能和"渔友"们拿着钓竿在河边静坐。想到他们在阳光下收获颇丰，是不是有些羡慕甚至急躁？

听姥姥电话中说您吃饭不好，一天到晚很沉闷甚至颓丧，全无当年蓬勃的精神。的确，您太痛苦、太疲惫了。

9个月来，单调的"输液－换药－拔针"生活使您厌倦了吧？各种药物的副作用也使您太过痛苦了吧？伤病猛如虎，在上天的恶意捉弄下，您身心俱疲，生气与无奈把持了您的内心，使您失去了往日对生活的激情。您也许无可奈何，对一切都无比失望。我们都看在眼里。

有的时候，人，胜不了天。面对它赐予的飞来横祸，无法阻挡，只能接受。但，我们可以积极地面对。一位伟人曾经说过"只有淡定地对待灾难，才能坦然地面对生活。"姥爷，这场病就是老天爷给您创设的小插曲。只是一场苦汝心智，劳汝筋骨，空乏汝身，行佛乱汝所为的历练。只是一场即将迎来凯旋的小挑战。您不能被它乱了心智，乱了生活。您不也常常这样教我们面对困难吗？坦然面对它，以平常心看着它从生活中淡出。

写到这里，我突然怀念起过去与您去小河边钓鱼、听您讲述历史故事的美好时光。在那些快乐的日子里，您是多么神采飞扬，精力旺盛啊！姥爷，您一定要抗过病痛，我期待着与您重温那些美好的日子。

姥爷，您一定要坚持下去，我们始终站在您身边，始终支持着您战胜病魔，活力四射。

姥爷，永不言弃，加油！

您的外孙　石子

孩子的鼓励、大人的鼓励，一点点渗透在老人默默坚持的眼神里，我们走出了最寒冷的冬天。

"一个少年，只有当他学会了不仅仔细地研究周围世界，而且仔细地研究自己本身的时候；只有当他不仅努力认识周围的事物和现象，而且努力认识自己的内心世界的时候；只有当他的精神力量用来使自己变得更好、更完善的时候，他才能成为一个真正的人。这里说的就是学生在精神生活的一切领域里的自我教育。"

——苏霍姆林斯基

亲　缘

　　春天在我们忙碌的脚步中悄然来到，路边绽放了一丛丛娇美的迎春，各种名目的花儿在煦暖的阳光下次第开放。一个不用打针的周末下午，姐妹几人带着父母和孩子们到体育广场去放松。

　　广场的人不多，不远处，父母相互牵着手，在我们的视野里缓慢散步，曾经最平常的一幕在那一刻变得异常珍贵，内心涌起莫名的感动。父母曾经多么健康快乐，有他们相伴的日子永远感受着家的温暖，一家人围坐在客厅说笑，孩子们吵闹着在河边玩耍。可是，他们终会在我们的视线中渐渐衰老。

　　我们源起于父母，以基因的方式传递着人类演进的信息，并以最相融的方式延续着远古以来的人间亲情。

　　夕阳下，他们扶持的背影慢镜头一般在心中定格成永恒。而另一端孩子们开心地踢毽子、打乒乓球、羽毛球，感受着家人团聚的兴奋，挥发着旺盛的生命力，毫无保留地彰显着生命的传承和延续。

　　石子每晚等我从医院回家都会问姥爷的病况，有一天我们聊到生死、聊到生命的意义。

　　生命就是一个过程，体验着不同阶段与自己相关的人，所面对的种种事。在或长或短的经历中，积累着所有体验带来的各种感受，在得与失之间丰富着自己的人生感悟。今生我们是相亲相爱的一大家人，也许只有这一次机会我们做父子、母子、兄弟姐妹，想到百年之后再没有缘分、互不认识，不由满心伤感。

　　石子问道："人的生命结束是不是就像一棵植物，留下了种子或果实。植物化为泥土成为下一季的肥料。人也一样吗？"我默默摇头。

　　人的一生几经花开花落，随着肉体的消亡，如果没有灵魂护佑着看不见他们的子孙，那些倾注于亲人之间的感情和思想真的就随风消散了吗？不由抱紧儿子宽阔起来的肩膀，无比珍惜我们在一起的日子。

陪 伴

暖暖的春风吹绿了柳条，吹红了桃花。我的生日也在温暖的春风中来到。每天的紧张忙碌已经让我无暇在意生日的形式。只要生命在，健康在，亲人在就是最大的快乐，其他都可以忽略。

毕竟这是一个特殊的日子，中午去医院送饭时顺路给父母买了两顶遮阳帽，当我在病房一出现，父亲就高兴地说："今天是你的生日呢！"我连忙回答："就是啊，送给你们礼物。"妈妈有些惊讶："你过生日，怎么给我们送礼物？""当然了，女儿的生日，母亲的痛日嘛！"

看到父母听完潸然泪下，我不禁暗暗为自己的口无遮拦自责。虽然是心之所想，却不益去触动他们的情绪。父母天天相守在病房的日子里，他们的回忆越来越多、内心也越来越脆弱。我的内心又何尝不是沉甸甸的感动。

41年前的这一天我出现在他们身边，当年谁也无法想象未来是何种模样。我们相伴41年，所有过往的平凡都在彼此的脸上刻下了痕迹。三世同堂的和睦幸福就是他们一生操劳最富有的回报，今生有父母陪伴度过的生日该是最幸福的吧。

忽然想起那句歌词：有生的日子快快乐乐，又何必在意生日怎么过。

这份幸福太短暂。

两天以后的早晨我刚到学校就接到电话，父亲不能动了。接完电话感觉大脑瞬间空白。父亲原来白天打完化疗针还可以晚上回家，从此以后彻底住进医院。

每天下午请假用轮椅推着父亲到医院外的小花园散步，这是父亲一天里唯一可以离开病房，自由呼吸外面空气的时光。他总是非常开心地看老人们下棋，这原本是他的最爱，曾经每天要和老伙计或孩子们下几盘棋。忽然明白为什么经常看到老人们围坐在路边聊天，不顾及车来车往的污染和嘈杂，因为他们只有在车水马龙的街道才会遇到伙伴而不感到孤单寂寞。

日子像轮椅的毂轮一样慢慢转动，周而复始。我宁愿天天守着这个转动的轮椅，推着父亲，只要能看到他脸上的笑容，哪怕越来越浅淡。

母亲节那一天收到儿子的礼物，一个许愿瓶里装满了卷好的金黄色纸卷，每个上面都是儿子手写的祝福。这是石子伏案一晚上献给妈妈的心意，旁边还有一封短信。

妈妈：

母亲节快乐！

在我心里您是一位最可爱的母亲。14年来，多少日月含辛茹苦的养育，多少夜以继日的操劳，您把最美的时光全部倾注到我身上。孜孜不倦的教诲，坚持不懈的要求，终于，我渐渐改掉了顽皮偶尔懒惰的坏习惯，成长为班级里的领头羊，家人的骄傲。在这里向您深深鞠一躬，感谢您的养育之恩。

在姥爷生病的日子里，你天天奔波在医院和学校的路上，看着你消瘦的脸，沉闷的表情，我知道您太辛苦、太劳累了。

这个许愿瓶，里面装了52个对您真挚的祝福。愿您永远永远健康、幸福。

妈妈，在这个属于您的节日里，祝您快乐！

希望下辈子，我们，依然做母子！

您的儿子 石子

陪伴是最长情的告白，陪伴是最好的教育。

我一天天陪伴照顾老人的日子，石子都看在了眼里；如何为老人心急如焚地奔忙，他也全看在了眼里。孝道深植于心，外表于行，所有家人对父亲的悉心照顾已经诠释了二十四孝的感人故事。懂得感恩、内心柔软是一个善良人的秉性。

大人的言行、家风的底蕴潜移默化地影响着孩子的想法和行为。我深深地为信中每个字传递的真情和眷恋打动，尤其是最后一句。无论我们下辈子能否做母子，这短暂一生有他陪伴，我已经感到非常满足。愿意用此生最宝贵的爱陪伴儿子健康成长，同时，也将这份祝愿转给自己的母亲，我们相守去面对一切。

又一个周末，石子已经一周没有见到姥爷，当他看到插着氧气的姥爷闭着眼睛躺在病床上，脸色顿时紧张起来，用手轻轻抚摸着姥爷的手背伤心不已。

已经昏沉一天的父亲晚上九点睁开双眼，眼神居然清亮起来，真正的清醒了。看到刚刚坐火车奔过来的哥哥，看到平时上学不能来看望他的孩子们，脸上露出轻松开心的笑容，他指着床边的石子说："石子来了？"石子听见姥爷微弱的声音赶紧握住他的手，轻轻地说："姥爷，是我。你好好休息，我学的很好，马上要考试了，你就放心吧！"姥爷居然清晰地说："别辜负了姥爷。"

谁也没有想到，这句期望成为老人对儿孙的遗言。

第二天父亲开始昏迷，善良的父亲坚持到周日我们都在家，等远方的孩子们都到齐，又赠给我们将尽 20 个小时，让老妈在大家的安抚下再多一点心理准备，让我们理清头绪面对生命中从没有过的灾难，等我们把一切准备停当，一定耗尽了他最后的一丝力气，希望和最亲近的人再多呆一分钟，然后静静地没有声息地离去。

希望家人永远平安，希望亲人永远在一起。这本是对于有限生命的一种美好愿望。"尽其在我，听其在天。"生命的长短、疾病与否，自有符合万物发展的规律。只因我们曾经相伴，这就是此生最大的幸事。

尝 试

过去的一年,记忆最深的是病房的味道,印象最深的是在拥挤的大夫办公室等待一张可以就诊的病床。父亲带走了所有的匆忙和焦灼,留给我们无法适应的宁静,还有再也无法填满的生活缺憾,满心空落。

忙碌于生病的父亲,晚上把石子一个人留在家里自习,虽然也有担心却无能为力。准备接受可能出现的任何考试结果,毕竟一个初中生的自律性比较薄弱。结果石子在初二结束的期末考试中取了全校第二的好成绩,与第一名仅差2分。

良好的成绩激发了他积极向上的热情,正如他对舅舅说的,现在已经坚持到这个层次上,不能再掉下去了,他以强大的自制力、勤勉刻苦诠释着让优秀成为一种习惯。

影响孩子身心成长的因素是方方面面的,我不希望石子仅仅成为陷入试卷和书本的"书虫",独立性和忍耐性的培养同样重要。

暑假我有两天去省城培训,我想把它作为一份礼物送给即将14岁的石子,视为锻炼独立性的机会。和他商量确定在这两天我只扮演一个影子跟着他,全程由他带领安排,我只在自己的培训期间有话语权。

从出家门直至整个行程结束返回,除了我在大会接待处联系了与会事宜,其他事情全由石子安排。这是一次让他感觉新鲜而又兴奋的尝试。从买票到每一处乘坐公交车、如何周转不同路线寻找接待处,如何住宿,他都做得一丝不苟、信心百倍。看着他拧着小眉头思索、询问、决定,感觉到石子成长的快乐和满足,特别是在车上他负责看包让我休息,那自信的神情绝对让任何一个母亲为之骄傲。

在自助餐厅就餐时他非常自觉,绝不浪费,看到很多堆放在餐桌上吃不了的食物,他不禁皱起眉头。我默默为他的自律意识点赞,这绝不是书本可以给予的。参加培训期间我鼓励石子自己出去玩,他几乎没有犹豫就选择了两个旅游景点,很认真地做了预算，准备好随行物品，昂首挺胸地走出我的视线。虽然无法联系到没有手机的石子，学习期间还是有点走神，可是我坚信他会平安返回。

下午回到酒店住处，石子果然已经在大厅等候，一张被晒得通红的圆脸绽开笑容，黑眼睛更加专注明亮，没有一丝紧张的神情。他开心地给我讲述看到的趣事，如何在拥挤的人群、纷杂的景观中不迷失，还用随身带的数码小相机拍了很多美景。兴奋自豪的眼神不断告诉我，在这一天，他的信心和胆量像乘坐的摩天轮一样飞上了天。

返程有些麻烦，几经周转终于在一个遥远的小车站买票上车。两天行程我只提醒过他两次。第一次坐公交车，暗示他注意方向。第二次我们在回家的车跟前，他对所乘坐的车视而不见。后来想想，自己的影子做的不成功，还缺乏耐心，需要放手，他完全有能力解决所有问题。

自己只需要微笑地等待和鼓励：别着急，我们有时间，错了再改过来。即使开始他做不到，也要给他犯错的机会。允许孩子在思考和决定的过程中积累经验，以后出现类似的情况他会观察更仔细、考虑更周全，远比大人告诉他答案印象深刻。

当我们终于到达家门口，他如释重负地说："太累了，什么都要想，什么都要管。"看到他那略有疲惫的笑容，我知道他是真正的开心，一份确信自己长大的满足感。

站在比我高一头的大男孩旁边，我知道这是一个可以远走四方的男子汉。他用行动告诉我，这一天已经不远，他挥挥手独自走出去，到达我望也望不见的地方。

回到故乡

180cm 的石子挺拔俊朗，黑黝黝的皮肤透着健康。一双大眼睛因为近视少了一些曾经的明亮，却总是满含笑意。初二暑假里，我们跟随休探亲假的石子爸回千里之外的爷爷奶奶家，这个帅气的男孩一出现就迎来了所有亲人的赞叹，曾经的调皮小子已经长成不敢相认的阳光少年。

石子在老家表现得勤快、乐观，对没见过的事情热情好学，不断得到大家的夸奖。特别是年迈的爷爷身体不好，石子总是坐在他身边，给他拿衣服、端水端饭陪他聊天，还大人一般地劝慰爷爷好好保养。多少天里，老人一看到石子懂事地挨他坐下来就禁不住红了眼圈，上次回来还是虎头虎脑的皮小子，几年不见已经长成善解人意的小伙子，怎能不让他欣慰呢？

爷爷是一位出色的美术教师，年轻时书法绘画水平在当地首屈一指。孙俩经常坐在床头，一起翻看留下来的当年画作。石子非常喜欢听爷爷讲解那些字画相关的故事，可惜地域遥远、交通不便，要是能经常前来看望，也许还能受到爷爷的教诲和熏陶，传承家族艺术的风雅。

石子的爷爷奶奶家是重组家庭，正在成长中的孩子要学会了解并接纳生活的本色，认识人与人之间、甚至一个屋檐下的人们有理解和宽容，也有分歧和隔阂。他可以从中感悟对待同一件事持不同的态度和选择，什么样的交流才是有效并有益的，什么样的行为和想法是应该注意避免的。生活的全部并不仅仅来源于课本，还有许多书本上没有书写的问题，要靠我们的智慧、勇气和真诚去解决。

在这个成员众多的大家庭，石子真切地感受到家人给予他毫无保留的关爱。石子一直羡慕舅舅家的表哥得到的爷爷奶奶的宠爱，而他只在小时候回爷爷奶奶家两次，印象已经不深刻。这次回老家，让长大的他骄傲地意识到他也有同样爱他的爷爷奶奶。在那快乐的一个月里，所有亲人对石子宠爱有加，奶奶每顿饭变着花样做当地特色。爷爷更是对他寄予非常大的期望，甚至夸张到家族的门楣要他去荣耀，这似乎同姥爷临终前的寄托异曲同工。

老人们都相信石子是一个有志向的好孩子，一定会前途无量。这是希望更是鞭策，对于这个大个子男孩也许有些厚重，但是生命与文化的衔接不就是这样一脉相传的吗？总是有让上一代人真正欣赏和信任的人，总是有让他们充满希望的人，这个相貌堂堂、一脸正气的黑小子就是他们认为的希望。

石子天天快乐着，帮爷爷奶奶做力所能及的家务，与年龄相仿的小姑姑说笑玩耍，经常被邀到两个大爷家大快朵颐肥美的羊肉。他快乐地将变幻无穷的蓝天白云定格成瞬间贮存在相机里，融化在血脉相承的记忆里。

有无数亲人爱的环绕、有蓝天白云宽广的怀抱，根植于这方土地的石子怎么会不幸福快乐？

"有人非常非常需要我，他们无限地珍爱我，感到有了我他们活着才有意义。但是我也非常非常地珍爱他们，没有他们我就不能生活，他们对于我也是非常宝贵的。"——只有这样，才能有正常的道德发展，才可能有爱、幸福和劳动的和谐，而一个人的道德健康正是取决于这种和谐的。

——苏霍姆林斯基

幸福的感觉

石子已经进入九年级毕业班,一个月后学校组织学生召开动员大会。虽说开学不久,但是距离中考在校的日子只有130天,这个数字让人不由紧张,会后石子也明显忙碌了许多。

几次午自习到他教室外观察,别的学生有的在玩、有的午休,轻松自在,而他始终在不停地学什么。他能控制自己,不是迫于家长和老师的压力,而是为了自己树立的目标而努力,在这样的动力感召下,他才会激发出无限的热情。

正如石子在动员大会上代表学生的发言"在数不胜数的练习和背诵中保持清醒,在自己和家人的希望中保持清醒,天道酬勤,让我们不辱使命,在有限的日子里燃烧我们的热血吧!"无论如何这是一个优等生该有的奋斗精神。

作为他的英语老师我全力提供最好的学习方法和指导、鼓励全班学生营造一份积极向上的氛围。作为母亲为他提供更好的学习生活环境,保障健康的体魄愉悦的精神,这也是成就一份优异成绩必要的前提。

每个孩子都有家长的影子,作为父母我们朴实无华,不张扬浮躁,所以我们的孩子才如此踏实正直;我们一直以自身的努力勤奋、言传身教作为榜样,他同样不需要家长叮嘱每天早起晚睡,以坚强的意志力做到自律自强。内心很感谢石子,他的自觉努力、积极向上让我感动,也敦促我不断追求进步。

其实我正享受着曾经付出的收获,他年幼时我们的陪伴和坚守,让他养成了爱好阅读的习惯,养成了良好的学习生活习惯,如今他将优秀作为习惯来要求自己的时候,已经不再需要我们的督促。越是到了关键的时候,别的家长开始紧张不安日夜陪伴,我反而变得轻松自在。

这一天我们放学回家,他爸爸有事不回来吃晚饭,做饭时不小心割破手指,看着被血染红的手指,石子坚持让我去诊所包扎,并且说这样才能让他放心。我知道伤口并不太严重，可是必须保护孩子的这份爱心，先在他的帮助下缠上纱布。努力说服他吃完饭再去，饭后石子声称他来刷碗，我很听话地到楼下诊所重新包扎了伤口，还顺便到河边散步。回来后他抓着我的手仔细检查，厨房里整齐地摆放着干净的碗筷，我真诚地感谢石子的关心，他嘴角的微笑波纹一般漾开，故作不以为然的轻松，其实那里潜藏着内心的无比骄傲。

我愿意让他知道这份体贴让别人感动，他有能力和爱心让别人开心，善于表达自己的爱，自己对他人的体量，同时在受到关爱的时候要学会感激，这是双向的幸福。

我们一路用心关注他的成长，在点点滴滴的生活细节中营造着家人相互体贴的氛围，无形地培养、影响着他慢慢具备爱的能力，他会将感受到的温暖和帮助源源不断地回报给家人、给他人，将无私的回报作为一种习惯体现在他的生活里。

学习成绩优秀一定不是生活的全部，一个赢得别人信任、乐于助人的人才会获取内心真正的快乐和满足。

困 惑

元旦那天，意外发现他的学习机里存了一些电子书和仕女图片，我才意识到初三的石子已经长大了。

自己一直坚信每个人像一台复杂的机器，石子也拥有和外表一样强大而丰富的内心世界。青春期的孩子对一切身体和心理变化似懂非懂，对性别差异充满好奇倍感神秘又彼此吸引。初二时给他买过一本青春期的书，原以为靠他的自觉性和领悟力就可以安全度过这一段微妙的时光，却没想到他的好奇远不是看一些大道理就可以解决的。

家庭和学校传统教育有意无意地忽略、回避青春期的性教育，让茁壮成长的他们无法求解。信息时代开放的媒介就以更丰富的方式展示给十几岁的学生，他们只能通过同龄人分享这些生命的符号，破解自然本来的神秘。

石子天天努力学习的身影只是我看到的一部分。一直以为这位中考生每天心里只有数理化语数外，看到他牺牲宝贵的休息时间看这些小说真是让我震惊。在一段时间的惊讶、愤怒甚至失望之后，我逐渐清醒地意识到，无论他学习好坏，他是一个健康的男孩，像任何其他正常的男孩一样对异性充满好奇，对学习之外的生活也好奇，这与学习成绩无关，与人的正常发育和融入社会的期望有关，也许应该庆幸他很正常。

即便备受学校和家长保护的中学生也不应该是关在匣子里的机器，只能装载书本知识的单一程序，只按照家长和老师的意愿旋转。他们是真实的与社会相联系的个体，也将于不久的未来融入这个整体。

就像无法阻拦空气的流动一样，无法阻拦一个生命在成长过程中要面临种种意想不到的挑战。只要把持好整体方向，在最关键的几个成长阶段注意引导，不要在变化中迷失方向而受到伤害或去伤害别人。每个人不都是这样走过来的吗？

静下心来和老公商量，上网进一步学习做足够功课，吃完晚饭全家人聊天时延伸到这个话题。儿子很愿意和我们深入沟通，问题摊开了，真诚听取他的想法。事情没有想像地那么严重，石子只是太累了才看一些关于武侠故事缓解一下压力，至于图片都是原来下载电子书的跟贴。他爸爸又真知灼见地进行了点醒，恰到好处。

　　就像云彩无法遮住太阳，要相信任何一个茁壮的生命都会绽放自己的光彩，那是与生俱来的精彩。

挫 折

　　石子在九年级第一次期末考试经历了滑铁卢，虽然一个学期他都很努力，但是年级名次滑到 17 名，听到这个成绩几乎难以相信。

　　进入中考年师生都面临着巨大的压力，繁重的功课和对未来的期望让大家紧张得透不过气来。也许是我不自主的焦灼无形地转移到他身上造成负担。是我影响了他，还是他的学习方法不对没有实际效果？

　　虽然不愿意面对，也只能在内心不断暗示自己，正如很多老师劝说的一样，这未必不是好事，给一点挫折是对心态与毅力的考验。

　　可是事实还是无法逃避，这是他上初中以来最差的成绩。怎么也无法按捺惶惶不安的心情，好几天我们没有针对成绩进行交流，焦躁的石子肯定听不进任何劝慰，我也很难把握好自己的情绪，一份深深的失望还潜伏在心底，就像石子曾经说的，已经视优秀为一种习惯，无法接受这突如其来的转折，而且是在即将面临中考的关键时期！

　　我不断地询问自己，难道石子已经失去了潜力，面对巨大的竞争压力他失去了信心？虽然知道自己不该这样功利，太看重结果，太在意成绩。但还是身不由己得郁郁不安，尽可能地压抑着内心的焦虑，在我最不能淡定处事的时候，石子的爸爸给他写了一封信。

　　　　"太好了！这样的事情竟然发生在我的身上，
　　　　又给了我一次成长的机会，
　　　　凡事的发生必有其因果，
　　　　其中的过程必有助于我！"

亲爱的儿子，上面的这几句话，是多年前的一次培训中，老师教给我的。它教育我们在遇到困难和挫折时，乐观自信，以积极的心态去看待和正视，从困难和挫折中吸取有益的东西，助推自己的进步。

想想看，真的是这样。这次期末考试，你的成绩不理想，排名跌到了17名，这对于积极向上的你来说，是一个打击，是一次挫折。你可能会觉得有些沮丧，甚至有羞于见人的感觉。我和你妈妈也经历了从未有过的复杂心情。但是，儿子，这件事真的是正常的，它说明人生不可能是一帆风顺的，它必然有曲折、反复，希望你尽快从苦闷中走出来，放下思想包袱，轻装上阵，快乐地生活学习。

从你进入初中以后，对你的学习则很少过问，一方面，妈妈每天已经很关注你，想让你有一个稍微宽松的学习环境，相信你。另一方面，是担心说多了引起你的反感（我小时候也不愿意大人多说，现在想来，父母肯定是为了孩子好），影响你的情绪。现在想起来，我和你的沟通不足，对你的想法知之甚少，因此在你遇到困难一时不知如何帮助你。

初中三年，好比一次长跑比赛，很漫长。跑的过程中领先也好、跟随也好，落后也好，不到终点，就不能言败，不到终点也难以分清仲伯，这个道理浅显易懂。还有一个寒假和一学期，相当跑了8000米，还有时间，可能长跑到了这个时候，到了一个瓶颈时期，需要做出调整，但是信心不能动摇，一定要坚持。

初中以来，你一直很优秀，至少基础非常扎实、态度非常认真，即使这次小有波动，也没有关系，要相信自己，相信父母会尽最大努力帮助你，只要努力了，就不留遗憾，就问心无愧。在此，提几条建议，供你参考：

1、学会快乐地学习。学习是苦是乐，取决于你的看法。假如你热爱学习，那你的生活就是天堂，假如你非常厌倦学习，就会有地狱之苦。

2、相信自己的努力不会白费，成绩的提高不是没有办法，只是暂时没有找到最适合的，继续思考，善于提问。

3、坚定信念。你内心如何思考，就会影响你的行为，无论以前怎样，凭借积极的心态去做每件事，你会成为你想成为的人。

4、直面现实，改变自我。过去不等于未来，让我们活在当下，既不沉湎于过去的成绩，也不为未来焦虑。活在当下并非不回忆往昔，不预想未来，而是专注于这一过程，抓住此时此刻！

快乐生活，健康成长，你是最棒的！

你的父亲

这封信像一块温软的海面，我们所有的急躁都化成水珠被吸纳进去了，心情终于变得平静。

春节期间，因为姨夫假期有限，初四就要回去。正月初一至初三石子请姨家哥哥帮他补习化学。因为上火导致眼睛红肿，就那么肿着一只眼睛，在别人都过节玩耍时，他能做到安然处之，集中精力学习，让所有大人们都感到意外，也许石子的坚韧就在于此。

只是我知道，他太急于翻盘，他有志气和骨气吃苦耐劳迎接挑战，只是不愿意失败，更不愿意被别人耻笑他的无能。他的自信和不肯服输的个性使他经常处于焦躁状态，有些反应是自身无法控制的心性所然。

执着促其上进，但是急躁也会让他易折，所谓越挫越勇，也许他需要一些坎坷挫伤他的傲气。正所谓"受不得穷，立不得品；受不得屈，做不得事。"看着这个狮子座男孩，只想告诉他，未来的路上还有很多挫折和坎坷，慢慢来。

中 考

　　看似平淡漫长的人生总有几个紧要处，也许在某一个拐弯，会影响你前进的方向，改变你生存的环境。中考就是成长中途径的第一个紧要路口。

　　中考先从体育开始。石子虽然身材高大但是协调性和灵活性不强，体育没有优势。初三下学期两个多月里，他坚持所有课间都去跑步、跳绳，每天在四百米的跑道上要跑10余圈，我们晚上陪他练习投掷实心球。想想那些汗流浃背奔跑的日子，一次次投掷不好的沮丧和坚持，所有的辛苦都化作了最后的47分（满分50），比预期成绩要好。

　　体育考试结束后，才发现当初的选项还深受考试中客观因素的影响，跳远场地变化得分更容易，不少同学得了满分，石子选择的投掷实心球不占优势。听完我略有遗憾的话 "早知这样我们选跳远好了。"石子严肃地对我说："别人怎么样跟我们有什么关系，已经发生的事就不要再追悔，洒掉的牛奶还能再哭回来吗？"看得出他也有遗憾，我也追悔，但是当初我们的抉择也是基于他的身体条件权衡再三确定的。

　　以石子的实力取得这样的结果实属不易，完全超出他平时训练的成绩。这取决于在备考的日子里，全力以赴的努力过程。越是在关键的时刻，他表现的越完美，这不是完全靠运气，而是他的努力。努力造就实力，实力构成心理承受能力。至于选择，再没有得到证实之前，谁也无法判断抉择的对错。既然选了就要认定它的正确，石子的这种态度让我自愧不如。

　　虽然没有达到满分，我们依然很满足，而且石子有能力再从文化成绩中赢得优势。

　　期末考试失利之后，石子的学习状态稳定了很多，每次的模拟考试成绩起伏不大，虽然我还时常闪过这样的想法，他会不会考进全市前一百名？仔细想想，正是这潜伏于心的过高期望造成了我的焦虑,影响了他的情绪。我暗自告诫自己收起所有的想象,稳定地完成计划,平静地面对结果。

除非出现极端的反常和意外,石子应该有十足的把握正榜考取重点高中,但是谁能知道意外会不会出现?什么也不再想,只需要平稳地送走每一天。进入六月天气异常酷热,许多学生失眠、食欲不振,学校请专职教师对毕业生进行了考前心理辅导,以各种方式缓解大家的压力,调整考试备考状态。

在炎炎烈日下陪学生们度过了漫长的两天中考,努力掩饰着内心的忐忑,在最后的铃声响起,看到他们一张微笑轻松的脸,内心长舒一口气,没有意外发生,终于结束了。

三年来陪儿子在中学走过的点点滴滴记忆,画卷一般舒展开来,就像中考结束后,石子在毕业典礼中代表学生的发言:

告别

三年就这样过去了!

还记得七年级刚入校时的日子:青涩、淳朴,简单而又那么美好。第一次进入校门的震撼,炎炎烈日下军训的坚毅面孔,第一次期中考试后在教室等待成绩的紧张,第一次秋季越野赛上奔驰的身影,一幕幕生活场景在脑海闪回,恍如昨日。

当中考结束的哨声响起,很多人的第一反应并非欣喜若狂,而是淡淡的忧伤————它代表着初中岁月的结束。虽然每一个结束代表新的开始,但是我们还是不自觉地陷入留恋。

回放倾注在校园里的三年时光,那些郁郁青青的拼搏日月,情深,难忘。那些天色未明响彻走廊的朗朗读书声,那些操场上永不停歇的狂奔身影,那些拥挤在水房前水壶杯子发出的叮当声响,那些夜深时自习室依然明亮的灯光,历历在目,却已成为过往。

三年里,我们追逐打闹,秉烛读书、相互帮助、快乐时的笑脸,苦恼时的泪水,都由你我共同分享。甚至那些惊鸿一瞥的矛盾和误解,如今都已变得异乎寻常。当岁月的洪流冲走一切杂滓时,留下的总是这些闪闪发光的回忆,那是我们成长三年最珍贵的宝藏。

三年拼搏迎来昨日中考，我们从未放弃，我们无悔所有的汗水和泪水，因为我们要为这所学校创造荣光。

　　三年里我们同学校一起成长。远离尘嚣的校园，道路两旁青葱浓郁的树丛，教学楼前色彩斑斓的花坛，茂盛的柿子林、清新的园艺小径，还有正在拔地而起的新宿舍楼和新餐厅，我们期待着美丽的母校和我们一起成长一起辉煌。

　　最后感谢我们的老师和家长。感谢您用渊博的知识帮我们羽翼丰满、感谢您用通透的道理给我们指引方向。感谢您用温暖的目光呵护我们成长，感谢您用博大的爱心容忍我们犯错，感谢您用智慧和鼓励让我们充满希望，让我们坚毅刚强。

　　今天我们就要离开母校，去往另一片天空翱翔。但是我们坚信，数年拼搏之后，我们将成为母校的骄傲，我们将会把您的威名四海发扬。

当年，石子以正榜考入省重点高中。

同学情

石子和我所在的学校是一所公办市直寄宿制学校，因为在开发区距离市区比较远，学校生源多数是附近乡镇的孩子。石子原来的同学和朋友都进入其他中学，他在这些质朴的小伙伴中间开始结识新朋友。石子和所有男生一样，自己打水、打饭、打球，在日常学习生活中和同学结下很深的友谊。

石子和几个教师子女都编在同一个班，也许因为父母在一所学校，他们比其他同学更快地彼此相熟、也交往更多。几个学生认真勤奋，成绩也很优秀，因为他们热情活泼、积极参与各项活动，没有娇气、傲气和特别的优越感，所以和同学们相处也很融洽，在班里起着很好的带头作用。

很多家长不愿意教自己的孩子，担心在管理学生中让自己的孩子很难堪，影响和同学之间的关系。石子进入初二时我还是选择了教他们班英语。我们也在家进行了讨论，他没有顾虑，我对自己充满信心。

一个老师想要赢得学生的尊重和喜爱，首先要有较高的专业技能、教学能力要非常优秀，我对此很有信心。调入该校以来教学成绩一直名列前茅。其次教师的公正、诚恳、认真、耐心都是赢得学生喜欢的重要因素。我对此很有把握，自己就是一个三观超正的人，相信绝对不会出现偏袒自己孩子的现象。相反，我的一贯教学风格是特别关注后面的学生，尤其重视班级的整体进步。

我首先在英语课堂采取小组合作竞学的模式。经过和班主任的协调，不同层次的6个学生编入同一小组，根据时间和表现调整座位。完全改变成绩不好的学生坐在后三排的孤立现象。每组成员在组长带领下相互帮助、课堂表现、课下作业、各类考试成绩都进行捆绑式评价。以此鼓励学生关心他人，共同进步。学生对这样的教学方式非常欢迎。课堂上发挥团队作用，让学生参与到课堂讲解和评价，改变教师一言堂的局面。

在这种尊重学生、关心学生、充分发挥他们主动性的教学模式下，形成了相互欣赏的师生、同学关系。石子因为良好的英语基础，在班级里表现非常突出。他不是以表现个人风采显示出特别，而是竭尽全力帮助同组的学生，和其他小组组长相互合作分工，成为班级的授课成员，在课堂上讲重点、课下辅导学习困难的学生。

石子以他的热情、诚恳、公正得到了班级同学的尊重和喜爱。我知道他有这样的能力和信心作为榜样，而且不骄不躁。即便他如此优秀，我仍然选择了另外两个更需要帮助的学生作为英语课代表，增加和老师交流的机会，锻炼他们的协调能力。学生们在充分的锻炼中更加自信，懂得相互理解和尊重。父亲去世请假期间，我的课就是由学生们自己完成，石子帮助协调和组织。石子进入高中连续三年担任班长和英语课代表。

因为周末学生们都返回乡镇的家，石子很少有机会和同学去玩耍。这也是到我们学校上学的一点遗憾，但是也有很多意想不到的有趣之事。

他上初二的国庆节期间，石子的好朋友小光邀请他去乡村的家里去玩耍，石子很兴奋地接受了。问清了地点，石子大清早就到车站去等车，周转了两站，小光和他的爸爸各骑一辆电动车在村口接他。

一天过去了，傍晚我站在阳台上有些焦急，石子还没回来。天色已暗，不远处车来车往的站台上终于出现石子的身影，只见他双手抱着一个大包略显艰难地往前走，终于长舒一口气。满脸汗水的石子迈进家门才看清，他背着一个编织口袋，装着满满的地瓜和柿子。我诧异地问他哪来的，大口喝水的石子说是小光妈妈给他装的。

原来他这一天真正体验了一次农村生活，他们帮小光父母在地里刨红薯，又到附近的山上转转，第一次看到结满黄橙橙果实的柿子树，包着绿色尖刺果皮的核桃，挂满红彤彤枣子的枣树，还有炸开嘴的板栗，他才知道平时吃到的板栗已经脱掉外壳。小光还告诉他，如果夏天来还可以吃到新鲜的李子、桃子、梨、苹果。到处可以看到果实累累的水果树。

石子从小见到的都是长满小麦、玉米、土豆等农作物的田野，也爬过一些小山看盛开的桃花、梨花，却从未在收获季节在山上看到硕果累累的热闹场面，还吃到地道的农家饭，热情的阿姨足足装了 50 斤特产让石子背回来。晒得满脸通红的石子开心地赞叹这次游玩让他大开眼界,不虚此行,看到大人在山上、地里劳作,真是异常辛苦。

后来的一个周五,石子也背了一些礼物让小光带回家去。在三年的朝夕相处中,石子和这些质朴的孩子结下了深厚的友谊。每年夏天石子过生日,都会邀请他的好朋友们到家里来玩。

初一结束的暑假,正值举行上海世博会,石子和班里两个同学报名参加了夏令营,一周内游览了上海的世博园等景点。特别是在科技馆的游览给他留下了深刻的印象。初二回到内蒙老家,体验了不同地域文化和饮食,虽然没有茫茫无边的草原,但是天地之间的辽阔、小城文化的简单,变幻无穷的蓝天白云还是深深地吸引着石子。

初三毕业以后的暑假,石子和班里同学几次外出爬山游玩,在自然的环境里感受着人与人之间最美的互助真情。石子又和两名同学去北京参加夏令营,带领着其他几个年龄更小的伙伴乘高铁到达目的地。石子最渴望到达这个有三千余年建城历史、世界上拥有文化遗产项目数最多的北京城。热爱历史的他对这座有八百六十余年建都史的名城充满向往,早就希望了解众多历史名胜古迹和人文景观。对众多名校的参观也激发了他更清晰的努力方向,希望有一天到北京去上大学。

石子在书里书外接触着各种文化对他的影响,但是长期以来在阅读中积累沉淀着传统意识,对他形成正确的价值取向、宽广的胸怀和进取意识有着根本性的导向作用。

石子,像风一样,自由地成长。

第五章　高中同行

"人与信心同青，与犹豫同老；与希望同青，与绝望同老；与自信同青，与恐惧同老。"

——麦克阿瑟元帅

"废志无以成学，废学无以成才。"

——曾国藩

15 岁的祝福

石子，生日快乐！

今天你 15 岁，这么多朋友到家里来给你过生日，这份告别少年，步入高中的仪式感是不是让你特别兴奋？

你小时候每过生日全家相聚庆祝，这样的时刻已经久远。因为大家各自分散，太过忙碌，淡化了生日的形式。但是无论如何，每到这一天，亲人们都会打来电话向你祝福，妈妈的心里更是充满感动，对于冥冥之中上天赐予我独一无二的儿子，内心的感激无以言表。惊叹于你怎么就从那么温软的婴儿变成英俊少年，在我不眨眼的注视中，似乎不经意的低头之间，你竟魔法般的孔武有力了。我只有感叹成长的力量，敬畏生命的可贵。

翻看着你所有的照片，重温你成长的个中滋味。我知道这寥寥数张照片无法呈现过去五千多个日日夜夜的痕迹，但是就像一条条舒展、繁茂的花枝，每一张都会牵引出许多甜美的、溢满芬芳的回忆。就如耳畔悠扬的《我心永恒》，妈妈对于儿子的爱和记忆永远不会干涸，因为它本来就在那儿，永远在那儿。

在这个特别的日子，我想不出送给你什么特别的礼物，只有送给你祝福和感激。祝福你健康快乐，祝福你勇敢坚强。在我们朝夕相伴的岁月里，是你教会了我如何做母亲，我们就像两个同时落水的人，在挣扎中相互救赎，母与子这两个新生的身份，让我们经历了磨合期的苦恼甚至痛苦。

你在妈妈眼皮底下摔倒后撕心裂肺的哭喊没有换来妈妈的一抱，你在未完成布置的作业被"放逐"后无助的徘徊。我不知道当年拔苗助长的妈妈给你带来了多大的伤害，你也不知道你熟睡后，妈妈滴落在你脸上的泪珠有多么后悔和自责，你天使般的可爱面孔散发着温暖的光，温暖着妈妈自以为是的心，透彻着我本善良的灵魂。

教育不仅仅是母予以子，你的眼神、表情和行为也在无形得反馈着教育的力量。而幸运的是，我没有忽视这份宝贵的资源，我也期待着自己尽快成长，也许赶不上你竹笋般少年的脚步，但是我愿意一直走在路上。

石子，回顾我们一起度过的这三年宝贵的初中时光，我非常高兴地看到你长高的身材，健壮的四肢，也看到了你面对困难时坚定的眼神，你对大家越来越多的宽容和忍耐，你对同学帮助所凝聚的影响力。也许不需要再拽着你奔跑，你四肢舒展跑得更好。所以，我开始享受一个母亲被高高大大的儿子揽住肩膀的温暖，开始享受别人称赞孩子优秀时的快乐还有一点虚荣。

其实，我深刻地懂得，拥有的这一切来之不易，因为我尊重珍视母亲这一称号，我愿这母子的磨合不再那么艰涩，希望我们会融洽地感受着彼此的重要而不是努力挣脱彼此的束缚。因为母子，因为彼此的存在，才会感到心灵的安稳、快乐和幸福。我想这是我所学会的做母亲的功课，而辅导这门功课的恰恰是我的儿子，所以，我要真诚地对你说声"谢谢，石子！"是你让我这么多年来学会了珍惜和宽容，体会到了生命中儿女亲情的可贵。

石子，今天你15岁了，圆满地结束了初中的学习生活，获得的不仅仅是那些看得见的知识和分数，还有更多无形的精神力量稳固着你前行的脚步。无论亲人、老师和同学给予你多少微笑的鼓励，真正的力量还是来源于你自己。

面对更具挑战性的高中生活，这是人生不可多得的磨练机会，就像小河奔向大海，也许会面临干涸、会面临障碍和坎坷，只要你坚定方向，可以喘息、可以迂回、可以等待春风化雨积攒能量，只要你的信念毫不动摇、锲而不舍，你一定可以最终奔向大海，欢快地感受波涛汹涌或者风平浪静。

妈妈希望你像一棵白杨，可以有柔曼的枝丫、可以忍受狂风的肆虐，但是根要正、杆要直，待疾风过后依然可以昂扬斗志、蓬勃生长。

石子，你15岁了，妈妈也会变模样，变衰弱，但是不变的是对儿子的爱和信任，一份不被摧折的坚定信心。我们一起携手走过了这宝贵的15年，让我们更加快乐地走过未来相守的每一天。

石子，祝你生日快乐。

妈妈

新闻启示

窗外阴雨霏霏，连日不开。终于告别几天的雾霾，这细密的小雨清洗着肮脏的空气，让人们可以自由地呼吸，心情也变的轻松了。上高一的石子天天忙于作业熬到半夜，尽管非常心疼，除了能做点可口的饭菜，说几句鼓励的话，什么也帮不上。

这个周末中午，老公从新闻中得知两个学生跳楼自杀，一个年仅14岁男孩，书包里是刚发的考试成绩单。从摄像头拍到的录像看出，他走进电梯，没有在3楼的家门口停留，直接到了11楼，没有丝毫犹豫，瞬间从楼顶上跳下去了。对于一个14岁的孩子，是什么样的绝望和恐惧让他没有丝毫的留恋，决绝地离去。成绩！这个孩子的成绩从200多名退到600多名，在家等待他吃饭的父母，等到的是这样骇人的消息。

无论如何已经无法再和孩子对质，无法追究他这样做的理由，但是，来自家庭和学校的压力过大，大到他难以跨越，一定是事实。

新闻中报道，他母亲为了陪读搬到学校附近，省吃俭用买了一辆小车为了接送他更方便。可以想象悲痛欲绝的母亲在儿子身边长跪不起的时刻是如何心碎，日后她是否会冷静地思考，可否想过，在给孩子创造一切物质条件的同时，可否给孩子一点自由，至少可以输得起的自由。当孩子失败的时候不要让他觉得无路可走。

另外一个高三的女孩子穿着校服从楼上跳下去，理由也是压力太大。

中午石子回家吃饭，我们让他看了这则新闻，并且听取他的想法。他说的很到位，"现实的教育就是这样，跳下去也改变不了，他们心态有问题，只能给家人带来痛苦。"

我很真诚地跟石子说了自己的想法。首先在一个人的生活中，就像小时玩的一场游戏，你不可能总是胜者，甚至没有人愿意陪一个永远的胜者玩下去。所以失败很正常，再等等，也许下一场就可以改变。

　　人的正常平均寿命可能60-70岁，在校的学习时间最多才12-15年，还有几倍的时间体验生命的过往。学习中会有竞争失败的经历，工作中依然会出现被忽视、被淘汰的情况。成家以后的生活也会关系到几个家庭，圆圆满满依然不是那么容易，甚至健康问题，疾病都会在我们的一生中亮起几次红灯。如果遇到问题就跳下去，那这辈子需要跳几次呢？

　　儿子插嘴道："所以这一次就一了百了。"生命是需要敬畏的，每个生命都是奇迹，我们没有权力决定这个奇迹的毁灭。

　　其次，现在的中国有1000多万失独家庭，对于很多家庭父母年逾50，已经没有机会再要一个孩子。这些家庭的父母，当年都是带着无限的快乐和希望看着自己的孩子出生、成长，虽然在整个抚养过程中，会有一些麻烦、有彼此间的矛盾，甚至伤害，但是多数的父母都是非常爱自己的孩子，可以宽容他们的一切过失。可是当孩子真的从生命中消失了，无论是意外伤害、疾病、婚恋、工作等原因，还是这样的自伤方式，父母是最大的受害者。

　　最后，他也许没有朋友。一个有朋友的人，可以将心中的不快倾诉出来，会稀释心中的烦闷。许多认为过不去的麻烦也许就在那一时，稍微等一等就不那么可怕了。

　　我认真地对石子说，"我知道你很优秀，但是，考不到第三名、第四名五名也没什么，我希望你能陪我们一起平静地生活到老，我们还有很多生活中的快乐没有体验，一起去旅游，以后看你成家，帮你看孩子，相互照顾。"石子笑着说，"行，没问题！"

　　中午我送石子上学，看到窗外细雨霏霏，想起当年自己背书的样子"阴雨霏霏，连月不开"，我不自觉地对儿子说，"读书时候，的确很辛苦，但是从妈妈40多年的感受来说，当学生还是比较快乐的，有很多同学和朋友，即便是竞争激烈，也是公开透明的，促使你学会忍耐，变得坚强。

　　看石子高高大大的背影进入校门，我的心里充满了甜蜜，儿子，不论多难，我们会陪你一起度过。

认识自己

> 人生最困难的事情是认识自己。
>
> ——特莱斯

邻居的孩子离家出走,电话告诉父母他要出去打工,不要找他,否则,永远不会回来了。这句宣言让他父母几乎发疯。其实,孩子没真走远,只是在熟人家呆了两天,但是让全家人慌乱地不知所措。

我对石子提起这件事,问他的想法。石子想想回答说,当父母的挺可怜的,平时惯得太厉害了,家多好啊!他的三句话让我很意外,特别是最后一句,顿时有中奖的快乐。这无疑是对我和老公最大的褒奖。当孩子能够感受到家庭的温暖而不是冷漠,他才会脱口而出,家多好啊!

对于大多数独生子女的家庭来说,爱,不是缺失,而是过剩。来自几辈人多少亲戚的呵护,致使孩子从小娇生惯养,许多幼年不成为问题的行为在成长中不断强化,不知不觉中,不知道哪个年龄段,问题出现了,才发现家长的话已经不起作用,处于蓬勃的青春期,傲然倔强的孩子已经可以和父母分庭抗礼。

孩子的不当行为一定和成长环境有关系,家长过分强势会使孩子懦弱或暴躁,过于冷漠会让孩子没有安全感,过分迁就会形成自以为是,缺乏自省、宽容和受挫能力。遇到一点问题,会逃避,会抱怨,不是解决问题,而是推卸责任。

父母能否理智地判断孩子行为背后的原因,对以后的教育至关重要。看不清自身的问题,看不到行为发展可能带来的隐患,往往是家长无意识纵容孩子的起因。

看不清自己往往会不能正确地处理事情,身边的石子高大俊朗,狮子座的气质显露无疑,我常常会充满幻想,感觉这头"狮子"未来的威猛不可限量。我知道这是自己的期望值过高，这样的盲目将会导致自己和孩子充满烦恼。

看清自己，普普通通的我们拥有一个温暖的家，我们携手培养了一个懂事而且自律的儿子。

家多好啊！在我们拥有可以控制的节奏里，努力经营得更加美好，时时看清自己，调整自己，才会充满感恩、轻松、乐观地生活。

牵 手

天气突变，刚才还艳阳高照，忽然之间平地起雷，看着满空热辣辣的太阳，让人难以至信，想象不出雷声从何而来。但是，它就在不远处肆虐地翻滚，震耳欲聋。轰隆隆地不知响了多久，没有一滴雨掉下来。以为这雷声不过是从哪儿而来的过客，讨个无趣就走了。没想到，在人们不抱期望之时，大雨瓢泼而至，哗啦啦地嘲弄着满街无处可藏的行人、做买卖的小贩，躲藏着、支伞、找雨披，狼狈不堪。

石子下午上学时正赶上大雨，所以开车送他去学校，晚上还要把他接回来。

已近十点，晚自习的铃声终于响起，隔着校园铁栅栏可以看到教学楼里涌出的学生渐渐分散开来。住校生回宿舍，走读生离家近的步行，骑自行车的、电动车的学生也不少，还有相当一部分家长来接孩子。校门口如停车场一般，汽车成排列队煞是触目，特别是碰上下雨等恶劣天气，更是蔚为壮观。

老公和我距离校门口较远，走出来的学生从眼前经过，结伴的相互聊着天，一脸轻松。一个人自己走的，有的已现疲惫和低迷，毕竟伏案劳累了一天，更多的是放风般的释然。也有的和家长随意聊几句，几乎没有表情。不远处一个女生和他的父亲迎面走来，两个人都不太高，醒目的是父女两个人相牵着手，边走边聊，自然亲切。这么大的孩子和父亲牵手的已不多见，但是父女的背影在我眼里成了一幅温馨的画面。

不禁扭头问老公："你和儿子多久没有牵手了？"老公诧异地看看我，看到我用眼睛示意那父女俩。歪头想想，"好几年了吧。""你今天可不可以牵牵儿子的手？"老公的表情里满是不屑，"为什么？""你就试试吧，等儿子上大学走了，更没有多少机会了啊！"我的语气里充满了恳求和执拗。老公看我微笑的眼神满是坚持，似乎想了想，不自然地点点头。"行吧。"像是下了很大决心一般。

是啊，母子、母女或父女的情感表达更加自然，但是父子要含蓄很多，特别是男孩子长大之后。我们家的父子俩都属于比较冷静的人，尤其是父亲，不多见他们亲昵的举止、肢体接触。石子小的时候，爸爸天天抱着他、领着他、骑着车子带着他去玩，像含颗糖一样甜蜜到心里。但是，长大以后，特别是上中学，瞬间疏远了。我不禁对即将走出校门的石子期待不已。

远远看到他高大的身影昂首阔步走过来，184cm的石子看起来神情自然、非常轻松。老远看到我们，就裂开大嘴开始微笑。我忍住笑意瞟瞟老公给他一个暗示，只见他竟有些拘泥地走过去，笑着问儿子累不累，然后戏剧性地脱口而出："你妈要让我领着你的手。"说着，拉起儿子的手走起来，我惊得瞠目结舌，他怎么能告诉他呢？忽然明白，也许老公真的不想让儿子感到太突然，也许是消除自己的尴尬，按照他说的话，已经很多年没有牵过孩子的手了，用这样一句提示说明他的行为不那么怪异。

比老公高半头的儿子显然被这举止弄得很意外，但也只是笑着任老爸拉起手，但是彼此都是僵硬的。我在后面微笑着看两个人的胳膊不自然地抬得很高，这哪是牵手，简直是捆绑，憋不住地想乐。但是，父子俩似乎乐得享受这份意外、这份亲情，很快就适应了。相握的两只大手自然地垂下来，居然很闲意地边走边晃，两个人相视说着什么，一直走到车跟前，才放开手，这点路是否有点短？这片刻的幸福是否会在他们的心中留存？但是我知道，它会留在我的记忆中，不断生长。

看着这一幕，不禁蹦出这样一个念头：到底是亲爹，不论平时多么缺失情感表达，虽然没有像其他父子那样热情地玩笑和嬉闹。毕竟一份相融的血缘深植于彼此，稍微一点的碰触，就会自然地怒放开花。或许，平时石子更习惯于父亲默默地注视和关爱，一个微笑无语的眼神，偶尔聊一聊球赛和时事，也会谈到学习，但是父亲对于儿子从来不苛求，更多的是信任。

不同的家庭会有不同的氛围，这取决于父母的性格和亲子关系，也源于父母在原生家庭中的影响。无论父子以什么样的形式表达情感，父亲的目光一直都会落在在儿子的背影、关注儿子的成长。它也许永远没有母爱那么显性、热烈，但是父亲的每一丝牵挂都一样深刻，那份深重的情感只有等到儿子长大才会清晰地理解，其实它一直在心中欣然绽放。

给予你什么

与同事聊天，自然不免会聊到孩子。这个年龄阶段的孩子，多数在上高中。每天早起晚睡淹没于无尽的考试和作业当中，既让家长心疼，又无奈地感慨。但是谁也无法改变现实，经历三年磨练，迎战高考。

从初一到中考、从高一到高三，每天都奔波在迎考的路上。只要一天没有结束高考，这份煎熬就不会停止。即使上了大学，就业压力依然如山一般压抑得让人们无法呼吸。进事业单位要参加国考，进好一点的企业要参加不知几轮的笔试、面试。面对毕业即待业、失业的严峻形势，年轻人想要闯出一份天地，迎考是必须面临的挑战。

每每想到这一点，会有一些难以回避的辛酸。自己的青春多么美好、充满无限的生动和浪漫，大家在充满理想的向往中享受年轻特有的朝气。如今更多年轻人在就业、买房的现实中经营着青春岁月、磨练自己年轻的心性，被庸常的生活绑架着，少了诗意和远方。

生存是奋斗的初衷、甚至成为相当一段时间内的目标。在没有理想和幻想的现实生活中打磨自己。想到这儿，总是有一点愧对儿子的不安，因为自己的平凡或者说平庸，无法给他提供丰足的生存基础和机遇，他没有资本去遵从内心的奔放和自由，未来的日子里，也许在相当长的时间里需要艰辛的付出和拼搏，才能积累自立的能力和资本。

一直以来对于不公平的现象、对于不属于自己可以解决的问题并不在意。但是，真的有一天，听到别人可以把几套房产留给孩子，可以给孩子创造一个更好的教育环境。从来没有为身外之物心动过的自己，真有那么一点愤愤的不平和酸涩的感觉。不同的行业和单位带来不同的福利待遇甚至就业机会，有些差距可能是个人再大的努力也无法跨越的，对于含着金钥匙和一个没有钥匙出生的孩子来说，他们将来获取的资源和机会可能是天壤之别甚至无法弥补的沟壑。突然明白了让人们产生仇富、厌世的根源，垄断，有时会让人们产生绝望。

一直以为自己的内心甘于平淡和平静，衣食简单却又无忧的生活。却在这样偶尔的时刻，也会产生莫名的压力。我是如此不甘而无奈地发现，我能给儿子的是如此有限。

几天以后，在吃午饭的时候，我不经意间对儿子说起自己的烦恼。虽然他很大度地笑笑，"那有什么，爷爷、姥爷他们不也没给你们什么吗？"虽然我知道，他说的"我自己能挣来自己的生活。"充满不懂世事的年少轻狂，但是，谁又能说这不是他心中的希望呢？

即便是阿Q精神吧，我在思考自己给予孩子的是什么？

其实，我像很多普通的母亲一样，给了他世界上最美好的东西，永远也无法计量的：爱与关注。我们给了他一个完整幸福的家庭，陪伴他一起成长。在任何一个需要父母呵护与引导的阶段，用温暖的双手给予他最充分的爱与安全。让他开心快乐地成长，心智健康。

我们在他成长的阶段，没有推卸教育的责任，在他每一个可能出现困惑的时期，用关注的目光、鼓励的话语让他解除心存的芥蒂。如清泉润泽土地，我们保持诚恳、善良、自尊，让他懂得做人做事的准则。与任何人交往保持态度友善、甚至吃亏是福的观点。如果说，给予了他什么？无非是几个生存的习惯：很简单的生活习惯和技能；不厌其烦的读书习惯；自觉自律的学习习惯；乐此不疲的运动习惯。

摊开自己的双手，我简简单单的只能给予他这么多。但愿他能怀感恩之心、持坚韧的筋骨、勤奋真实地生活，用自己的双手和智慧创造独立生存的空间。

如果问，我给予了石子什么？其实我给了他生命、给了他体验生存的机会和意义。生活本身就是体验各种滋味，存在坎坷和顺利。我不应该剥夺他独自奋斗的艰辛，否则，他也无法感受收获的酣畅。

真的很阿Q吗？

向左走,向右走?

期末考试后的第三天,结束高一的石子去学校领取成绩并且报分科意向,学文科还是学理科?

半年前我从网上搜索相关信息,了解文、理科的优劣势分析。当年自己选择文科时非常果断,因为理科不好,感觉文科的许多科目可以从头开始,勤能补拙在文科上体现明显,而物理数理化的不足却不是勤奋背诵可以弥补的。事实上,我的勤奋的确给自己创造了成长的机会,特别是英语的进步为自己的考学奠定了决定性的基础。石子爸爸当年的情况也很清晰,他记忆力好,数学好,但是其他理科没有多大优势,因此选择了文科,最终考取了名校。

希望石子的选择也没有遗憾,但是他面对的情况比我们复杂。他的成绩比我们当年要好,语数外有一定优势,其他科目也都比较均衡。我希望他学理科,将来选择面宽,男孩应该有一个实用性的专业,我甚至对石子的未来描画了一副标准形象,高高大大的理工男。文科不仅面窄,很多专业堪称万金油,专业性强的经济和政法类竞争特别激烈,他又不愿意当老师,所以选择余地更少。

石子的文科成绩比理科稍好,尤其物理波动很大,他对学理科没有足够的信心,再加上家庭熏陶从小看文史类的书籍偏多,对于自然和科技类的设及很少,所以他的志趣在文科也就不足为奇。以他的成绩,学文科应该比学理科考的学校可能更好一些,只是将来选择专业比较困难。

我能做的是把网上下载、打印的相关信息交给他,明确两者之间的利弊,至于抉择还是让他来定,毕竟他自己最清楚自己的感觉和意愿。两天来,他很纠结,他爸爸尊重他的意见,其实他的建议是学文科,我的参考是学理,也没有强迫他去选择,我很清楚石子内心还纠结于兵头将尾的感觉。学文科他在年级的排名会非常靠前,但是理科生的竞争更加激烈,许多尖子生的数理化尤其突出,几乎科科满分的成绩让他望尘莫及，想冲进优等生的行列所面临的困难要艰巨得多，考取好学校的机会可能更少，石子本人的意向是学文科。

石子到学校不久就打来电话，告诉我期末考试成绩整体进步很大，理科的成绩比文科还好，他自己不禁开始犹豫。我的回答是：你自己决定，根据你的感觉和想法。其实内心希望他不能这样左右摇摆，作为一个男子汉，要有决策的能力和魄力。当然我也知道，这其中源于我的不断干扰，直到临出门前我还问他，他很不耐烦地不希望我过问。但是，现在的情况有变化，他的想法又开始动摇。

选择的权力还在于他，向左走，向右走？石子，无论哪种选择，都要坚定地走下去，了无遗憾。

石子推开家门捧着一堆试卷和奖状走进来，微笑着等待他的答案：文科。那一刻有份释然的轻松。

面对面的距离

石子，

周末你去上学的时候，每次打扫你的房间，总是忍不住自问："这小子晚自习后回到家，把自己关进屋里，甚至锁上门，避开家长的视野，在他的自由空间里，真的每分钟都在学习？

看看桌旁矮墙一般高的书本，想必是在温习功课吧！一直这样相信。看看四周看不见的空旷里，无形的网络充斥着我们每一寸呼吸的空间。纵是千手观音怕也难以阻挡。诱惑，像这无形的网纠结在你的身边。不知道你能否有自制力控制自己？

你忙碌在自己的计划里，我知道你无法像机器一样，毫无间歇地碎食着各学科塞进来的知识，你也有自己的爱好和特别关注，即便是如今的高二后期。你毕竟是一个富有生命力的年轻人，充满理智和情感。想一想，让你时时刻刻浸泡在习题里也实属不可能。只是，我们如此亲密却又如此遥远。我已经无法洞察你的内心世界，你的成长让我无奈。

不知道从何时起，你已经把我越推越远，也许因为我过于想要抓住你，甚至控制你，才让你挣脱地愈加用力，愈加遥远。

想起那句话："孩子成长的过程，也就是与母亲在心理上分离的过程。分得越开，也就意味着成长得越好。"虽然每天可以看到儿子的笑脸，却感觉很难接近心里，从一张偶尔有情绪变化的面孔下，也会捕捉到你心灵的波动，但是你拒绝让我走进去，不愿让我分担其中的任何变化，你像一个真正的硬汉一样，咬着牙坚持，不对我说出任何理由。更不要说什么"知心话"了。这，难道就是分离的过程吗？至少我已经感受不到你对妈妈的依赖，也许这是你成长的很好的佐证？

如果你真的已经长大,其实没有如果,就是事实。长大的你会有更多梦想。每天面对无数选择,每天面对很大压力,还有,每天会有踌躇,面对选择的犹疑。既然,你已经决定很多事情自己做主,那么在每天的选择中尽量做的理智。因为,的确很多东西是不可复制,没有再生,不可挽回。比如时间,比如生命。

18岁之前的孩子之所以要有监护人,你看到这三个字吗?"监护人",就是既要保护更要监管。所以,石子,当你自认为自己很多想法可以自己做主,这很好。但是,有些事要和父母商量,因为一旦结果出现,是监管不到位,这是父母的失职。我并不是想要推卸责任或者害怕担当,只是觉得,石子,你一路优秀地走来,在即将冲刺的阶段,我们不希望出现大的波折。虽然,人的一生注定会有坎坷,不知道在哪一阶段。

在你封闭的小屋里,在你逐渐对妈妈封闭的心房里,妈妈希望那里依然是阳光明媚,充满热情。你对自己的期望,对自己的把持,希望你能坚守。

一直以来,是你在坚实地走自己的路,妈妈只是在前一阶段陪伴你、拉着你的手,甚至推你一把。今后每一次起步,都是你昂首踏入向往的大路上。我们在后面遥遥地看着你,只是偶尔会担心你一路贪玩,害怕你遇到危险,遇到岔路停滞不前。其实,我们只能用心中的热情鼓舞你,信任你,用日渐模糊的视线追随你,直到有一天,你坚定的背影走出视野。

坐在你的书桌旁,独自呓语,用你每天写作业的纸笔,悄然写下,妈妈相信你:一路坚守承诺,一路无所畏惧,一路高歌。

直面高三

写下这四个字像是绷紧四肢、举手发出的誓言。在风驰电掣的时光飞逝中，石子即将踏上高三的特快列车，作为高三学生家长这一年必将品味不同的感受。

序幕拉启的并不顺利，高二最后一次期末考试中石子的数学大幅跳水，我们也不由跟着他变得紧张焦灼起来。按照石子要求，第一次参加了家教辅导，家长寻求的就是心理安慰，能做到的是调整过程，至于结果如何，我作为老师很清楚不可能仅靠辅导班提高成绩。唯一的意义仅仅是给石子一个提醒，他的这门功课出现了严重的漏洞，需要调整学习状态，夯实基础知识，老师仅起提醒、鼓励指导作用。一个充实的假期预演了高考生的紧张。

对于石子，我的期望变得不再明确。高二这一年进步并不明显，乐观地看也没退步，在这么激烈的竞争中，退步也正常。这也仅仅是个开始，踏上不同的开端面临不同的方向，谁都希望自己的孩子在每个叉路口选择正确。其实选择有时无关对错，只是路过的风景不同，成功的定义对于不同的人意义不同，最适合的也是最能长久坚守的。

家长最不理智的想法就是认为自己的孩子是最聪明最优秀的，于是在自拟的光环里放大期望，在一片莫须有的想象中让无法成行的希望成为失望。佛教曾有少冀则少苦，弃冀则灭苦的信念。虽不能让一个志向满满的年轻人遵从"观自在"，但是要经常提醒自己，理性地看待那些期望，更不能用一个高悬的未来成绩作为鞭策孩子的标准。鼓励而不是掌控。每个孩子都属于他自己，我们需要做的就是帮助他们成为最好的自己。

当初，那些删不掉的痛

时间已经进入真正的 2015 高考年，石子每天在晨昏交替的时光中忙碌，情绪和学习状态非常稳定。看着他勤奋地奔跑在冲刺的路上，感动的温暖中也有些许的感慨，这是侥幸吗？

去年国庆节期间，进入高三的石子没有放假，依然在学校自习室补习。在他房间里打扫卫生，书橱上满满地堆放着各种辅导材料，书本交错中赫然出现六七本封面花哨的《龙文》，整齐威武地站在灰突突的试卷课本之间。视线抵达之时心中泛出酸溜溜的失落，怎么还在买这些书看呢？

自己当年高三时正流行一首歌《我想唱可又不敢唱》，似乎学生本应心无旁骛地度过这段特殊时期，连小声唱首歌还要东张西望，因为家长和老师无法容忍他们的分心和懈怠。当年听这首歌时有一种被唱出心声的共鸣。而今，自己也成了一名高三家长，面临比当年更严酷的竞争形势，对孩子不由更多倾注一份关注，一丝隐忧伴随着这份突来的"意外"在心中挥之不去。

其实，这并不是"意外"。

从高一下半学期，石子受班里学霸的影响开始看《龙族》，慢慢成为铁杆龙粉，用零花钱购买了一堆该系列的书籍，周末和假期里都在贴吧上和其他粉丝交流，后来还成为贴吧管理员。有限的上网时间里孜孜不倦地徜徉在论坛中间。看到从小痴迷于历史书籍的孩子渐渐在玄幻小说里不能自拔，让我看在眼里急在心里。抽空了解了一下这套书籍的作者和概况，这是一套虚幻、励志且不断更新的系列故事，确实是让人难以自控欲罢不能。

幸运的是对学习影响不太大。石子带着不错的成绩进入高二，按照自己的愿望选择了文科，暑假结束时我们也权衡利弊进行了认真交谈。最后达成共识，不再去贴吧上逗留，对上网时间进行控制。但是后来慢慢发现，他并没有真正戒除这份牵挂。每天下晚自习，他锁上房门在自己的房间里学习，从他稳定的成绩可以看出来他还努力且上进。我也会偶尔疑问，那些关闭房门的夜晚他会不会沉迷在小说中呢？

那些怀疑的确不虚。我偶尔半夜起来，发现他屋内的灯还亮着，不应该学到这么晚啊？有一次，将近凌晨，灯还亮着，敲半天门，从他迷迷糊糊的声音判断已经睡着了。如果在课桌旁学习，结束后会清醒地关灯。又一次，时间过了凌晨一点，灯还亮着。敲开门，看他的眼睛很清亮，枕头下的mp4上清楚地显示正看的小说。于是，再次交谈，没收掉mp4。后来，又撞见用手机看，再次恳谈，换成老人手机。再后来，无意间发现了两张内存卡，里面依然是下载的龙族小说，想起了每次放假他急不可待地下载的东西就是小说吧？我无奈而愤恨地面对这没有尽头的纠缠。

这才知道，那些戒不掉网瘾和游戏的孩子家长是怎样的苦恼而疯狂。对石子从来都是温和宽容的老公第一次咆哮着推了儿子一把，决绝地掰碎那两张内存卡扔到窗外。老公愤怒失望到极点的表情，他清楚地看在了眼里。于是，我们全家进行一次促膝长谈，他决定放弃，且相信他的克制和决心吧。我们无法断掉诱惑他的一切干扰，真正激励他的不是我们的失望，是他内心对自己的期望，这是唯一可以拯救他的良药。他是一个有梦想的孩子，对这一点我非常自信。

我也在自问，我们做的是对还是错？每个人成长的岁月里总要迎来不同阶段的挚爱。从儿时、童年、青少年、成年以后，不同时期的兴趣爱好疏通着这一阶段的情感出口。人毕竟不是通上电源的机器，不可能无情无欲地匀速旋转。也许会在某一阶段出现让人匪夷所思的反应，甚至是惊人之举。这也是成长岁月里不可预知的美好之处。毕竟那个时段有爱好有幻想，有那么一种让年轻的热血得以沸腾、独一无二的投入和寄托。

石子也许就是在小说里找到了让他心动之处，这是在一成不变的书本知识背后寻觅不到的精彩。十几岁、二十几岁一定会有那个年龄的偏执，如果直接跨越到四十岁的成熟、理智和甄别的克制，还需要体验日日月月成长的变化、心性与年龄磨合的焦灼吗？

但是，但是现实呢？无法摆脱的现实的网正上演着比虚拟的故事更加残酷的情节。学习、高考是大部分中学生要面临的一个抉择，作为家长只能摆出那些学生自己更清楚的理由，升学、就业、生活压力的种种无法回避的本来面目。

人可以有梦想，但是，人不能活在梦中。

断 臂

石子带着依然不错的成绩进入高三,开始迄今为止性价比最高的一次投入。投入他的智力、心血、时间和梦想的一次中长跑。开学后的一个月里他一直在努力奔跑,从每天早起晚睡调整的作息时间可以看出,从那张渐渐消瘦下来的黑红的脸上可以看出,从第一次月考没有达到理想状态他眼神里露出的焦灼可以看出,我们能做的就是鼓励再鼓励。走过高三的人都可以理解,这是一段心力交瘁的煎熬。

直到国庆节这一天,这几本不太厚的杂志《龙文》又闯入我的眼帘。我不知道该如何呼吸,也许是我太较真了,说过的话就要兑现,它们怎么可以又冒出来?

翻翻里面有些青春小短文,但是,毕竟这是一个半月刊的连载,杂志的核心故事,是那个龙族不断繁衍出来的连载。权衡再三,我给儿子写了一封情深意切的信,第二天晚上他回到家,我不温不火地和他算了一笔清晰的时间帐。我轻轻地说:"其实,我知道你的纠结,拿出一段时间看完故事很放松,这个连载的故事也让你很期待很牵挂,甚至会很苦闷,因为不得不放弃一部分完成作业的时间去看它。那份缠绕的牵挂让你自责于自己的不专注,因为你毕竟不是一个对自己不负责任的人。与其这样,每个月内心被分割两次,长痛不如短痛,今天就此放下,高考完,一次看个够,每个月我可以替你买回来代为保存。"

看到他眼中的犹豫,我知道他在取舍。只有舍才有得的抉择是理智的。

后来,我准备一丝不苟地替他完成买书的任务,自己把那几本龙文杂志翻看了一下,又从网上了解到,将有一本单行本的龙文《红龙归来》出版。这个时间很微妙,在我们谈过之后的三天,他肯定早已知道这个消息,甚至已经订购了,只是在那天交谈时他没有说到这件事。

就在当晚他下晚自习后,我试探性地跟他说,要不要把这本书《红龙归来》买下来?他说不用了,那表情已经清楚地表明他已经订购完了。我说,"可不可以让我先替你保存着，不要看了？"他的表情很纠结，最后终于道出了自己的想法。他想趁下周末休息时最后看完它。我追问，"看完一本书最少也要四个小时的时间吧。这样的一段时间我们可以出去散散心，和家人团聚，甚至好好睡一觉补充一下睡眠不足的亏空。这些休息方式是纯粹的，就是想看书，可以看《读者》、看《意林》、《特别关注》等等杂志来缓解压力，那种独立的、不带太多干扰和牵挂的单纯放松。如果看完这本牵挂心肠的《红龙归来》，里面不知暗藏多少新的玄机，怎么会不牵绊着你的神经和心思呢？"

我尽量放慢语速，不让自己表现出急躁的情绪，甚至用一个比喻来形容，它不像妈妈给你做的美味早餐，吃完一个早晨就消化掉了，你读完这本书，会被动地搭上牵引的绳索，再次踏进铺设的陷阱继续坠入。他犹豫半天终于说明，《红龙归来》其实就是前几期杂龙文的合订本，只是情节有些变化。我听明白了他的含义，潜台词是不会花很多时间，因为已经基本了解那些故事情节，合订本也只是少量改动。

听清楚这番解释后，我沉默了片刻，一份压抑很久的狂怒从胸腔里慢慢渗透，终于不想再克制，几乎语无伦次地爆发了。"对于一个跟自己没有一毛钱关系的虚幻故事你都可以这样精益求精，看完半月刊再看合订本，看完整情节还要看修订情节，假期里的笔记和做过的题，你有过这样专心地整理和复习吗！假期里买回来的一本本辅导资料，你有过这样没完没了地看了一遍再一遍吗！你有这样的专心，你既然可以这样放纵自己，不要对自己不满意啊！不要看到成绩不理想颓丧不堪啊！"

我像所有失去理智的母亲一样，在气急败坏的责备中先逼出了自己的眼泪，索性破釜沉舟，哽咽着声音在很晚的夜里狂吼，"我从来没有要求你必须考名牌考重点，必须考一本或二本，是你咬紧牙关对自己树立了那么高的目标。我们已经一路走了这么久，这么多年你都非常优秀地走过来了，你甘愿自己在最后冲刺的阶段停下来，看着队友们呼啸而过？你愿意吗？我只是希望在这么屈指可数的日子里你可以静下心来，真正的静下心来，过一段单纯的日子，这辈子可能再没有这么单纯、这么专注、这么辛苦的日子，你只要认认真真地努力了，保持一种稳定、平静的心态，全力以赴地投入了这个过程，什么样的结果我们都会接受，你也可以做到无怨无悔。"我的声音像是给自己注入了力量，虽然知道只能让孩子更无地自容，但是，我像脱缰的野马已经无法控制。

"你还不明白吗？我们只能做我们能做到的。可是直到如今，你心里还杂七杂八地装这些虚无飘渺的东西，总想用那些虚幻的东西掩饰自己，用了这么久的时间，你对这份诱惑还是恋恋不舍戒除不掉，这难道不是懦夫的行为吗？让我们伤心也就罢了，你自己真不伤心吗？你还是掩盖着不敢看清你自己？"

他在我疾风暴雨般的斥责中倔强地低着头，我知道那沉默中倔强的力量。我像呼啸而过的列车，一头窜进黑暗里，精疲力尽。很久以后，远远听见他爸爸严厉却不高的声音"我只说两句话。一、这是我们，最后一次，提这件事；二、你已经上高三了，该知道轻重，自己想想取舍吧。不早了，你去休息吧。"

他真的会在意这轻飘飘却很意味深长的两句话吗？

夜里安静下来的时候，我稳定下来的心在自问，也试探着问老公。我是不是太过火了？

想当年我们在高三奋斗的岁月里，之所以平静、单纯没有杂念，有苦闷也仅限于成绩的波动、学习中遇到的困难。因为那是一个封闭的时代，如今，他们身处在这样一个充满诱惑的环境，克制自己确实需要很大的毅力。但是，不是很多人根本不让自己走近这些诱惑吗？既然走进了，出来哪有那么容易？不苦不痛又怎么偿还它曾带给你的欢愉和放松呢？

反复自问，怎么会这样呢？我不是惯孩子的人，初中一度对他要求很严格，但是自从进入高中更加尊重他的决定和要求，遇到问题尽量平等地商量，几乎从不斥责他。今天应该是三年来的第一次失控。也许，正是这种不稳定的教育方式让他不能把持自己。学业的繁杂、竞争的激烈让他有难以承受之重，他需要一个出口，也许他认为这样的方式可以倾泻出满满的烦闷和压力。

高三了，踏上冲刺跑道的选手，任何干扰都会影响他全力以赴的状态，甚至功亏一篑。只有他自身的克制和内在驱动力才会激发内心的渴望，调动全身的精力全力以赴，任何斥责、规劝的外力对他仅是昙花一现无足轻重的触碰。

这一晚，我的强烈反应除了本能，也基于一种想法：在孩子不能明辨是非不能自拔的时候，家长如果放任自流就是推卸责任。但是，我知道，这真是最后一次了，对于一个已近18岁可以成年的年轻人，面对选拔性如此惨烈的竞争考试，他的决定和行为，该由他自己买单。担当往往就是要从摔倒开始，如果从这之后，他一如既往，我会微笑地对他说，你的青春你做主！

内心的呼唤

石子：

我直到下午心情还是没法平静。在这样并不顺利的交流之后，相信你的内心也无法平静。看到你欲罢不能，或者说越陷越深的表情，你是看不到你的表情的，但是，它清晰地刻在你的眼中，欲罢不能。

其实，我很生气，或者说，其实我更伤心。我一直以为你什么都懂，什么都可以做到。但是，你毕竟还是一个未成年的孩子。有时会懂，有时无法克制。但是，无法克制的结果往往让我们都那么难受。难道你不难受吗？当你熬了一个夜没有完成学习任务，而是把宝贵的时间让给了它，当你看到自己的成绩不满意时，你一点也不会追悔吗？

若干个带泪的忏悔的事例，高三一年沉迷网络不能自拔，沉迷小说不能自拔，沉迷写作不能自拔，沉迷恋爱不能自拔。这些故事的主人公一定是等时间过去以后，等到走入谁也摆脱不掉的现实，才会追悔。即便是咬着牙关说不后悔，那也只是一种无法放下颜面的偏执而已。

你到底陷得有多深，你的心思最清楚。

如果你经常还在挂牵着人物的命运和故事的发展，你就没法释怀，如果你到了一定的时间就会心神不定，盼望它快到来，盼望着看它一眼，才会有释然的满足和舒爽，那就是瘾。石子，你懂吗？那就是瘾！如果没有得到满足，你会猫爪似得不得安宁。你觉得这种不舒服的瘾的感觉真的不会影响到你吗？

你会为你的数学、为你的地理、为你的语文、为你的英语等等有这样心神不定吗？

石子，我的心情很不高兴。不完全为你，或者为自己。因为，我清楚地看到，有时教育的力量那么薄弱得不堪。天助自助者，只有自己觉醒的人才可以接受别人的教诲。

石子,你真的不愿意清醒吗?

其实,我更加愿意相信你能够觉醒。

人的一生里面,确实需要这样一段,单纯到极致的生活。虽然它枯燥、乏味、纠结甚至痛苦,又是多么难能可贵,需要这样一种锻造和锤炼,难道不是吗?

我一直认为你是顶天立地的男子汉,特别是当你高大地从我身边走过,但是,现在我其实更想说的是,也许你介于勇士和懦夫之间,稍一偏移,你就是一个无法控制自己的懦夫,如果战胜自己,就是一名真正的勇士,在关键的人生一年里支撑自己的勇士。

还是那句话,人的一生很漫长,关键只有三两步,你就走在这三两步转折的地方。你还没有准备好吗?你还拿不出勇气准备好吗?

妈妈

解 脱

"斗争"终见分晓。

三天之后，中午一回到家，他对我说，他决定了，就这样吧。把书先放起来，等到高考结束后再看。条件有三个。一是要将他现在的宝贝书替他好好保存，不要折角污损；其次帮他把每期的龙文买回来；最后一个就是这件事不要再提起，他自己会解决。

看着他认真的表情，虽然知道这番话有他斟酌的想法、也有自尊的需要。等他一说完，怔了很久，我几天来暗淡的眼中慢慢恢复光亮，然后毫不犹豫地答应了，并且郑重其事地和他握手一言为定。看着他把一堆厚厚薄薄的龙文书籍搬出卧室，送进书房，对任何人都毫不设防的书房，这样一个仪式般的搬动就是一个承诺。我相信他，真的相信。

这样的结果让我们都有深呼吸一口气的放松感。虽然有被动的成分。是啊，有些事情需要别人的提醒甚至强迫，毕竟很多时候人们是缺乏自制的。

只是那份引发我崩溃咆哮的合订本还在路上，还让我们挂牵。一周后石子从网上订购的《红龙归来》真的到了，特快专递送来。

中午他比平时晚了十五分钟回到家。我在家胡思乱想坐卧不宁，也有瞬间的怀疑他去取书了。当他进门时，我正趴在他卧室的窗口焦急地往外眺望，听到门响的声音，我赶快走出来，这时他已经从中间的房间出来了，甚至没换鞋，真够神速！我下意识地问："怎么才回来？不会是去买《红龙》了吧？"他没吱声，我想猜得不错。走过去看到他的表情，他讪讪地说："不是去买，是取。"

他的表情和语气不太自然。我到屋里一看果然看到包装好的书，没有打开。"你还说不影响，你心里惦着去取书吧，你得耽误吃饭吧？还要偷偷摸摸地看吧？石子，别看了。"我有点不自觉地说出了自己的想法。对我的建议他没回答，但是既然也放在了视为禁区的书房，是不是也算是禁书呢？

不论怎么样，这套书他会看得不自在，甚至会重新定义它真正的意义。事情说开了，没有了那么别扭。他应该明了所有的《龙族》带给我们的烦恼和纠结。

桌子上有他写的一段话，是留给我的吧。他对自己看小说被逮个正着沮丧不已，但还是有点留恋。也在自问为什么一直放不下，因为他感觉，自己活在一个用分数树立起来的孤独而冰冷的世界，四处碰触的都是冰冷。龙族像一簇火焰照亮了他的世界，成为他的寄托。但是他也冷静的面对现实，说道：时间总会过滤掉一切，再度看到时，还是那个孤独的少年吗？

看到这些文字，我感觉很压抑。孩子在现实的高压之下，还是无奈地缴械投降了，但是内心并没有彻底接受，这样的结果是最好结果吗？甚至，这个结果会持久吗？

也许他内心始终秉承一种信念，优秀是一种习惯。一直有着将优秀进行到底的豪气。他不舍得放弃这个习惯和如影随形的光荣。无论如何，这份上进心是一种优秀的品质，当然，这种习惯也许会造就一生的辛劳。担当和荣耀总是要伴随背后的付出、无法细数、无法平衡。

坚持多久，就会走多远。没有侥幸的事，只有成就的事！

家长会

高三以来第一次参加石子的家长会，虽然已经和班主任通过几次电话联系，见面还是第一次。班主任比较年轻，精干却不失诚恳，语言表达能力很强，已有近十年的工作经历，简单又略带骄傲地给家长们介绍他几年来的成绩，希望得到家长的信任。

高三共有四次组织严谨的调考，这次家长会是在第一次学校调考2周之后。听他很有条理地分析了班里的情况，学生的成绩分布与今年高考分数线的对比。每个家长都很关心自己的孩子成绩如何，希望老师预估高考前景。

石子的成绩一直比较靠前，班里成绩突出的学生不是很多，顶尖的学生和一般的学生差距很大。在和老师的交流中，了解到他还有几点需要改进的问题。一方面是字体，一方面是毛糙。其实这两点是相关的，还有一点就是数学。这两年来他一直纠结于这一门课没有很大起色，成为他无法脱颖而出的障碍。其实我在内心里已经放下了，他考上什么学校都接受。看到老师的诚恳和期望，似乎我这样的态度成了懈怠。

我知道石子最大的困难是数学，这让他非常苦恼甚至有点恐惧感，总是在110左右徘徊，突破不了这个瓶颈。数学老师是一个很厚道的中年人，从他那了解到孩子的学习状态，勤奋认真自觉，他也诚恳地提出了一些问题和建议，基础扎实，但是对于复杂的题目掌握还不好，缺乏独立思考解决问题的能力，还需要多练习同时多琢磨。

晚自习后去接石子回家，当晚考政治和数学，我问他注意写字了吗？回答说开始时板着笔写字，后来就觉得太累，有点控制不住了。我鼓励他说："好样的，只要天天坚持下去，会坚持的越来越久，潦草的部分会越来越少。"说完，我还握着他的右手在手里摩挲一番，开玩笑地说："我们给这个小胖手按摩一下吧，它可辛苦了。以后还要好好努力啊。"儿子笑着说,"不只是它的事啊!"看到儿子能够接受,让他放松,有改进的愿望才是最重要。

　　家长会是一次机会,和老师建立起联系,能够在学生、学校老师和家长方面都能协调统一用力,才是最理想的。

　　一起加油吧!

唯一不变的是变化

> 谁人可慢？何事可驰？驰事者无成，慢人者反尔。
>
> ——曾国藩

中午刚刚做好午饭，石子忽地开门进来，一边冲进卫生间一边大喊：赶快打开电脑，声音从未关紧的门缝里传出来，"有重要通知。"

等他风风火火地奔到电脑前坐定，嘴里不停地念叨着，"高考英语用全国卷，要考听力。""才停了一年，明年又考，不过对你影响不应该太大，毕竟我们没有放弃天天早晨听英语。"我轻松地说，想缓解他的紧张。

看他快速地浏览高考信息，终于找到了通知：山东 2015 年高考在十年之后英语再次启用全国卷。含听力 30 分。通知里没有提到其他学科用全国卷，看到儿子急躁的表情，我感觉很纳闷。对于所有山东高三考生来说，这个消息是同一时间接到的，对所有人是公平的，如果说省卷和全国卷在题型上有什么出入，那也是大家都必须面临的调整。

2014 年不考听力，有些学校和学生都在忽视听力的训练。但是对于石子来说，并不一定会吃亏。我一直很在意英语的听说训练，从上初中起每天早晨在他吃早饭时播放英语，虽然时间有点短，这么多年来不间断地天天听 10 多分钟也是大有裨益的。可他却看不到已有的优势，一味地烦躁在自己的情绪里。哎，火象星座的性格就是遇到什么事难以沉稳面对，总是要强烈地反映出来。

吃饭期间虽然我再三强调没有必要这么紧张，努力安慰他轻松面对变化，毕竟大家都要面对，尽快适应是唯一的法宝。英语是需要扎实的基本功才可以运用自如的语言，听力的提升更需要一个漫长的训练，他应该自信在听力上不会有太大影响。

但是石子竟然急吼吼地制止我的表述，直接让我打住。我疑惑地看着他不耐烦的表情说道："你这样实在太不礼貌，怎么可以这样生硬地阻止别人说话？"在他无语的沉默中，我也噤声离开。

还没有紧张到令人发指的地步，面对开始的一点变化，他已经沉不住气。这半年的时间里，积累的何止是知识，更需要锤炼的是心态。

即便是这样，晚上我还是花费了很长的时间，从网上下载了一些全国卷的历年真题，特别是听力训练和试题，清除小音箱内的歌曲，换成英语听力材料。

既然与你同行，选择了陪伴，就只能选择相互照顾，当然我的照顾更多一点。付出是这段时间父母最甘心做的事，能给予孩子一些帮助，无论是精神、物质还是学习上，都感觉非常满足。毕竟我们在全力以赴地送一个即将启程的孩子，给他准备的东西越充分，似乎未来的旅途他会更顺利。我们总是希望孩子一切顺利，害怕他在困难中成长。其实，父母做的越多，孩子才可能在变化面前无所适从。

石子晚上回到家，换鞋的片刻，有些尴尬地挠挠头对我说，对不起，中午太急躁了。

家长，是一个被爱绑架的名词，随时在孩子面前失去抵抗力。

悦纳自己

进入 2015 年，每个清晨总有快速翻过这一天的急切。这一年，对于每个家有考生的家庭都非常特殊，也可以说非常艰难的一段时间，在涩涩的苦味中品味甘甜。

石子的状态非常稳定，中午回家给他做饭，简单聊聊天。在他看来，每天的时间就像印模，抖落出来的是相同的印品，仅以不同学科作为记号。前几天，他无意间说午觉失眠。我不由多看他一眼，"有什么心事吗？" "没什么事？就是睡不着了。"

他每天午饭后快速做一套听力试题。我的语气里尽量压抑住担心换做随意，"是不是做完听力，剩下时间太短，不敢睡了？" "不会吧，我也不清楚，我一般不看表，" "你放心睡吧，我叫你。" "那你上班不晚了，而且也不能天天叫我，有闹钟，没事的。"石子说完进自己房间，有那么一丝的歉疚，我赶快追上一句，"我叫醒你再走，不会晚。"

石子和我上课的时间不同。我冬季的下午上班时间该为 13：40。一般 13：15 分左右离开家，他下午 14:20 上课，闹钟是 13：20 分。当天中午我穿戴整齐，等着时间一到敲完他的房门，迅速冲出家门。

下午还是有点担心，接近下班时给他们班主任打一个电话，了解石子在学校有什么异常。回答很肯定，情绪和学习状态都很好。至于睡不着觉可能压力过大。因为还有半个月就要进行全市第一次调考，如果有异常他会给我打电话，我很感动地表示谢意。

调考前一周，晚上接石子回家时，看他满脸倦容不想说话，想起前几天他午觉失眠，知道超负荷的学习和满心压力让他很疲惫。我摸摸他已经粗糙的脸，"不要那么介意考试形式，无论是学校统考还是月考、周考，更不要被所谓的全区市调考吓唬到。老师不断渲染全市考试的重要性，只是提醒大部分同学加强自律、珍惜时间，在统一制卷和比较规范的组织考试中检验这一段时间的学习效果。

无论什么级别的考试，都是一个简单的事实：把会的题写在卷子上，努力不丢分。不会的空下来，在以后的复习中学会它，错的记下来，归纳题型，不断训练，争取不再做错。考试就这么简单。每天做的题，在周考中那么做。在市考中还是那么做，不要用那么多的修饰来吓唬自己。永远是下一次考试最重要。"看着儿子收回看着车窗外的视线，睁大双眼，我知道他听进去了。

拍拍石子的肩膀，"不要说第一次市调考，即便高考出现问题，也没有什么过不去的，人这一辈子就是在一段段的考试中磨练自己。有的是有试卷、有批阅有成绩反馈的，有的是没有试卷的，需要大众、社会和自我评价。最重要的是要调整情绪，振奋精神，出现任何反应，任何情况，都要尽力调整，努力接纳。路长着呢，随他去考吧！"在我说话期间，石子那一簇鲁迅般的小胡须在咧开的嘴角边绽放开来。

我的儿子我还不了解吗？他本身对自己就非常苛刻、很要强，但有时会信心不足，一味地打压只会让他更加紧张、烦躁、甚至气恼，压力过大只会适得其反。

高三的每一天都在梳理知识、发现漏洞、总结经验中不断丰实自己。意识到不足能够警醒并改正，这是高三最重要的课程，成绩单上的分数甚至不是最重要的，有了整个过程的不断修正，并且让成果不断巩固成为常态，就会沉淀成为积累，最后显现在成绩单上。无论结果如何，接受，是最正确的事。

卷 面

老师打来电话，希望家长说服孩子努力调整字体，将字写得规范清晰。

上次家长会上老师讲到，曾经做过一个试验，同一份答案，让两个字迹不同的学生完成，再找老师批阅完，两个人的所有学科试卷加起来竟然有30分的差异。这惊人的差距让人感叹主观因素、特别是卷面非常重要，尤其是对于文科生。那次谈话后，我认真和儿子交流，谈到卷面的重要性。如今老师又提及到这个问题，我几乎怯怯地问老师一句："这一个月里，一点也没有变化吗？""没有！"回答很肯定。

一时我竟无语，有点失望，也有难过，我有些无奈地在电话里笑了，"老师，自从上次你提到这个问题，我也和石子认真谈过，几乎每天都在暗示。甚至在一张红色A4纸上打印了一行字贴在他的衣柜上以示提醒"你舍得将每天起早贪黑拼命挣得的30分轻易扔掉吗？如果不愿意，端正写好每一笔画，字迹清晰，卷面整齐。"

短暂地沉默以后，我肯定地回答，"好吧，老师，我一定努力督促他。但是，我们可不可以采取一点策略，偶尔，你在他作业里圈几个还说得过去的字，稍作肯定，让他努力以此为模板。他可能对自己没有信心了。"

前几天石子确实说过快没信心了，老师模棱两可地接受了建议。他会不会费解甚至恼火，家长如此反应属于归罪于外吧。是啊！老师怎么会不希望他写好呢？特别是优秀的学生。前天石子回家说语文老师发现他的字有进步，在评语中进行了表扬。谁不喜欢被肯定呢？

讪讪地挂了电话，满心烦恼。最后悔的事就是在他小学时没有重视他写字，中考时吃了亏。初中毕业后用了两三个假期去参加钢笔字训练班，整体有一定进步，笔画还显得潦草，和每天作业太多紧张忙碌的情绪还是有关系。

第二天上班前，翻找了一张石子没带走的试卷，拿给我们办公室一个教语文、写字非常漂亮的老师看看。我对他做了简短说明，想让他给石子提几条建议。他看了试卷说："字写的不错，在考试中不会太吃亏，但是也不会挣分。""能不丢分就万幸了。"我苦笑着说。后来他很认真地写了几点建议，还工工整整地写了一段文字做示范。

中午回家，轻描淡写地和儿子提起他的卷面，没有对儿子反映他们班主任的不满，而是将我们老师的建议拿给他看。石子看到对他的肯定和希望，非常惊讶也很高兴，我又借机进行了鼓励和提醒，他很认真地点头并且坦诚地说："现在的文综考试时间很紧，开始还板着笔认真书写，政治大题在试卷最后，写字又最多，时间一紧张就顾不得字体了，以后调整一下顺序。是啊，写的再对潦草到没人能够看懂、没人愿意看有用吗？"石子一边自我反思，一边拿着写给他的范文看个不停，喃喃自语："董老师写的字真不错。"

那一瞬间，我知道他接受了我们的建议和要求，有时，换一种处理方式也能解决同样的问题。

体 重

周末石子放假,再不必担心他去看那些厚得可以砍倒人的小说,也放弃了电脑的诱惑。我到家时,他理完发洗完澡,自己坐在沙发上吃着零食看电视。看电视是纯粹的娱乐,首先不会有什么不健康的影像,其次,电视节目也就让人暂时放松一会儿,不会迷恋地放不下。他在看一部重播多少遍的电视剧,后来是鉴宝栏目,增加一点鉴赏艺术的美感也不错。

晚饭后我们去他小姨家看姥姥,赶上他们开始吃晚饭。石子在邀请下毫不客气地又吃了一个饼卷馓子。等他们都吃完饭在客厅坐下,我提醒大家,"你们看我儿子瘦了吗?"他们端详一下,"瘦了,脸颊都凹下去了。"她小姨认真的眼神在这张黑乎乎的脸上逡巡了半天回答道。"是啊!两周前体检已经170斤了,去年180斤。"他喜滋滋地对小姨说。

后来的时间大家在客厅看电视,外甥从他屋里拿出来一个电子称,大家轮流称自己的体重。依次称完,石子也踏上去了,只见数字迅速变成了95公斤,我的眼睛顿时瞪大了,脑子拼命地计算这个突然冒出来的数字,不会吧! 190斤。他自己也不能接受,眼瞅着秤盘连声说道:"称有问题吧。不可能啊!"我们又依次踏上去,满意地看着显示出自己的体重,用无奈的眼神劝他接受这是事实,这是一个没有问题的称。

只见他嘴里一边嘟囔不可能,一边把兜里的钥匙小音箱甚至口罩都掏出来,蹲下高大的身躯把掏出来的东西一并放在秤上,没有数字显示。他不甘心地又站上去,数字已经变成了94.7,摇摇头走下来,眼神里还是疑惑。大家满眼憋不住的笑意同情地看着他。她小姨还夸张地把手放在自己脸上向下拉两下,"看着瘦了,脸也小了,可一称'噌'数字上去了。"石子在大家善意的玩笑里不好意思地笑了,"不可能啊!前几天称的是170斤啊!"

和他并排站在电梯里，眼瞅着高大的儿子，上下匀称紧凑，虽然体重是空前的，好像没有什么地方显多余。他们班主任刚开学说过，高三一年也许会减掉20斤的体重。半年过去了，不仅没减还增加了10多斤，不禁摸摸他壮硕的肩膀，这是我自己一手造成的，每天做饭太过丰盛，除了满足早晚消耗的体力，也给他带来了负担。毕竟太高的体重对身体是没有好处。虽然高个子看起来不显胖，但是超重会让脏器承受压力，人也容易疲劳。这个年轻人不能再胖了。他对此并不以为然，减肥不是他的计划。

希望高考之后，一个暑假瘦下去的石子可以帅出新高度。

附：食谱

周末早餐：周六是肉和荠菜饺子。周日是煮玉米、汉堡有牛肉、煎鸡蛋、鲜油菜叶、芝麻盐。还有每天雷打不动的水果和豆浆。

水果：核桃 梨、冬桃。豆浆：黄豆、黑豆、小米、花生、燕麦、荞麦、薏米、欠实。

午餐：红烧鲳鱼、煮地瓜、毛芋头、胡萝卜、麻杆山药、菜花、西红柿、紫菜汤里还有几种材料。

晚餐准备的素馅饺子、香喷喷的焦黄菜盒子。红薯粥。

放平心态

自从石子上高三，我也踏上了引领初三毕业班之旅，心情一下子静下来，专注的只有两件事，上班和孩子，在班上激励大家，在家里服务大家。

一年被分割成干净的4个学期，一段段的日子尾随着日出日落清脆地剥落。心思追随着每一天的落日西去，被满足、遗憾或一些烦恼填满。压力还没有大到让人逃跑的地步，只要紧紧地跟着节奏旋转就够了，至于结果，结果确实不得而知，那就不要去空想。

我是一个注重过程不太在意结果的人，傻瓜型的低头走步不抬头看路。在意的是一种心理满足，只做我能控制的，会利用一切资源费尽心思做到滴水不漏。作为一个简单的人，不用超出自己能力之外的标准苛求自己，但也绝不用懈怠贻误自己，更不会以借口开脱本该担当的责任。做一个本分、尽心、非常坦荡的人，这样的行为标准让每一天过得忙碌但是安心。

初三毕业班的期中考试结束了，一个上午都在为整理分析成绩忙碌。成绩倒没有让我多烦恼。真正让我心情起伏的是一个老师的反应，他因为孩子成绩不理想极致抓狂。看到这种场面，感觉像镜子一样反射着我当年的模样。是啊！三年前石子初三毕业那一年，我也是无法自控地焦灼。如今我不停地在思索，怎么会有如此强烈的反应？

过高的期望值，这是产生情绪失落的根本原因。过高的期望给母子俩造成极度的恐慌和不安，没有稳定的情绪和状态，只是一味地在焦急中努力，每上考场如临刑场，战战兢兢地担心出现什么意外的题目，没有暴露问题，解决问题的正确心态，仅限于得多少分，考多少名，往往不能正常发挥。不知道从什么时候开始，我忽然平静下来了，不再对石子那么苛责。

他并不像自己想象的那么神勇，你期望他考多好，他一定就能考多好。也许他再努力也达不到你的期望，你的期望就变成了枷锁。明白了，也就放下了。

高三的日子，石子天天在题海中挣扎，面对大小考试，他已经很紧张，如果过问太多，只能给他带来更大的压力。细想开学以来，如果不是为了那些系列连载的《龙文》，我对他相当满意。从没有因为成绩无端地责怪他。竞争这么激烈，他怎么可能不想进步呢？询问过多，只能带来惶恐。如果孩子一旦拿到卷子，担心的仅仅是成绩能否应对家长，而不是寻找考试中暴露出来的漏洞，那考试就失去了意义。

中午吃饭时，我也对他描述了同事的反应，同时也借机阐释了我的想法。我们可以控制过程，考试前认真准备，考试中认真应对。考完即考好，不要在考试期间因为某一门课没有考好出现过多的烦恼，否则，只能带来更坏的连锁反应。平静地接受考试后出现的结果，宽容接纳是面对挫折的最好心态。这并不是说要自暴自弃，接受挫败、面对不足的意志力是最可宝贵的品质。也是人必然要经受的磨砺。做不到这一点，就会产生自暴自弃，胆小怯懦、缺乏勇气。

教育，绝不是简单粗暴的一蹴而就，慢慢用你的爱、行为和责任浸润他的心田，他才会接受你的影响，那就是教育。

遭遇瓶颈

周四、周五儿子参加高三的第一次全市调考,之前我一直忙着我的期中考试,并没有太在意,也不希望自己的过度关注给他带来负担。甚至在周五因为组织召开学生表彰大会,中午我都没有回家,让他自己热一热提前做好的午饭。忙碌一天的我疲惫地回到家,石子已经回来了,他的表情很放松,我也顿时轻松起来,这一天考的都是他比较紧张的科目,没有询问任何考试的事情。

难得休息一个晚上,到他小姨家看外婆,自从他和姨家弟弟分别进入初、高中毕业班,家庭聚会变得越发不易。兄弟俩伸着长腿、头碰着头在床上下象棋,时不时地往嘴里扔个零食,满脸的惬意。这种最简单的娱乐方式再次被他们恣意地享受。十几年一起长大的日子里,这样的镜头曾经非常寻常,现在却异常珍贵,哪有那么多肆无忌惮的放松时刻呢?第二天就要返校啊!

第二天晚自习接石子回家,看他表情有些沉闷,猜想可能考的不理想。沮丧和想快速摆脱沮丧的心理让他很不舒服,我何不让他快速解脱呢?装作很轻松地问道:"考的怎么样呢?"没有任何拖延,让他说出来可能更好。"不太好。"这个答案让我既熟悉又无奈。听他分别说出各科的成绩,那两科果然还是没有多大起色。

我坐在车里看着他在灯影里紧绷的脸,心忍不住跟着往下沉,但还是努力洋溢出笑容,若无其事地拍拍他的手,"没事,石子。我知道你很沮丧,现在还没到时候,坚持下去,我们现在就在瓶颈的这边,如果现在放弃,只能在这一边了,我相信你。你一定能进步,耐心点。"他从我平静的语气中听出了信任和理解,脸上的沮丧和紧张放松了很多。

回到家,他对比一个月前的月考成绩,虽然总分比上次有几分之差。认真分析各科还是有一定程度的提高,只是一门功课失分较多。总成绩在东、西两校位列第十名。虽然还是在边沿，进入前十对他来说也是付出的安慰。

虽然还是不太愿意承认，也许这就是他的层次。这两年来始终稳稳地坐在这个位置，没有太大的变化。凭借我多年的执教经验，其实很清楚，每个人的学习能力都是不一样的，并不是拼尽全力不吃不睡就可以考上北大清华。前一晚他说过这几天睡得比较晚，都到十二点多才睡。之前他很少学到这么晚，也许太急于有较大的变化。对于这样上进的孩子我还能强求什么？

他已经完全进入高三模式，体验一个人一辈子难得的经历，身心经历煎熬，在眼泪和汗水中，在种种无法言说的紧张中愈挫愈勇，成就着从年少轻狂到坚强、隐忍、敢于面对的蜕变。

扶 持

作为初、高中毕业班的母子俩，我们每天像竞争一般忙碌着自己。只是他比我还要晚睡。自从我们初三全市统一调考结束后，两周来我也纠结于这次调考成绩的失意。如果说前几天我在为他打气，这几天是他的行动在影响着我。

毕业班的这次期中考试，成绩下滑明显，尤其是优秀生的比例。很多声音都针对小组教学产生质疑。

学生在八年级时开始两极分化，我鼓励老师们采用小组合作竞学的教学方法。原来每个班级都有一些跟不上学习进度、纪律松散的学生，不被老师关注、与同学关系隔膜，甚至很难管理，被称为后三排现象。小组合作竞学改变了这一现象，每组成员面面相对，每个人稍许走神懈怠都会尽收他人眼底。课堂睡觉、玩耍、走神等游离课堂之外的现象没有了。

在兵教兵、兵管兵的过程中，角色的转换激发了学生的自信，在交流中体验知识形成的过程，增强了探索求知的愿望，积极参与反馈和检测，学生在讨论互评中提高了学习效率，有助于堂堂清。

一个学期后，这些试点学科的平均分大幅度提升。带着这样的学习状态进入初三期望会有更大的进步，反而出现了下滑，这样的反复让所有老师都很沮丧。

经过各层次老师的讨论分析，调查学生的对小组教学的感受，小组教学带来学生稳定、互助的同时，不利于对拔尖学生的培养，但是学生已经习惯实践一年多的小组教学形式，一旦回到传统的各自为战的课堂教学模式，一定会出现后三排现象，大部分学生会失去被关注的归属感，必然会造成一定的波动，甚至会影响到还没有结束的新授课教学效果。最后的决定还是坚持下去，所有毕业班老师信誓旦旦地置于死地而后生，调整优秀生组成模拟班，加强对他们的补救措施，静待花开。我纠结了半个月的心情终于放松。

石子对我每天的忙碌看在眼里，也时常用劝慰他的话来宽慰我。一天早晨送他去上学，绿灯只有几秒，因为前面的车一犹豫，最终没有通过路口。在我反应焦躁的瞬间，儿子以一种不理解的表情看着我，"一条马路还能过不去吗？已经在路口了，总能轮到你，干嘛这么着急？"我一时无语，瞬间放松下来，并为他的机智淡定产生一丝欣慰。曾几何时，他也有这样的过激反应。

他爸爸提到一个感人瞬间。周末他骑自行车锻炼身体，正逢石子下晚自习，近视眼的爸爸在数千人的人潮中找到了他，把一副手套递给他，并接过石子的书包放进自己的自行车筐里。石子和两个同学骑得比较快，大概五六分钟后，石子又折回来接爸爸，从他书包里拿出了一副手套递给爸爸，原来刚才他忘了自己书包里有手套。父子俩在细心的传递中默默感受着彼此的关爱。

这一年的光阴，该由多少细节编织，希望能留下那些美好的线条和色彩，若干年后，细数其中的丝丝络络，眼角的皱纹都会在微笑里绽放成花儿吧。

陀 螺

又一个星期开始了,即便每天从 5:20 开始忙碌,一天的时间仍然感觉不够用,不知不觉就迎来华灯初上,寒风中,更觉得一天结束得如此之快。最近睡眠不好。不是很确定,每天是闹钟闹醒自己,还是自己等待闹钟。

5;20 准时起床,进入厨房,首先打开前一晚泡好材料的豆浆机。泡了一晚的黄豆、黑豆、花生、薏米、小米、玉米、高粱米、麦片等等开始欢快地翻滚,因为快速旋转发出兴奋的轰轰声。这充满热情的轰鸣很快叫醒了石子,虽然他的卧室里,闹钟也已经响过两遍。迷迷糊糊、晕头转向的石子走出卧室含混地问好,到了 5:40 他清洗完毕,打开 10 楼的窗口呼呼地灌进一阵寒冷的北风,迅速将所有的睡意吹尽。清醒后的儿子立刻进入早读状态。一墙之隔的我在厨房忙得不亦乐乎。

每天的早饭都不重样。这一天是蒸包子,昨晚发好的面已经布满蜜蜂窝般的小孔,几经搓揉已经变得非常筋道,放到一边。洗净昨晚摘好的纤细芹菜,三五下将泡好的木耳、葱姜一同快速切碎,搅拌上备好的肉馅,倒上其他调味品。很快一份粘稠的芹菜肉馅已经备齐,将前一晚自制的豆沙馅也准备好。这时再一次揉面,擀成大小合适的面团剂子,包上两种馅,上锅蒸 20 分钟。

这期间,快速将一张豆腐皮、胡萝卜切成细丝,过热水,加上姜汁香油辣椒细丝,一块牛肉切成几片,放在打散的鸡蛋液中,放油锅,炸出一点花椒油,倒入豆腐皮中,剩下的煎牛肉鸡蛋。很快,一荤一素两小蝶菜已经准备好。倒出一碗煮好的豆浆,洗净一个苹果、一个猕猴桃,切片装盘,快速夹几个核桃,放进小蝶。等这颜色各异、玲珑精巧的几碟配餐摆上餐桌,饱满、柔软的一笼包子热气腾腾地出锅了。

时间已经到 6:15,儿子走出他的房间,享用这一顿丰盛的早餐。

而我已经开始冲进卫生间打理自己，在他吃早餐的时间内，把自己打扮光鲜整齐，6:30一同离开家，送他去学校，然后我奔赴自己的学校。

7:00开始一顿学校的简易早餐，然后忙碌一天的工作。自从儿子上初一，六年来除去节假日天天如此。初中阶段，还要准备出中午的饭带到我俩的学校。高三以后，连节假日也没有了，几乎天天如此。

每天早晨望向对面的楼，也有一两个早早亮灯的人家，应该也是有这样一个忙碌的妈妈吧，虽然超市里什么样的食物都可以买到，为了让孩子吃得卫生、营养、丰富，很多妈妈已经将这样的生活变成常态，在孩子一生中也难以再复制的高考的日子里，拼搏的真不仅仅是孩子，是整个家庭。他的爸爸早晨也没闲着，晚起一会儿，跑步、洗澡、吃早饭、打理我们留下的厨房战场，要比我们晚一个多小时坐班车去上班。

有时觉得疲劳，满脸倦色，同事说该买一些昂贵的化妆品，我笑笑说，什么化妆品也没有用，只希望这一年过后，可以每天睡足八小时。只是，还有能力睡那么多吗？孩子离开的日子，离开了忙碌，那样的清晨会是什么样呢？难以想象。

因为你，我们相识

高三第一学期即将结束，距离期末考试还有 20 天，空气中都可以闻得到紧张的味道。下午接到一个电话，看到号码有点意外，是儿子班里学霸的妈妈打来的，我有点疑惑地接通电话，竟有一些担心，是不是石子惹到她家孩子了？

一个月前，高三第一次家长会上，班里第一名学霸的妈妈坐在我身边，原来两个孩子是同桌。那一瞬间很感激老师的用心良苦，把班里两个成绩最好的学生排在一起。她是一个瘦削、略显苍白的女人，言谈举止温文尔雅。后来，她儿子出现，学霸也是一个很羞涩、腼腆、消瘦的男孩。才发现他们母子长得非常相像。

每个孩子的差距很大、个性不同，学习能力和习惯也各不相同，家长会既是和老师交流的场合，也提供了家长相互借鉴的机会。谦虚地向这位学霸妈妈请教。在交流中才知道，其实她家孩子虽然成绩非常突出，但是每天很紧张，总是担心成绩掉下来，直接影响吃饭和休息，这也许是高处不胜寒吧。

我随意问了一句，你家孩子觉得他们两个同位相处怎么样？学霸妈妈好像有点欲言又止略带微笑地回答，"挺好的，经常说你家石子在班里影响力挺大，管理能力挺强的，就是，下课总是要出去，石子坐里面，出去一趟我儿子就要起来给他让座。" 我当时不禁尴尬地替孩子表示抱歉。并且解释，这是受我的影响，一直以来，告诉他下课一定要休息，放松眼睛和神经，身体姿势也要调整一下，良好的精神状态才会提高课堂效率。没想到，石子的习惯影响了别人。虽然不算什么责怪，还是有点过意不去，心想和班主任说一下，把他们的位置换一下，让石子坐外边。

散会以后，相互留下了电话号码，以便于交流。我还没向班主任提及，家长会的第二天就调整了座位，学霸和石子中间加了两个同学。有那么一刹那的遗憾，以后不方便再请教了，石子好像如释重负。也许，天天和一个太优秀的人在一起确实有压力。

突然接电话，真有点担心石子给学霸带来了麻烦。结果是她手机上有我的未接来电，所以回拨过来，我想一定是自己无意拨出去的。既然接通了，自然会聊到孩子，本来我们也因为孩子结识。两个妈妈围绕着学习、成绩等共同话题聊了很多，他的孩子依然紧张、疲劳但是优秀。

晚上石子放学后，我和他提到了这个电话。也趁机询问他们之间的关系如何，儿子居然认真地做了回答，让我有点意外。平时他从不和我聊同学，更是不会评价任何老师和同学。他说学霸有点紧张、敏感，生怕别人超越，戒备心理太强。而石子本人比较锋芒毕露，说话行为比较率性，虽然他们的成绩差距足可以让学霸放心，但是关系很微妙，相处得一般。

"独享大名折福，与人分名受福。" 我有些许的遗憾，两个人要是齐心协力相互帮助多好啊！也许是我一厢情愿了，毕竟石子给学霸的帮助还是有限。我为石子正确地认识自己感到高兴，不禁告诫他，"凡事要解释清楚，说话不易太冲动率性，你自认为坦荡和直爽，但是，不同的人对同一表达也会产生不同的理解，不要让无心之举给大家带来误会。作为班长更要多考虑别人的感受，你本心性善良，不要争口舌之强。否则，一旦同学关系不融洽，会带来不必要的烦恼甚至沮丧情绪，高三大家本身就紧张，班里更需要团结、和睦的气氛。"

很多时候，生活的细节决定着习惯的养成，自然也就决定着处事方式、我希望自己的孩子心胸宽广不要在意得失，急躁毛糙的习惯不要给别人带来伤害。不仅在这关键的高考年，通过努力取得优异的成绩，更希望，在渐渐走向成年的路上，不断磨练自己，练就健康成熟的人格。成绩的作用是显性而暂时的，一个人的性情、品格却会伴随一生，无形地影响着终生发展。

静待春暖花开时

在冬季，本应享受风雪过后透明清冽的气息，让人无法直视的满眼纯白，在雪野中被融化的快乐。可是，一个暖冬让这一切都奢侈地远去了，只留下灰蒙蒙、让人屏息敛气的浑浊。

上个周末，天色阴郁，截至黄昏，一场迟到的初雪踩着碎步而来。稀稀落落的雪花在空中飘转犹疑，不知落向何家。让人不由仰起脸，张扬着手，盼望它再恣意、热烈一些，将酝酿一个冬季的热情，倾入我们的掌心和怀抱，哪怕带着淹没你我的愤怒。没有。只是悠悠然，轻描淡写地在枯干的枝杈上敷了一层，比风还轻柔地飞去了。涂抹出一个略施粉黛的清灵世界，让人不舍得去碰触。

三九的冬天没有留下多少严寒，立春的阳光已经暖洋洋地登场，明快靓丽。冬天就要过去了。

蛰伏了一个冬季的高三学子们，虽然没有经受多少寒风暴雪的煎熬，却也始终在灯下苦读、奔波在披星戴月的路上，游弋在无边的题海。经历一次次周考、月考的磨练，在看见或看不见光明的时刻，忍住交织苦与累的泪水，坚守着拼搏和孤独的滋味。

立春当日，石子终于结束了第一次全区市调考。当天下午，痛痛快快打了一下午篮球，快快乐乐参加了一次亲人聚餐，香香甜甜睡到自然醒，做了一个12小时的美梦，这是半年以来没有的享受。像是加了满满一箱油，经过保养和擦拭，马达轰鸣，精神抖擞的高大石子又一次整装出发。

第二天下午返校拿成绩，放学去接他时，第一眼看到的是一张平静的脸，像往常一样微笑着。多看一眼，似乎没有原来考后常浮现的沮丧，我不由轻轻舒了一口气。没有直接询问，心里却是七上八下，聊聊自己班上的事情。最终还是漫不经心地提了一句，"考的怎么样？" "还不错，有进步，回家再说吧。"他不动声色地回答,眼睛里分明有些喜悦,那喜悦让我瞬间轻呼一口气。

回到家,冲进厨房准备第二天的早饭。父子俩聊考试的事,我以为,在这个时候,父亲淡定的角色更能缓解情绪的波动,无论是进步的喜悦还是退步的沮丧。等我出来,儿子正坐在餐桌旁吃水果,他爸爸手里拿着一张纸,见我出来递给我,"看看石子的成绩。"语气很轻松。

我接过一纸密密麻麻的人名和数字,准备在第二或第三行找到儿子的名字,却一眼扫中它出现在第一行。"怎么回事?不对啊!你怎么第一名?学霸呢?"我不由脱口而出,还没等他回答,我已经在下一行看到了学霸的名字,有点怀疑自己眼神朦胧。再仔细看看后面的总分,更是觉得难以置信。儿子的分数是657.5分,学霸是648.5分。我再一次重复了刚才的话,"不对吧?"可是儿子笑嘻嘻的眼神和表情证实这是真的。"井喷了。"他有点得意地回答,笑容已经不可阻挡地在他脸上溢满开来。我由惊喜很快变成了疑惑和担心,几乎不假思索地对着那张黑乎乎冒着胡茬的脸说到:"可不要骄傲啊!""我知道,我们老师也对我说要淡定。"儿子努力掩饰着满脸的喜悦和骄傲。

仔细再看那几个华丽到不可思议的数字,尤其是语文,居然134分,高的几乎不能接受。字迹不好是他的软肋,不禁问道:"语文怎么会这么高?"儿子依然高调地回答:"统一阅卷也不过如此。""为什么?""有些开放性的题目改的比较松,没有我们老师原来改的严格。正常情况下,我的语文还要再降10多分。"我禁不住扭过头看着他,心想还算有自知自明,接着说到:"论实力的确如此,如果公平地说,宽松阅卷也是对所有人都宽松。你比较运气。除了语文,其他学科的客观性还是很强的。"我索性成全他今天的快乐。"其他学科很正常。"儿子心安理得地享受着自己的成就感。

我知道,一个月前老师就开始为全地区第一次调考做动员,这次调考,即是检验第一轮复习效果,又是了解学生在全市位次,为以后报考志愿提供依据。所以集中抽调各所学校成绩优秀的学生试卷,统一阅卷。最初的意外和惊喜过后,平静地分析各科的成绩,可以看出石子这一学期的艰辛付出终于有所回报。

从高二开始,每次大考总是反复出现摁起葫芦又起瓢的现象,一直以为是他的基础不够扎实,精力有限,很难高效平衡地掌控好每门学科,综合运用知识的能力还没有练就,各科才会轮番出现忽高忽低的考试结果。进入第一轮复习尾声,从周考的反馈来看轻松自如许多，各科分数已经大幅提升，数学多次达到130分，英语甚至超过140。每晚睡前做一道数学题，称为啃着骨头入眠。他自嘲道："吃甜点啃骨头，还能睡着啊？"甜点是每晚睡前看两篇英语阅读理解。之后还要在文综试卷上古今中外、天南海北地神游一番。至于他几点真正入睡，因为早起做饭，早睡的我无法知道。

哪个母亲看着这样努力的孩子不心疼？看他一次次因成绩不见提高而苦恼，怎么忍心再去责怪他，只能一次次地鼓励他坚持，用最平实的玩笑开导他："我儿子强壮，抗挫能力强大。"还常在他厚实的肩上捶一拳。

虽然这样，我的内心和他一样受着煎熬，甚至会怀疑，也许他的能力就是这样，即便是这样想，依然极力表现出镇定，在这个时候，他最希望看到的是家人的鼓励和肯定，一丝一毫的责备和怀疑都会动摇他的信心，因为他本身已经如此努力，而且信心不足。

这次考试过后，我内心在祈祷，一定要让孩子看到进步，给他一点信心，让他坚持下去吧！正如老师所说的，也许儿子面对的就是一个瓶颈，一旦突破，一定有上升的空间。

看到这个成绩，我内心喜忧参半。不仅仅是老天眷顾吧，儿子的勤奋才是他进步的最大支撑。虽然这个有些突兀的成绩让我深深感到意外，更希望看到他一点一滴扎实地前进。但是，压抑太久的孩子也许真的需要释放一次，哪怕是强烈的释放，然后再经受一次次地锤炼，等到心性和实力都达到一定的高度，才是涅槃重生的时刻。

第二天清晨上学路上，大家已经冷静下来，我对石子说："从这一段时间的复习来看，你的确非常非常努力，也更加踏实，这是你进步的基础和保证。但是，从综合实力和基础上来讲，你一定还没有学霸强大，不要过分看重考了多少分，超过别人多少分。也许学霸们遇到了心理障碍，影响发挥，这对他们不是坏事，对你也不完全是好事。"

"现在的每次考试，注重的是考察问题，方方面面的问题，从知识到心理到身体。任何问题都是改进的方向。你这次进步是当之无愧的，但是，也不要小觑它的隐患。正如一个孩子，原来是卧着、爬着，几番努力终于站起来。刚刚站稳的孩子，趔趄着跑起来，结果一定会摔倒。只有不断增强营养、骨骼坚硬、茁壮成长，经历走得稳、站得住、几经摔打，只有这样才能真正跑动起来，健步如飞。所以，你还要经历摔打，不同的是，现在是在站起来的起点上，看你能够走多远，就看你的步伐有多坚实。"

儿子在我信任的目光中挥手告别，走进晨曦初绽的黎明，没入人头攒动的校门。车窗外的空气湿润润的，似乎有了春天的味道。虽然还会有许多迟迟未亮的清晨，虽然还会有逆袭的倒春寒，但是薄雪已经裹着并不强大的寒风飘去了，春暖花开的日子还会远吗？

星月为伴

石子每天忙碌在高考的征途上，我能帮助的就是鼓励和适当的安慰，看到他早起晚睡地忙碌，也会常常想起自己的高三。和所有经历过高考的人一样，紧张、忙碌、身心煎熬。有些片段已经定格，塑封成册伴随一生，记忆犹新的一页就是每天在路上。

清楚地记得往返于宿舍和教室的小路，学生们总是行色匆匆地走在黑暗中，真正的星月相伴。天不亮就离开宿舍，在教室学习整整一天。连午饭也打来在教室吃，饭后趴在桌子上小憩一会，迎接下午和晚上的课程。结束晚自习，教室的灯熄灭以后，还会和一些同学抢着扑到老师办公室窗外，壁虎一样趴在墙上就着窗户透出的光线接着看书，直到办公室的老师也熄灯走人，才和其他壁虎们无奈地穿过校园小路回到宿舍。

如果说一天中的放松，除了舒展手臂的课间操，昏暗中的这几分钟是心灵最轻松的时刻。

校园里已经完全静下来，只有校门口一盏昏黄的灯遥遥投过来一点亮光。天上有星月为伴，那是最舒心惬意的，仰着头拼命睁大双眼望向深邃的夜空，一整天追逐于文字的眼睛终于可以看到别样的美好，大脑得到片刻的神游。大家小声地边走边聊，并不喧闹，几行黑魆魆的人影在小路匆匆闪过，装点那份夜晚的静谧。

渐入深冬，空气似乎都被冻住了，即便是明月当头也只感到它皎洁得冰冷。那几百米最轻松的归途变得漫长，厚厚的棉衣棉裤拖着黑乎乎的一团暗影在小路上急行。那时的自己从不在意棉服的粗笨臃肿，没有心情没有概念注意形象的美丑，没有时间看镜中面色的苍白。只有在细数每一个日夜中熬过那个最冷的寒冬，只有专注地扫描所有书中的文字和图形，在成堆的题目中分割着十几个小时的分分秒秒。

如今想来，生活在那个淳朴年代的学生，万分珍惜难得的求学时光、享受着简单生活最纯粹的快乐，即使那么不见天日的苦熬，依然陶醉于坚定目标带来的富足。

　　等到暖风吹过，满院盛开娇黄柔嫩的迎春花，每夜归途，香风习习，连校外甜腻腻的槐花香气也相赶着飘散进来，给这些晕头呆脑的学子们明目醒脑。在那些临近高考的日子里，特别是在一轮轮模考过后，心灵跌入成绩波动带来的巨大煎熬，远离父母，面对不堪的压力常常陷于难以自拔的苦恼。那些日子，浓郁的化不开的花香变成最贴心的抚慰。

　　那些星月相伴、或雨或风的夜晚，那些从身边默默走过的同伴、让忙碌的急躁得以沉淀、让紧张的心情得以抚慰。在短暂的一夜休整，又一个清晨到来之时，信心得以重振，在天色未明的时刻再度启程，豪情依旧。

　　那些数的清的日子里，拥有着数不清的、沉甸甸的与夜相守的记忆。正是那些沉郁的酝酿凝聚成一种不竭的力量，锻造着即将成年的学子们最可贵的品质，就是学会坚强和面对，这也许就是高三的力量。

记忆中的样子

石子上高一时,我参加了一次高考监考,地点就是我的母校。

紧张的高考结束了,我们也从渐渐熟悉的监考流程中放松下来。等收完最后一份试卷,学生起身往外走,我大声笑着对他们表示祝贺,为他们毕业了感到高兴。一些学生停下脚步惊讶地看着我,转而腼腆地微笑,我以为会有一两个学生开心地大笑或叫两声,但是没有。这些被训练乖巧的孩子一如既往,平静、拘谨地离开了教室。可以想象他们内心的急迫,只是那种压抑的解放的喜悦并没有自然地宣泄出来。

校园里到处都是搬书的学生们,很多面孔依然平静。我以为他们会急不可待地表达内心的快乐,也许在紧张的备考中麻木了。我倒不如他们淡定,总想冲着什么地方大喊两声,挥发出解放的豪情。

这几天监考期间,眼睛里扫描着教室里的学生,恍惚之间,会迷乱了自己的角色。内心翻出久远的、曾经这般年纪的自己。

30年前,因为父母工作调动,从遥远的边疆把我们带到内地新单位,厂里给一中集资建校,我们荣幸地上了这所省重点高中。学校把所有的集资生、艺体生编在一个班,因为基础比较差,难以和正榜生统一教学进度。虽然高一、高二我一直在这个班里遥遥领先,但是内心很清楚,自己离隔壁的正榜生差距很远。

高中前两年的生活很开心,和几个要好的同学参加文学社团,热烈地聊舒婷和北岛,跟着实习老师去爬山、假期几个人骑行去湖里划船。但是进入高三,活跃的自己一下子变得沉默,目标变得非常清楚,必须考上大学。

高三重新分班,两个文科班终于分成了平行班,激动地难以自持,终于可以和优秀的学生在一个教室读书,像丑小鸭一样地不敢靠近,内心却一直强烈地追随他们,满眼都是学习的榜样,不想落后他们太远。多少个静静的午后,窗外的大树参天耸立，教室里埋头苦学的我们偶尔被几声清脆的鸟鸣吸引，抬头望向满眼青翠的树杆，当作片刻休息。寒来暑往，自己堪称班里勤奋的典范，既然勤能补拙，力求做到极致。几乎每天都是前三名进教室，等到熄灯就寝后，照着手电筒学到半夜。自己基础比别人差，还不是特别聪明，所以，我能控制的就是努力。

对学习的执着近乎疯狂，记得有一次周末回家，没时间去理发店，父亲给我理发，前面的刘海所剩无几，我居然毫无怨言毫不在意地走进教室。美的概念，对于高三的自己一片空白。直到高考体检才发现体重仅有 96 斤，高一时曾达到 120 斤。披星戴月的日子几乎没有好好照镜子，不经意间，自己蜕变成一个女孩子最渴望的苗条模样。

苦苦支撑完成这一年的奋斗，内心很清楚，只经历一次称之为黑色七月的高考，即使考不上也坚决不再复读，实在不想再过那种紧张辛苦到内分泌失调的日子，一个人完全成了学习机器。

天道酬勤，一个多月后，拿到通知书时，一种真正胜利的骄傲在心底满溢，一种真正解放的轻松在心底怒放，当年厂里送去的所有集资生中，我是考的最好的。

那时没有旅游、K 歌、聚餐等形式来庆祝，当年夏天和出差的姐姐去了一趟省城，堪称奖励。那个夏天印象最深的是可以看很多名著，为了高考被迫放下读书爱好。想起自己对石子的限制，其实当年的自己捧着堪比砖头厚的《静静的顿河》也被老爸训斥过。

那个最放松的暑假，早晨迎着风奔跑，在小桥上大声读英语。喜欢听着钢琴曲收拾房间，甚至可以听到落泪。高考结束后的夏天，挑战所有喜欢做的事，甚至骑自行车到市里，路上看到几个高三同学，悄悄转身溜走，那一年的同学在我的心里很陌生，高高在上、难以企及，只是一个个促使我前进的灯塔。

30 年后再回母校监高考，在这个充满记忆的地方，和这些朝气蓬勃的孩子们一起并肩高考，恰逢曾经的老同学，许多难以磨灭的记忆那么自然地重新拾起。

青春奋斗的记忆如此清晰，那些组成生命华彩的诗行永不褪色。

共同成长

班主任老师对石子充满信心，他在电话中谈了自己对这个得意学生满满的期望以及"打磨"计划，相信他具备一个特优生的潜能。

老师这样一番话让我非常感激，给予别人信心是最重要的鼓励方式，毕竟每个人都活在希望之中，而这一点我原来做的很不够。无论石子是不是像他说的那么富有潜质，无论他是否能突破一直困扰他的瓶颈，无论怎样，我却越来越淡然。

不像从前急切地渴望得到一个结果，特别是达到不断提高的目标。我越来越明白，过程更加重要。没有无缘无故的结果出现，也不会凭空窜出白马或黑马，只有滴水不漏地丰实所有的漏洞，才会在考试中不再心存侥幸，只有夯实基础才有可能举一反一直至反三。所以，石子能否在有限的几个月里弥补他的不足，尽可能地保持优势，只有这些做足了，才谈得上能力提升、心态稳定。否则，他无法做到正常稳定地发挥，只会在发挥好与不好之间寻找借口，那不是信心不足，是实力，不足以让自己信心百倍。

对石子多年来的精心爱护和培养，他已成长为一个健康阳光、责任心强、敢于担当、让大家非常信任的人。也曾有一段时间，自己更看重他的成绩，旁观者的眼里他已经是品学兼优，只因我的期望值太高所以不胜烦恼，让我们母子一段时间非常紧张。

母亲对孩子是无条件的爱，但是有时候，因为不能令自己满意的成绩对他斥责。那个时候，也会自问，我对他的爱是不是建立在学习优异的基础上，如果成绩不满意，还会爱他吗？

答案是肯定的，但是，当满眼只有成绩不见其它的时候，这种爱是畸形的。

初中三年，他在我的生活中，他就在我教的班级里，无形之中他左右着我的视线。不仅希望他在班里第一名，希望他在级部第一名，还希望他在市里挂上名次。

其实儿子一直很努力，也很优秀，是我将竞争放大到无孔不入，他秉持将优秀培养成为一种习惯，并将这份压力扛在肩上不肯卸去。正是我的过于专注，无形的压力让他喘不过气来。

石子进入高中以来，我开始变得淡定宽容，没有什么绝对的优秀，身边总有人家的孩子，轻易可以找到理想的参照物并成为超越的动力。在又一个三年的时段里，我不再多说什么，看重他的进步。尽量淡然地面对他的失误，让他自己在遗憾中自觉成长。但是从他的目光里，我的反应依然是他关注的焦点。这么多年来留下的印象不可能让他绝对无视我的态度。我只希望自己对他的影响或者说负面影响越少越好。毕竟，我不能左右他的生活，不能总是对他指手画脚。

高三是许多父母们焦灼的一段岁月，迄今为止，却是我最平淡的时刻。是多年来最平和地面对他的考试，面对他的成绩。我知道，自己一个失望的眼神、淡淡的叹气都会触及他的敏感，只能让他更加紧张泄气。唯有鼓励和赞扬才会激起他的热情，才会让他感觉到父母的关爱和温暖。心里不会害怕，才有信心从困难和挫折中走出去。允许他成长中出现波折，并陪他一同走过。

无论他能走多远，只需要记得，我只有这一个儿子，他的任何变化，我会理解，他的任何选择，我会努力支持。高三，只是人生的一个阶段，虽然比较特殊，比较重要。毕竟，只是一小段。

别样的春节

这个春节不太冷,对于上高三的石子来说,是十八年来最不寻常的一个春节。十二年的学生时代里最忙碌、最"寒窗"的一个假期。一个词"舍得",让他在有限的时间里无限地挑战自己。

像历年高三一样,学校直到腊月二十五才放假。当天下午石子又和几个小伙伴到学校自习室去上课,沿袭着正常的作息时间,直到腊月二十八自习室才关闭,石子毅然决定到我办公室去学习,担心难以控制自己贪恋在家的松弛。

第二天清晨我们在微明的天色中驶过安静的街道,已经放假的学校里异常清冷,没有暖气,空调的独立电路在假期已断电,只能祈求红艳艳的太阳快点升起,透过宽大的玻璃窗送来温暖。我准备好两壶开水,回家去忙碌筹备新年,留下石子在空荡荡的教学楼里沉浸于无边的题海。

在转身回望的那一刹那,深刻地理解了那句话:但凡要做成一件事,总是要沉得住气、静得下心、耐得住寂寞,需要孤独地积累。人生任何一个阶段,总是要面临许多选择,如何取舍决定着下一步的方向。

春节是回家的概念。有老人的地方就是儿女们千里迢迢回归的家。石子的外婆住在小姨家,在外地工作的石子舅舅和大姨两家人回来过年,春节带来了家人团聚,更是石子和其他三个兄弟可以开心玩耍的时刻。

除夕下午,石子来到小姨家,和久不见面的兄弟搔胸嬉闹、谈天说地。在年夜饭的祝福声中接受大家美好的祝愿,饭后还帮忙洗了满满一大桌子、一厨房锅碗瓢灶,熬夜等到新一年的钟声敲响。初一上午石子美美睡了一个懒觉,像是补足了半年的亏空,下午和亲人们一起酣畅淋漓地打了一场篮球,晚上早早休息,新年的假期到此结束。

初二清晨又回到我冰冷的办公室,外面淅淅沥沥下着下雨。看着一纸娑鼻涕纸，摸着他一双冰凉的大手，寒窗苦读的滋味可见一斑。而十几分钟车程之外的家里正温暖如春，一大家亲人热闹地说笑娱乐、轻松地享受着春节团聚的幸福。

初六是亲人返程的日子，石子调整了自己早起读书的时间，在6:30之前赶去给坐早班车离开的亲人们送别。在家人的记忆里，石子圆圆的笑脸、动如脱兔的顽皮清晰如昨，而今的他如此高大健壮从容克制，在这样热闹的春节里他能够控制自己，权衡利弊、勇于取舍，点点滴滴的变化不仅仅是知识的积累，还有关注、尊重别人的感受，孩子的成长真是在瞬息之间。

在追逐梦想的路上如此拼搏，抗拒种种干扰，静下心、俯下身，备战高考，可见他定力、动力的强大。无论最终结果如何，一名高三考生在最后一个假期所需要的勤奋和努力，他已经做到了。

一切都是最好的安排

已经是桃李次第开放的三月末，时间转瞬即逝，可是面对每一天却又紧张而漫长。

石子依然沿袭着寒假的学习节奏，起早贪晚地浸在课本里。一直备受关注的三月中旬第二次全区市模考，石子遭遇了滑铁卢，几乎是滑到了谷底。对于两次模考成绩出现如此大的反差，我们深感意外，但是也深深地感到侥幸，真是太好了。好在问题及早地暴露，好在这些经历将是经验，好在这是模考而不是高考。

对于这次模考我很淡定，什么样的结果都是正常，如果像上次那么出色，我会为他高兴，可能实力真的在提高，并且能够稳定地发挥。如果又回到起点，那也正常，说明他还有很多漏洞。积累会引起爆发，但是稳定却需要全方位、长期的积累。如果，退步，退出原点，那就不完全是实力的发挥，是心理干预完全压抑了实力的发挥。这次考试，正是暴露了石子心理出现太大的波动。

模考的第一天当晚，接他回家的路上，看他脸色有些暗淡，无语。料想可能考的不太理想。假装不在意，随便聊些别的事，在进家门的那一刻，石子的脸色开始舒展，后来进房间学习。谁料第二天一早，石子起来就说他不舒服，询问家里有没有止泻药。

那一瞬间，我心忽地一沉，看来又要出问题。高三第一次期中考试的第一天，他也曾经出现同样的症状。当时不是很清楚，现在我可以清楚地判断，他是过于紧张，导致肠胃紊乱。我一边采取措施帮他暖暖肚子，一边安抚他的情绪。情况没有上回严重，中午回来时，肚子已经好了很多，可是脸色已经清楚地反应，考砸了。没有追问，只是尽力鼓励安慰他，保证下午有良好的精力。

考试结束后的晚上，石子已经和早晨判若两人，满脸笑容洋溢着轻松，闲聊中了解到他的情绪变化。"感觉文综合准备的不好，所以比较紧张。"我用疑惑的眼神看着他,"怎么会呢?你一个假期都很努力,甚至春节家庭聚会都缺席。"他叹口气:"总是在忙碌做题,基础知识有点忘记了。"恍然大悟,他犯了很多学生常出现的误区,第一轮复习中出现的问题还是没有完全解决,以为做题可以弥补一切知识漏洞,其实,做题中反映的问题需要回扣课本再填补,然后再做,周而复始,才会填平存在的缺憾。

第二天回学校,根据下发的答案对考试结果已经有比较准确的预测,考砸的感觉变得现实。他的情绪却并不是很低落,那迟迟未拿到的成绩单对他有点折磨,想知道离谷底有多远。结果确实雷人,距离第一名的分数已经是翻跟头的差距,在学校的名次也大幅下滑。结果一出来,心里倒也泰然了。

我们用了一小段时间进行分析。石子说没有把文综准备充分,这可能是比较清晰的感受。但是为什么呢?也许是时间安排不合理,也许是复习的层次出了问题。按照过年后的学习状态应该是比较稳定,出现如此大的波动,有一点是不可回避的,那就是患得患失的心理压力,太想得到的紧张影响了正常发挥。

我对他说,其实到了6月6号高考前夕,也并不是每个题目、每个知识点都一丝不漏掌握精确,一定还有不会的环节。在那一天到来之前,尽可能地缩小距离。考生能够做到的就是,坚定信心,坚持努力,自己坚信考试前掌握的知识就是最全面的、状态就是最好的,准备就是最充分的。把已经掌握的知识比较全面地在考场上表达出来。而不是因为过度紧张把三分的内容只发挥了一分半。

石子说,在考文综时,看完前三个单选就懵了,一下子手脚发凉,直接翻过去做大题,完全打乱了考试的节奏。因为过于紧张多喝了一些水,又被上厕所的想法干扰的坐立不安。在努力准备了一个多月之后,一场考试就这样狼狈收场。

沉稳的心态是制胜的法宝之一,沉稳的心态来自于实力,实力来自于日常的知识积累、打磨、沉淀,然后真正形成比较清晰的印象,在运用中提升能力。石子一定是在某个知识点存在欠缺,每次出现综合性题目,那些漏洞就开始裂变,导致紧张,直至更加慌乱。

保持镇静的前提是能正确地判断,会的内容不失分,不会的内容作为以后弥补的方向。分析他数学存在的问题时,他很果断地认定,是自己的规范性、严密性和准确率有问题,会的题目没有得满分。

石子能够认清自己的不足,这就是考试的真正意义。这些总结出来的问题都能解决，分数自然就会改变。所以，考试之后要审视问题，不能就分论分地对学生进行指责，埋怨，那只会给他带来压力和烦恼，不能缓解他的紧张和困惑。

　　在分数出来的前一天，石子有些落寞，像被斗败一般感觉很没面子。我给他看了一段小短文。一个国王和大臣的故事，大臣常挂在嘴边的一句话，"一切都是最好的安排。"故事果然展示了在绝处逢生的妙境。告诉人们一个道理，当我们遇到不如意的事，这一切肯定也是最好的安排。不要懊恼沮丧，更不要只看一时，把眼光放远，把人生视野放大。不要自怨自哀，更不要怨天尤人，永远乐观、自信、相信天无绝人之路。

　　当你身处逆境，感到诸事不顺，心生绝望之念，不妨换个角度看这个问题，告诉自己：一切都是最好的安排，福祸相依，安知未来不会发生惊喜的改变呢？

　　遭遇二模的失利，对于石子何尝不是好事，不是最好的安排呢？

> 成为你自己

　　　　英国诗人罗塞蒂的一句话"这条路上是否都是蜿蜒曲折的上坡的路呢？对，一直到尽头都是。"

　　　　这就是生活的意义。

春天的记忆

2015年的春天,在匆匆的晨昏交叠中,似乎每一天都过得那么清晰,担心时光会模糊这一切,无情地将这些珍贵变为过往,只有记录,成为点点浪花,泛起在今后的记忆长河里。

三月初,各所高校自主招生纷纷登场。像是面对透明玻璃窗里琳琅满目的甜点,满眼喷发着热切与贪婪,双手紧握着口袋里心知肚明的几元钱,不知道该选择哪一品。

那三个星期里,只要没有加班,每晚、每个周末都会和石子爸爸在那数不清的玻璃窗前流连,想象着儿子的身影会出现在哪一所高校。那是一段很阿Q的快乐日子,似乎真的开始选择。虽然知道很多学校高不可攀,但是我们可以恣意想象。

其实,那也是一段很焦躁的时间。网上报名的环节非常陌生,让我们这两个门外汉着实手忙脚乱了一番,因操作不对,无数次点击系统受阻,那种抓狂的学习实属不易。一次次请假到学校盖章提取相关材料,那些等待的煎熬中也曾想过放弃。可是,飞蛾扑火的热情依然支持着我们坚持下去,只想一件事,无怨无悔。寄走最后一个快递,轻松的惬意美的难以想象!

这些日子,似乎不是为了等待将来那个结果,只是为了体验参与的紧张过程。直至今日被一个学校拒绝,另外两个依然显示在等待审核。石子,那我们就耐心等待吧!即便都是受拒,那有什么?总有一些东西是逃不过去的,那就是要经历拒绝,生命历程中不止一次地被拒绝。

而整个过程,石子一直很平静,直至过去的四月,如果说有一天很开心,那是在高考体检中发现自己的体重减了几斤。终于逃离190斤的高压线。我笑哈哈地说,石子,等高考后,咱们互补,我增肥,你减肥。石子,这是最好的状态,最好的情绪就是平静。

早晨5点半已经天光大亮，在我们相互问早安，听着窗外清脆的鸟鸣，相互投入各自的忙碌，那份恬淡那种平静，是幸福。石子，你知道吗？中午我们匆匆奔回家中，听着午间新闻，母子坐在一起享受午餐，伴随着你房门透出的雷打不动的英语听力训练，我默默地清洗餐具，在生物钟既定时间内做片刻休息。你知道吗？那是幸福。

一天下午，我们先后离开家，在拐弯处，我们相向的那一刻，透过车窗看你骑车的背影渐行渐远，瞬间泪水涌出眼眶，我们朝夕相伴了十七年，无论有多爱，你都要走远，无论多么不舍，你终究会昂着头、风一般地从我身边离开，我的生活会渐渐失去这份陪伴。还有多少这样默契相守的日子，有时，宁愿时间走得再慢一点。

四月是我最爱的季节，因为有独属于我的生日。因为繁花盛开，因为有清沥沥的小雨。这样的季节应该是舒缓轻柔的，但是，今年的四月让我过得火一般得燃烧，甚至周末的生日都连续工作十二个小时。白羊座的妈妈不甘心接受墨守成规，只好生机勃勃地将一切重新摆弄得风生水起。然后，在别人感觉难以置信的事实面前、哑言到忘了赞许的时刻，气喘吁吁的我默默地看着远方，似云似雾地在虚空中游走。

所以累到极致的妈妈终于决定放下倔强、放下完美，在四月不多的又一个周末，决定来一个说走就走的出行。丢掉所有干不完的家务，卸掉坠在心中满满的负累，准备一份不错的午餐留给你，写个满含歉意的纸条留给你，你爸和我不开车不带任何一点多余的东西，坐上公交车，把自己放逐到安静的山间小溪，任清风在耳畔吹过，任阳光在头顶照耀，任娇嫩的叶儿在脸上撒下斑驳的树影。那种在自然里自然呼吸的轻松，真的是幸福！

离高考的脚步越来越近，有一次笑着问你，近来你和那些语文数学小伙伴们相处的还"从容"吗？你耸耸肩回答，有时好有时坏。拍拍你厚重的背，正常。

前天你又完成了第三次模拟考试，休息一天。这一天非常轻松，看了一场虐心的马刺和快船比赛，一年来仅看的一场篮球比赛。我知道你多么希望你最爱的邓肯可以赢掉这场比赛。但是，输了。

虽然郁闷，还是在外面铺天盖地的阳光里微笑起来。随后去陪很久未见的外婆吃一顿午饭，在满满的亲情里融化你心中积郁很久的沉重。看你联系毕业纪念册的事，很负责地履行着班长的职责。这是你度过的最从容的一个休息日，我知道天天紧绷的你需要这份喘息和调整，只是太过短暂，今天你又在小雨霏霏的清晨背包出发了。

亲爱的石子，不论是什么样的考试结果，都是过程，无论第几次模考都是模考，而不是真正的高考。真正的高考依然是生命的过程，我们需要的是真实体验生命的每一个阶段，即便有阴晴雨后，也是不同的风景，躲不开，绕不过，那就静心接受，留心观赏，认真品味。只要心中仍有梦想，那依然是你乘风破浪不竭的动力。我相信，你一定会坚守。

全力跑好剩下的路

亲爱的石子,

看着你模糊的背影淹没在满空的浓雾,恍然感觉,是不是我们有时也会纠缠于这看不清的迷惑里,视野或内心被莫名的力量困顿。虽然本不该迷失,因为一切本来的面目在心中是那么清晰,只需一缕阳光、一缕清风瞬间就可以揭去这层神秘。

石子,你是不是就需要这样一缕阳光的照耀呢?清晰地看到你,已经进步的你。看着你从去年七月份,就将自己定位于高三的状态。10个月来,我目睹你每天的执着和坚持。虽然每个高考生都会以这样一种拼搏的状态去赢取人生的挑战,可是我知道,你给自己树立了一个非常明确高远的目标,不服输的品质鞭策着你不断前行,奔跑在这并不平坦的征途上。

正如你和队友结伴参加一场马拉松,这是一场需要顽强意志力、充沛体力和耐力的竞赛,心中只有红旗烈烈的目标在远处召唤,但是你还看不到它,只有拼命奔跑,可以中途调整速度、可以适量补给,也会经历几次跌宕起伏、挑战极限的好汉坡,但是要实现目标,奔跑下去是唯一的选择。

石子,你知道吗?你正以这样一种良好的状态在奔跑:肌肉紧绷、呼吸均匀、步伐矫健、充满力量、信心满满。虽然在这漫长的路程里,每到一次爬坡,你会有一种缺氧般的不适,身心疲惫到不能呼吸,看着队友趁机超越会有紧张甚至沮丧,可是,这毕竟是一场拼尽体力和毅力的漫长比赛。需要瓶颈期的淘汰、需要坦途的调整、需要望不到边的煎熬。最重要的是终点既不是在高高的坡顶也不是在冲下陡坡的底端,它是在经历这么多曲折后依然平坦甚至精心装饰的广场或体育馆,里面有无数的观众在为你呐喊助威,他们在向每一位坚持跑下来的勇敢者喝彩。

石子,你不知道吗?经历这十个月的磨练,经历过坡峰谷底,你对自己的实力已经非常清楚，你已经变得更加壮硕、更有耐力，每一次途中遇到的变化都给你留下了清晰的印记。石就是石、水就是水，沙就是沙，无论它被草叶覆盖，被绳索牵绊，被鲜花装饰，你在碰触它的一瞬间就可以清晰地辨别。你知道自己用什么样的节奏和步伐去跨越，用什么样的力量去踩踏、甚至用什么样的姿势去绕过，一切都了然在你心中。你只需要一件事，就是专注看路，仔细分辨，掌控自己的力量和情绪。

儿子，如果说2014年以前我对你会有怀疑，会有担心，会被一次次出现的考试结果纠结地心神不宁。但是，现在，我对你充满信心，从来没有过的信心百倍。你能行，你真的能行！我看的非常准，你准能行！

经过十个月的拼搏，你真的已经进步了，不只是总分或是单科成绩，而是你在面临异常可以基本控制。这次考试，考完数学，也许你已经感觉到一点不足，但是没有影响到第二天的考试，在数学发挥不好的情况下，你依然能够考到这样的高分，可见你的整体实力在提升。你说因为题目不难，之前的数次考试，也不一定有多大难度，但是从没有考到这样的高分，不看别人，至少你已经进步了，这是事实，清晰的数据足以说明。

从你的表情可以明显地看出你的情绪，沮丧和不甘心没有任何意义。我们需要的就是这样一次次地锤炼和警醒，在题目难与不难的时候，最需要的是镇静和淡定。稳定是最好的情绪。无论考场上还是考场下，真的需要这样。在未来一个月里面对任何一张试卷，你需要磨练的只有一个，稳定情绪。任何焦躁和害怕都改变不了面前的那张试卷，像一张涂满芝麻或臭豆腐的薄饼，没有选择，抽茧剥丝地吃掉它。

剩下的一段路不会太坎坷，但是在平地上奔跑需要均匀的耐力，不允许再有怀疑和踟蹰。控制住自己的呼吸，调整好步伐，稳步坚实地落地，均匀坚定地迈大步伐，在身体腾空的瞬间稍微提速，专注神情，不被周围的呐喊或嘘声干扰。

石子，我相信，你会全力跑好剩下的路程，心无旁骛，直击终点！

爱你的妈妈 2015-5-3

考前调整

这是高考前的最后一次周末休息。

烟雨蒙蒙,石子放学后没有立刻回家,选择在附近河边步行近两个小时,这也许是一种很好的放松方式。回到家中,直至今天下午返校,一头扎进余秋雨的几本书中,在快速浏览中调整思维。几个小时内迅速将《山河》《文化苦旅》《北大授课》吞噬干净。当然也忘不了用手机在网上观赏他最喜欢的 NBA 视频,沉迷于每场比赛的热评,刷屏到手热。庆幸的是,最后的总决赛要到 6 月 5 号才开始,他有时间去欣赏最后的精彩。

这是高中三年以来最放松的一次休假,从没见他这样奢侈地将白天的时间大把扔进娱乐里。也许前段时间确实太拼了,这样的方式才得以彻底放松。虽然我内心有些不认可,依然缄口不言。毕竟,这几个小时轻松快乐的心情更重要,许久以来,还是可以感受到他波动起伏的情绪,时而被沉闷和压力煎熬。

这个假期也是最丰富的,远方的亲人们都打电话问候,虽然有点担心这会给他增加压力。好在离考试还有一周可以化解,大家利用这个假期和他聊天也是非常好的放松方式,尤其是上大学一年级的鹏哥,给他一些提示和鼓励,两个人没有隔阂的交流让他很开心。

他们也谈到了高考当天的一些细节,石子对进出考场也有一些疑问和担心,因为两年前我参加完高考监考,围绕着考试前的注意事项,甚至一些细节做了简单介绍,解除他内心对高考的神秘感。多准备一些预案,对临时出现的一些意外做好思想准备,这也是备考的一方面。趁着假期提前了解一些情况,比临到考试一股脑地告知产生的压力要小一些。

周末餐也比往常稍微用心一点,有时间熬一点鱼汤。进入五月,有意识地增加鱼类的摄入,虽然他不是很喜欢吃鱼,还是尽量做通工作多吃一点。中午做了一个红烧黄花鱼，挎包火烧夹满胡萝卜、青辣椒瘦肉丝、清炒油麦菜、还有他最爱的风味茄子。鱼汤里调入面疙瘩、虾段、紫菜、香菜混淆了鱼的味道，蒙混让他喝掉了一碗鱼汤，他的评价是很好喝，内心暗喜。

高考临近，我的内心很坦然，想想自己当年的高考，考前一个月没有回家，低一年级的妹妹周末回家带回来一些食物和换洗衣物，有一次带回来一张母亲写的字条，短短几行字安抚着我紧张的情绪，顿时给我极大的安慰。最不能忘记的是妈妈装在瓶子里的肉酱或芝麻盐，这是容易保存又有营养的一点补充，相对很多农村家庭的孩子已经非常优越。

在那个没有被过分关注和炒作高考的年代，大家也就在忙碌中稀里糊涂地过去了。如今信息如此丰富，指手画脚的声音太多，高考承载着太多舆论、太多亲人朋友的期望，无形中给每个高考生增添了太多负重。我还是希望这个阶段短一些，留给他更多平静的时间。

在石子天天忙碌于题海的同时，没有告诉他，我们也天天忙碌于对填志愿的了解。虽然每次看到报考志愿的信息就不由自主地倍感压力，该面对的总是要面对。集中了一周的时间，把有关院校的历年高考成绩进行了集中收集整理，为考试之后的志愿填报提供基础数据。到底学什么专业，考什么学校，一切都那么渺茫，分数靠学生，志愿靠家长，周围的声音太多了，不同的说法让我有些无所适从的紧张。

五月，还来不及松手就已经在指间溜走，这一学年即将过去，是留恋还是盼望，哪个更多一点呢？

高考第一天

2015年6月7日，石子高考第一天。

一年来的磨练和等待都为迎接这一天。它，到了。轻飘飘地来，又几乎了无痕迹地离去。分分秒秒承载着阳光下一双双期盼的目光，真的无痕吗？

高考，不再是那个伫立在心中的目标，当它真的走进，如此从容地走过，才知道，无论曾被多少笔墨渲染，对于饱满的生命来说，这只是很平常的一天。无论做足了多少准备的功课，5个半小时两个学科的考场内，试卷上出现的任何沟沟坎坎都不会比现实生活中的难题难以跨越。

但是，对于十七八岁的高三考生来说，这是他们面临的最正式的挑战，需要实力、精力、体力、心理甚至一丝运气的最佳配合，才会在走出考场的那一瞬间露出自足、自信的微笑。

我们没有到考场外等候正在应考的石子，所以没能在最初的时间段捕捉到他的内心反应。等他迎着漫天的阳光一路骑行，额头渗着汗珠推门回家，不知道那些最初的情绪是不是已经在烈日下稀释风化了。我向出现在门口的石子望了一眼，布满小黑胡须的嘴角含着浅浅的微笑，但是，那微笑不是通透于心的。

"我回来了。""回来了？石子，很热吧？"我继续在厨房里忙碌，声音已经飞过去，不用再回头，已经知道他爸爸微笑着看魁梧的儿子进屋更衣换鞋。"考的不太好。"有点安静的屋里出现这样一句话。不对啊，这不是意料中的措辞啊？没打算问考的怎么样啊？这几个月没完没了的模考后早就不再问这样的问题了，他怎么不问自答呢？

"没关系，一切还不能确定呢！"我还没反应过来，一向寡言的石子爸爸竟然迅速地应答。"就是，考完即考好。"我赶紧从厨房迎出来，满眼微笑地看着石子说到，虽然，内心有那么突地一下疼痛。但是，这句话很需要，自己甚至更需要。

石子的脸上没有很灰暗的表情，心想，也许是他对自己期望值过高吧。他在沙发上摆弄着手机，我赶紧问一句，"今天的NBA总决赛怎么样？""没比赛。""那太好了，等考完，可以多看一场。"我希望轻松一点的话题可以缓解他的压力。"今年的作文，太奇葩了。"他一边翻看手机一边自言自语，"什么题目？"他扬手把手机递给我。丝瓜藤和肉豆须，我几乎一头雾水地读完题目，儿子接回手机翻看着对作文题目的种种评论，依然自言自语，"我的天！我以为是专家的点评呢？还好，是个考生说的。"看他不禁皱起的眉头，不想让儿子再沉浸在这考场外的考场了，赶紧张罗大家吃午饭。

压力并没有完全消失，清楚地感觉得到。

他看数学错题集到12:50，刚躺下，说他屋里可以听到音乐声。我们过去试试听听，果然是隐约可听见不高的音响，断断续续。让他换个屋子也不肯。然后，楼前路边卖菜的小贩，在炽热的太阳下，几乎无人的街道上单调地播放着叫卖水果的录音声，尖利刺耳。好在经过几道门的隔离，在他的卧室里还不明显。午休，还是短暂地结束了。

13:25石子已经坐到课桌前去看书,我清楚地感觉到了他的紧张和迫切,是啊！数学一直是他的软肋，虽然在最后一个月有进步，依然有扑朔迷离的梦幻感，不知何时清楚何时糊涂。

下午，送他到考场后，我去上班，在他下车的一瞬间，我给他一个大大的笑容，"稳当儿的。"一个下午，我在办公室里有一些不安。按照以往规律，今年的题目要偏难，因为去年分数比较高。不知道石子这回能顶住压力吗？等我回到家，他已经先回来了。仔细捕捉他脸上的神情，有些疲劳。还比较自然，但一定不是正常发挥。不问。商量晚上吃什么呢？

吃饭时，儿子还是主动说出来，今年的数学试卷前面还简单，后面开始有坑有坎，最后两道题真心难。我们认真地听他说，不问你做的怎么样。我突然醒悟到，为什么儿子这回执意要和我们聊这些，原来他很少回来讨论考得如何。因为在学校诸多考试之后，同学们之间会有一番谈论和消化的过程，即使不说每道题做的对错，至少对试卷，对某些知识点有直觉的评述。这似乎是考试后必然的功课，讨论中也宣泄了一部分紧张或失落的情绪。但是，高考后，见不到同学，他带着满满叠压的情绪回到家，一种倾诉的愿望油然而生。也许这只是一种不由自主的释放，一种倾诉的放松。

高考前，作为家长备足了功课，按照网上提示，考前对孩子说什么，考后不能说什么。但是，一切都有道理，是不是适合，只有自己定夺。无论如何做，只是为了缓解孩子的压力，排解他的烦闷。无论是倾听还是交流，只要让他觉得家长在乎他的感受而不是仅仅希望他考一个高高的分，他会理解、会放开心扉，甚至，主动说起高考。那就听他说出来，只需要听，不需要评说。

说出来，果然要好得多。晚上他已经很放松。我夸奖他的调整，他说，反正两科已经砸了，破罐子破摔吧。我知道这不是他内心的声音，但是考试不利的沮丧还是留下了。"怎么能这么说呢？那对于12年的努力、一年的拼搏是不公平的。而且，不到最后谁都不知道会发生什么。"我知道他内心需要鼓励，他是那么在乎自己的努力。那么在乎自己的成绩，也许是太紧了，反倒适得其反。

一天殚精竭虑的考试太过煎熬了，一天的紧张和忐忑太过疲劳。此刻，他放下了，比前一天早早睡下，这未必不是好事。

天亮了，继续。

佐 料

高考前一天学校要布置考场，6月5日学生要带着自己的书本离校。中午石子提着满满几包书本回到家，肩膀上搭一件早晨带去的干净校服，这时前身后背签满了同学的姓名。那些凌乱的笔画里牵连着他们难以割舍的情谊，特意带去的手机里照了很多同学在校园里的合影。

石子从5号晚上开始进入比较明显的备战状态，连同6号一整天按照学校的作息时间表安排课程，没有什么变化。

中间有个小插曲，6号中午，从我们临街的阳台向外望去，对面楼下的小广场搭起一个舞台，可以猜想一定是某个民间组织准备的晚上演出。心里不由多了一点顾虑，这种以促销为主的夏夜小演出，往往声音嘈杂、持续时间长，属于明显的扰民行为，多数被大家容忍了，甚至成为一种夏季消遣。

可是明天高考了，这样喧闹一晚上势必会给临街的考生带来影响。石子爸爸坐不住了，到楼下向布置舞台的人员了解情况，得知是一个文艺学校的汇报演出，时间在傍晚5点到七点，这个时间正是吃晚饭时间，影响还不太大。

整个下午，石子每次从书房出来休息都要向窗外焦虑地望一眼，甚至想去学校上晚自习。又担心变为考场的教室不能开放。时间越来越接近五点，已经看到一群群身着演出服装的小朋友在台上彩排，依然没有正式开始的迹象。看着石子脸上越来越浓的不安，我也开始变得烦躁起来。终于忍不住拨通了城市执法的投诉电话进行情况说明。接线员很客气，调查之后会给回复。

几分钟之后，执勤人员电话回复，已经和主办的单位进行了协商，演出时间一定在八点之前结束，并且尽可能控制音量。他的话让我很感动，"一辈子就一次高考，寒来暑往12年不容易，组织活动的人员也很理解。"这些本在自己内心的话让别人说出来，既感动又有些不好意思。其实进入六月，小区物业还在每个单元门上贴了温馨提示，告诫大家尽量不要喧闹影响考生。

以前听说过，高考家长做出种种让人不能理解的要求，给邻居带来不少压力。但是，这次自己也做了这样的主角。在关好门窗拉上窗帘的那一瞬间，我也深感充溢在家里的紧张气氛，这种紧张就像一颗深藏的炸弹，总会带来隐患和不堪的后果。我也清楚地记得第二次模拟考试前曾经出现同样的不安状态，当初自己也感觉到了，但是没有及时排解，后来出现了滑铁卢。

晚上石子又一次课间休息，我拉住他坚实的手臂，满眼含笑地一语道破，"石子，你有点紧张啊！昨天中午看你在同学们中间快乐地走出来，满脸的轻松，这份轻松到昨天下午模拟听力考试结束后就消失了，今天你很忙碌，也显慌乱。现在采访一下，你曾经认定的、高考前每个问题就都准备好的情况出现了吗？"我在笑声中浓重得表达着自己的随意，而不是刻意。他在我的笑容中放松地裂开嘴，用那种我很熟悉的、不屑的微笑对我的问题置之不理。

"石子，截止到今天6月6号，十二年的学生时光里，你一直做得很棒，这已经够了。明天的考试就顺其自然。""还有一些没看完呢！"石子的声音里满是焦躁。"别说高三，我们初三的学生现在也是成堆的卷子翻来做去，只要去做，就会有不会的题，不可能所有的问题都已经解决。你们这些成山的卷子、资料课本就更不用说，题是做不完的，问题也不会全部解决。只要有清晰的思路就好，遇山过山，遇海跨海。看太多只能增加焦虑，反而失去信心。"

"语文和数学准备的还不错。文综合还是不好。"他皱着眉摇摇头。我继续笑着给他减压。"你给自己的要求太苛刻了。甚至连外界的环境也变成了一种障碍，过度关注。其实没有那么严重。这窗外的演出对我们的影响并不太大，课间看两眼，还可以作为调剂，今天我们太在意了。现在人家已经按约定结束了。放松一点。过度焦虑还会引起身体反应，这回还没有出现拉肚子的显现，有进步啊！"

我们都想起那两次考前他出现的肠胃异常，其实都是紧张造成的紊乱。这也是我内心一直担心出现的。石子笑着回答。"我刚才去厕所也想这个问题了，还没有反应。但是明天不好说，最好准备一点药。"他又补充一句。"你放心吧，你爸刚才已经出去给你买好了，最强止泻药。"我迅速的回答完全超出石子的意料，他瞪大双眼无语地看着我，不禁哈哈大笑起来。笑声是发自肺腑的放松。那一刻我知道把一切说出来，他已经释然了。

果然，在接下来的两天考试里，他没有出现肠胃异常，这也是可以正常完成考试的最好条件。虽然前三场考试过后，他都觉得不理想，无论真实的结果有多不理想，他已经竭尽全力将学生的本份做到最好，有这样无憾无悔的求学生涯，已经足够了。

结　束

2015年的6月8日17点，高考结束的钟声即将敲响。

可以想象，校门外聚集的家长们满眼的焦灼和盼望，再有几分钟，他们就要带着孩子满载而归，十八岁的孩子，数月的熬夜苦读让他们面容憔悴，毕业的兴奋却让那一张张年轻的脸重新焕发出光泽。住校三年大大小小的行李和书本，那些叠放在一起几乎半人高的书本，孩子走到迄今为止是知识面最为广博的时刻，这是一段岁月的结束同时开启了新的起点。

毕业了，不仅是孩子还有家长。下午送石子去考场之后，他说考完以后自己走回家，半个小时的路程正是放松的时刻。在去上班的路上，我有一种卸下包袱的释然。有人曾经说，孩子上大学去了，家长即将步入老年，虽然有点绝对，对于全心投入到孩子身上的家长们，何尝不是一种失落的解放。

似乎精心准备了太久的一顿盛宴，在众人热情的喧闹中一扫而光。还没有仔细品味，就过去了。

高三同行的日日夜夜会如画面一样，在石子离我越来越远的未来日子里，会不断重现于记忆，点缀着日渐简单的生活，在每个失意的时刻汲取力量，清晰如昨，陪伴我们一路同行。

6月24日高考成绩公布，石子的分数抵达了模考以来的最低分，虽然高出一本线几十分，但是全家人、老师和同学们都知道这是一个糟糕的结果，无论内心做了怎样的预期，这个结果还是在预期之外。

那个夜晚很煎熬，石子始终沉默，我在电话中回复着所有亲朋好友的咨询和祝贺，应和着微笑。石子爸爸很坦然，反复强调和前几位的同学分数差距来看，发挥基本正常，虽然不愿意接受，还是相信他说的事实，学生整体分数偏低，所幸没有出现更大的意外。

面对结果，任何的安慰都是别人的想法，只有自己接受是最明智的选择。

报考志愿已经结束，心向往之，行必能至。

头顶的天空，每天都在领略，却少有这样的沉迷和感动。很长一段时间，只是想抬头看天，不厌其烦地张望，为那纯净到透明的蓝，为那变幻莫测洁白的云。从清晨到日落、从晴朗到阴沉。

一片片云悠然漫过，时而变化成清逸飘渺的纱，时而堆砌成绵软的山。即使是一片雨做的云，在阳光普照的明丽中，也会迅速遮住暖人的光芒，将那浸透的厚厚雨帘哗啦泻落下来。似乎并不久，灰苍沉重的云块恍然铅华洗尽，翻卷着疏散开来，慢慢化开一波平静如水的蓝天，透明、清澈。静静地俯视着与天契合的草地，几只牛羊灵动、精致地装饰着那一片片醉眼的绿。一切又回归自然、平静。

清晨，空气湿润、道路宁静，晨练的人们昂昂然攀上起伏的高坡，离那天空越来越近，似乎起跳之间就可以触摸到天。高大的石子，每天都这样尝试着，像一匹浑身散发着浓烈气息的骏马，时而在接近草原的路面上尽情奔跑，时而加速起跳伸手摸高，看似静默的云却逗弄般地瞬间游走。

日子，悠悠然如白云般飘走，一家人恣意地享受着回老家度假的轻松，有时会恍然怀疑它的真实。仅仅一个月前，我们还沉浸在紧张和茫然的困惑中，煎熬着不知何时何处是终点。

抉 择

石子 6 月 26 日到学校拿回高考填报指南，准备静下心来填报志愿。多日来因成绩惴惴不安的心又开始为填报志愿再次翻滚。学生考得好不如报的好，各种游说资料、填报技巧、报考课堂铺天盖地的充斥在网络和身边，一些填报不当甚至失败的案例宣传更是让人紧张到不知所措。

一生不多的选择机会带着压力让家长们寝食难安，高考后我们每天学习填报志愿的知识，对平行志愿的基本策略有所了解，但是最初收集的学校信息已经无效，所以一切推倒重来。

6 月 28 日是填报提前批的日子。提前批是附带的机会，要么为一个学校或专业全力以赴，要么舍弃。一家人对照往年分数，逐一将提前批的各个学校进行筛选，因为文科院校本来比较少，最后确定了一个语言类大学，以学习小语种为目标。接下来的时间里，大家全力以赴搜集有关小语种的信息，千方百计打听各方神圣了解这些专业的就业和发展方向。答案各说纷纭，让人更是举棋不定。石子相对倾向于学语言，只能不断说服自己，学语言还是在语言类大学好，虽然它不是 211 院校。

到了 6 月 27 号，我的焦虑感已经达到顶峰，根据往年数据我们深知，只要报考这所学校一定会被录取，对石子来说有点吃亏。一种即将落入深渊的不安煎熬着我。直到当晚 11 点半，已经精疲力尽的儿子宣布只报两个专业，不服从调剂。我有种豁然解脱的轻松，既珍惜了填报的机会，却也满足了内心的另一种需要，毕竟对这个学校不是特别满意，准备填报的那两个专业分数历来很高。石子的分数并没有很大优势，吃鸡肋的感觉是不吐不快。

6 月 28 号早晨 9 点填报系统开通不久，石子按照说明很快填上了，我紧张地浏览一遍，生怕错漏某个环节，其实内心很清楚，他比我掌握地更加纯熟。三天来的紧张准备总算有了一个结果，谁知道这个结果如何呢？

本科一批志愿填报是在 7 月 5 号，所以，在提前批结果未卜的情况下，还要认真准备一批志愿，这才是大蛋糕。在那天接下来的时间里，我们俩对照着报考指南、往届数据还有一个高考 E 卡通软件，根据石子的分数和位次，在一定的浮动空间内开始筛选学校。主要考虑学校近三年的最低和最高位次和分数，对于符合条件的分别按照 211 理工科类学校、综合类院校、专业类院校记录下来。这样分门别类有助于最后权衡学校和专业，提供更加清晰的数据。

石子在筛选学校的时候，不住叹气，"考的真是太少了。"我知道他现在已经走出了最苦恼的时刻，看着那么多曾经心仪甚至不屑的大学失之交臂还是有些无奈。我笑着鼓励他，"你看你还有这么多学校可以选择，算是幸运的。"他苦笑地自嘲，"是啊！还有人认领。"

筛选工作并不轻松，每个学校经过几次查询才将最后数据板书在不同的三张白纸上，我们做着最细致也比较费功夫的工作，甚至有点笨。时间过得很快，下午休息一段时间后，准备继续工作，石子说："我再看看我的提前批志愿。"也许是第一次填报还是有点新鲜吧，他点开系统，那所学校和两个专业清晰地显示出来。

他忽然说："我还是想看看北京那所高校。"当时的电脑时间是下午 4 点 15 分，离系统关闭只有 45 分钟。"怎么，你还想改志愿？"他不说话，我看出了他眼中的犹豫。那一瞬间，我的头嗡嗡作响，那一定是极度紧张带来的反应。"我还是想再看看。"他重复了一遍，眼神里多了坚定。

他点开高考 E 卡通，里面分别蹦出了该校近三年各专业的最高和最低分数，石子的分数可以达到往年的分数线，但是都比较靠后，甚至很危险。这是一所比较特殊的学校，有面试环节，我们无法猜度，那些面试分数背后有没有其他决定性因素，对于一些省学生干部等学生优先录取，往年比较低的分数是不是他们的分数呢？石子虽说是担任过三年班长，却没有省级证书。还有半小时的时间，我的心跳更厉害，"你自己决定吧。"我轻轻关上门，独自在外面的客厅里抱拳激动。

这所高校是石子曾经关注的学校，他在高二曾经希望考外交学院，但是因为分数高、人数少等因素渐渐放弃了这个愿望。但是北京另外一所高校进入了他的视线，高考结束后也一度非常关注，只是担心体重超标通不过面试，特别是分数出来以后，他在筛选提前批学校时没有多想就把这所学校翻过去了，没有了成绩优势，他知道自己过不去那道门槛。

这个时候他又产生了试一试的想法，我感觉很复杂，既为没日没夜的准备前功尽弃感到沮丧，又有一丝窃喜，为儿子的独立主张，这个学校更符合石子的气质，如果冲击一下，才是报提前批最有价值的尝试。听他打电话给学校招生办了解面试的要求，还有十五分钟时，我推门进去，看他在专注地浏览学校网页，几乎颤巍巍地问道："你真改了？""真改了。"他沉着地点点头，点开一副填报志愿的截图给我看。

那一瞬间紧张到没有心跳又觉得豁然开朗，因为我们内心深处不是很甘心报最初那所语言类大学。石子，竟然在最后的时刻遵循了内心的声音，一定有一种冥冥的力量在鼓舞他，这就是所谓的心向往之吧！

当石子爸爸下班回来，我把这传奇般的经过告诉他，他也很开心，非常赞赏儿子敢于冒险挑战的精神。

面 试

接下来的时间变得紧张又珍贵，一方面积极准备一本院校报考。又是几天没日没夜地查找数据、分析、筛选。211理工科类院校的文科专业不考虑。大部分专业不是该院校主流。综合类院校的文科专业较多，但是也存在很多不予考虑的冷门专业，冲一冲稳一稳的程度把握不好，会冲到好学校的冷门专业。

对于语言类、政法类、经济类的专业院校，根据分数、地域和学校概况也分别进行了整理，30多所学校成为初步报考目标。再次甄别，进一步查阅学校专业，增加选择可靠性，降到14所，最后排除冲一冲的想法，避免出现被冷门专业录取，最后确定了6所学校，每一所都可以接受任何专业。7月5号报完本科一批志愿，对于每个学校都了无遗憾。

在准备一批志愿的同时，全家人也在焦急地等待面试的信息。直到6月30日终于公布了省面试分数线。他在该校群里向学长们积极了解面试信息，细心准备面试题目，同时继续加强高考后的减肥计划。

石子决定自己去参加面试，看他在网上预定去省城面试的往返车票，和同学联系安排住处。我感慨自己的儿子已经长大了，完全不需要我的帮助。几年前我作为他的影子陪他去省城，有些兴奋的担心，如今他已经不需要任何形式的陪伴。

7月7号面试，石子提前一天坐火车去省城，投奔一个提前住在姐姐家的好朋友。看他拎着一袋玩具（给姐姐家孩子的礼物）消失在月台，一份轻松让自己有种解脱的失重感。

自6月7号的高考截止到这一天整整一个月。一种始终处于紧张和高压的情绪让自己不得轻松。但是，只要结果没有出现，这份情绪就会持续。

7月7号早晨8点半，石子打来电话，面试结束了，他是第一个出场，准备的题目都没有用到，面试状态还可以。寥寥几句不知是忧是喜的消息让我又陷入不安之中，80多人面试，录取12个文科，他第一个出场能有什么好分数？但是一切都结束了，结束的这么快。

圆

等待，短暂又漫长的等待，无论结果如何，总是要知道这个结果。

根据学校志愿者提供的信息，录取结果首先是电话通知，然后网上公布邮寄录取通知书。8号、9号都过去了，直到9号当晚9点40也没有等到电话，我知道自己的心沉到了冰点，石子不更是吗？他自己做出的全部选择，他一定更伤心。也是预料之中吧！毕竟，不是那么过硬的成绩。

7月11号提前批征集志愿，7月10号一定会出结果。我在学校加班时，无意间把手机落在了车上，上楼想起来也不愿回去再取，还有什么消息可以等待呢？不会有了，宁愿默默地等这一天过去。

中午还是忍不住给家里打个电话，犹豫半天终于开口问石子，有结果了吗？石子的语气很低沉，"网上新生群里有学长公布的，不知道准不准，""没有就算了，我们还有本科一批的机会，放心吧，一定有学上的。""有我。"电话里冒出来一句话，"什么？"我感觉自己的心'嘭'一声飞出去了。"怎么？有你？是真的？你怎么不打电话？"我急急的语气冲口而出。

"你没接电话。"我才想起来没拿手机，甚至没开机，连未接来电都没显示。"是真的吗？什么专业？没在官网上公示吗？"我简直不知道如何安顿自己的心跳，更加期待它的确定性。石子的语气倒还沉着，"英语，法语没录上。以往都是他们在群里公示的。""那再等等吧。"我犹豫着挂断电话，为这份半信半疑的结果心跳加速、焦躁不安。

终于熬到下午上班时间，无数次拨通该校招办电话都是占线，石头一般的疑团在心里坠得难以呼吸。电话终于拨通了，我紧张地报出学生身份证和姓名，却被礼貌地拒绝了，一定要报上准考证号才可以通知结果。幸亏包里有一张准考证复印件，再一次慌乱地报出了所有学生信息，电话里传来一个年轻的声音，那一定是学生志愿者，他的声音里满是笑意"恭喜你，石子被我校录取了！"我忽地从座位上坐直了。"真的吗?"一连不停地追问了三遍,得到他三遍肯定的、带笑的回答。

当我把这个消息告诉昏昏睡梦中的石子,他的声音显然清醒了。"石子,你没给学校打电话啊?""没有。""是不是,有点害怕啊?"我缓慢地道出内心的迟疑。"可能有点吧。"电话里的声音腼腆得根本不像他。

忽然之间,眼泪几乎掉下来,那一刻非常非常心疼孩子。十二年的求学生涯,特别是以优异的成绩考上高中,更不要说高三以来,一直勤奋自律,一个自尊心上进心特别强的孩子,一次次的模考让他遍体鳞伤,最后的高考更是太过沉重的打击,经历了心智和体力的无数锤炼,那样的结果确实让他心有不甘。也许他真的是太紧张,太想要、太期望,但是又害怕出现不想面对的结果,甚至对学长公示的结果都不敢相信。

高考成绩出来后,我开玩笑地对他说,一模好,二模差,三模好,高考又差,填报志愿算是又一次考验,你一定可以很好地通过这个考验。

石子的高考成绩与进入高三第一次月考成绩分毫不差,得知成绩的瞬间有种错觉,难道这一年原地转了一个圈?

每个人都期望着顺利和成功,但是生活本身就是一个不断旋转的圆,在貌似单调的循环中磨练着人们的性情,丰满着人们的技能,不是要消弭锋芒,而是要填补空缺,将参差不齐的犬牙豁口修缮契合,将你缺失的以另外一种方式补偿。

也许这个以数字形式显性的高考成绩没有达到预期,所有读过的书做过的题没有以最完美的形式呈现结果,但是,在这日出日落晨昏交叠中吐纳的心血,在所有老师同学家人陪伴相助中获取的精神,那些无法计量无法复制的快乐和忧伤,那些磨练心性的煎熬,终将以隐于无形的力量浸润于身,镂刻于心,那就是成长。

石子在成年之前的求学生涯里以坚持、自立、诚恳、勤勉为自己画下了一个圆满的句号。这是他从小一步步选择用优秀成就自己,在越来越激烈的竞争中坚守方向必然会收获的喜悦。

7月10号,在高考结束后一个月,石子提前被自己心仪的大学录取了,这也是送给他爸爸一份最珍贵的生日厚礼。作为父母,我们也交付了一份最用心的答卷。

蓝天澄净,白云飘渺,这不是梦幻中的仙境,我们经历了乌云密布后的压抑,终于可以舒心享受这份闲逸的自由,我们经历了那些静待花开的岁月,终于可以环绕于满手馨香。但是,生活还要继续,经历了纷呈的色彩,心情才会沉淀成为静默的云,悠悠然,不远不近。

祝福成年

亲爱的石子：

生日快乐！每到这一天，都不禁想起那个细雨霏霏的早晨，你大声哭喊着被捧到眼前，从此开始和爱你的人们一起，走向一条色彩纷呈的人生之旅。

而今，时间过去了18年，已经很难将那一尺婴儿与此时健拔的你联系在一起。时间如此神奇，将一段段平凡的日子幻化成精彩的演出，儿子，你作为剧中的主角，在妈妈的心里，每个阶段都如此奇妙让我感动，因为有你，我的生活如此与众不同。

18年里，习惯了有你在身边的忙碌和寄托，由此衍生出来的无论是快乐幸福还是麻烦苦恼，都是生活的本色。我们陪你走过了快乐童年、懵懂少年，也亲眼见证了你拼搏的高中岁月。这短暂又漫长的日子里，你学会了书里书外丰富的文化知识、体验了求学生涯中的酸甜苦辣，收获了这个年龄阶段很多学生难以获取的荣誉。

与你相伴的旅途上，无论是近处远处的大家庭还是小家，无论上过的重点高中还普通小学。所有的亲人和师长都给予你足够的关爱、信任和鼓励。而你，沐浴在这浓郁着阳光、青草、鲜花的爱的乐园里茁壮成长。

今天，你就要18岁了，即将离开这温暖的乐园。

18岁意味着成人，意味着责任和担当。虽然我们不像西方国家一样，18岁的年轻人开始走向经济和生活的完全独立，至少，意味着开始脱离家庭的庇护，经历外出求学和就业，从此开启独立生活的大门。儿子，你准备好了吗？

答案也许非常简单、非常肯定。你已经用行动告诉我们，就像振翅高飞的雄鹰在峭壁上凝神伫立，只待逆风飞翔。

我们共同生活的日子里，你小小年级在很多生活、学习细节中开始独立，你明亮的眼神、健壮的臂膀经历一天天的训练，已经储存起独立生活的信心和勇气。

相信你已经慢慢具备独自生活的能力。

无论多么豪迈地走出家门，门外的生活多数依然会是平凡。在平淡中积累，在挫折中积累，在坎坷中积累，在积累中突破而后跨越。人的生命不会总是走得从容，但至少希望你走得坦荡。

儿子，妈妈的希望可能只是妈妈的一份愿望，但是，在你成年之际，依然不免有些向往。虽然，我也自嘲地认为就像那触摸火炉才能体验到烫手的孩子，只是告诫并不会让他认同。可是，每个人不可能都经历和体验每件事，事事通过自己的尝试才能认可未免固执，间接经验既然也是宝贵的学习方式，那么亲妈妈的建议一定是经过甄选，最想给儿子借鉴的。

爱惜自己的身体，健康是所有生活意义的保障，18年里，我们已经打造了一副健壮体魄，规律的饮食和锻炼是最有效的。离开家人的照顾，好好善待它，它会给你提供精彩人生的不竭动力。

保持一份积极向上的学习热情吧。高中毕业之前，你一直以来成绩优秀，虽然离不开老师和家长的督促和鼓励，最重要的是你执着进取。进入大学或有机会进入大学之后的学校，则更多依赖个人的信念和动力，希望你依然保持旺盛的学习热情。你有实力和执着的信念追求优秀。成就良好的学业永远是学校和学子最本分的追求，没有任何借口。任何妥协都是懈怠和懒惰的理由。而一份优秀的学业成绩单也是你穿过很多路口的通行证。

擅于将身边的人视为贵人。没有一个人可以独自生存，在过去的日子里，你敢于担当的气质赢得身边同学的信赖。将来离开家人朋友同学，重新建立汩汩流淌的人脉，它会给你提供健康生存的动力，而不是将自己困顿于围城。怀有一颗怜悯之心、感恩之念，你就不会产生傲慢与偏见，真诚地善待他人，可能会被某些人认为呆气傻气，甚至被个别人利用，但是，真心待人、真心做事，善于助人，一定会获得内心的坦荡。天长地久的考验，必然是善良真诚的人收到最多的信任和拥戴。我们一大家人宽容谦和，虽然不是大富大贵，但是每个人都生活得积极坦然。这是一份长久平和的福气。

保持内心的正义感。一位商业大亨在他的选人机制中，首要是考察员工的价值观体系与公司的匹配度。一个人的能力可以培养，经验可以积累，业绩可以提升，但是深植于内心待人做事的态度却往往不容易改变。一个人保持积极乐观，一个人表现为消极抱怨。这两个人在一个群体里会辐射出不同的能量,波及影响别人。任何组织都知道如何选择,因为公司成功与失败是团队的问题,是人的原因。

石子,无论是求学还是工作,遇到困难是生活中的常态,要不怎么说人生不如意十有八九,不会总有人在身边鼓励你,努力调整,让自己尽快平静,坚持是从低谷中走出来的唯一办法。儿子,培养自己乐观向上的精神气质吧,它会让你的生活充满希望。

面对爱情,这是多么让人神往的字眼。作为一个身体健全的成年人,在他最美好的大学时光遇到心仪的朋友,这是最普遍不过的愿望。更何况在这个沟通无极限的网络时代。有人说,一生只爱一个人,有人说一生可以爱上很多人。这是无法定夺的判断,因人而异。但是,美好的初恋一定是人生最难忘的。所以,儿子,请你慎重自己的选择。为了恋爱而盲目追求未免急于求成,因为碰壁一蹶不振未免不懂自我认知。一些奇葩新闻总让人感叹,在失恋中做出种种出格的表现,甚至放弃自己的生命。

石子,成长这么多年,每个人身边过往很多人,也都被大家评判着。评判者大多数是熟悉的家人朋友,根据不同程度的接触产生了解、认可,对他会有不同的评价。这些评价并不会完全左右他的生活常态。可是一旦恋爱,恋爱对象的态度变的最重要,她的评价和喜好变得最为关键,生活中突然只关注她的想法,哪怕那些想法并不客观正确,但是会影响到自己对自己的判断和认识。

仔细想想,在那么短暂的相识、相处的时间里、也许恋人的认识并不全面,评价过于感性。因为这并不全面的印象失去理智,甚至不惜为此放弃生命,连养育自己十几二十年的双亲都不顾忌,这样的人对自己负责任吗?对抚养他长大的家人负责任吗?即便是真的获得爱情,这么低的受挫能力,能对爱他和他爱的人负责任吗?话说是冲动,也许是懦弱。经受不了世间常在的误解和挫折,他的生活应该不会平坦,希望你是一个客观正视自己、认真承担自己生命责任的人。

如果真的赢得一颗芳心,珍惜这份感情,相互真诚、善待女孩子。在这个所谓开放的年代,不负责任的年轻人会为自己寻找借口,自诩为感情至上,不辜负自己,不辜负爱情,甚至打着性解放的旗号放纵自己。儿子,既要爱一个人,就要珍爱她的意志和本人,任何一个女孩子都希望纯洁地嫁给自己最爱的人,她健康的人格和身体都是保障未来幸福的基础。不珍重自己的女孩子,也往往不能保证自己未来的幸福。彼此相爱、彼此尊重是爱情的基础。

儿子，大学里也有个别学生，因为意外不得已早早结婚。在求学阶段，在没有足够的经济实力做保障的时候，过早地进入婚姻是对自己和对方比较坚难而无奈的选择。在很长一顿时间会难以保证稳定的学习状态，很难在学业和职场上有竞争力，在现实面前往往会造成双方相互指责，甚至抱怨彼此成了彼此的拖累。也许会两败俱伤，早早结束曾经美好的爱情。

爱情，无论什么时候，如果它真的不期而至，让它成为你们之间相互鼓励和进步的助推剂，为了爱情荒废学业和职业都不是理想的爱情，那是不成熟放纵的借口。

18岁的男儿，代表着走向成熟和稳重，肩挑着担当和理解，为自己赢得自立和尊严，为家人带来平安和幸福，为社会承担责任和义务。石子，你会理解父母的厚望，在未来的路上坚定前行。

想了很久，还是不好意思告诉你，石子，其实妈妈舍不得你长大，舍不得你离开。可是又不得不理智地面对这一天。儿子，无论你在哪儿，在你不忙的时候，别忘了告诉我们，你很安全；在你快乐或苦恼的时候，就算一份分享或倾诉。特别是被困难煎熬，感觉难以坚守的时候，别忘了，家永远是港湾。虽然不能永远地庇护你，但却是你栖息的地方。爸妈总是会默默陪伴，耐心地在或远或近的地方守望着你。

石子，祝贺你，长大成人。

成为你自己

教师篇

在教育中提升生命

第一章　脚踏实地、眺望远方

> 人像树木一样，要使他们尽量长上去，不能勉强都长得一样高，应当是：立脚点上求平等，于出头处谋自由。
>
> ——陶行知

> 先生不应该专教书，他的责任是教人做人；学生不应该专读书，他的责任是学习人生之道。
>
> ——陶行知

> 教师的责任就在于运用各种方法、手段让学生置身于一个可以活跃心灵以及充满智慧与人类经验的环境中。
>
> ——哈罗德·泰勒

> 热烈的学习愿望、明确的学习目的，是学生学习活动最重要的动因。培养这种愿望的工作，是跟学校的全部教学和教育工作的安排紧密联系的，并且首先是在课堂教学中实现的。培养学习愿望，有助于巩固学生集体，加强集体主义情感，促进互相帮助的志趣。每一个教师集体的任务，就是要千方百计地培养这种情感，并把它引导到正确的道路上去。
>
> ——苏霍姆林斯基

开　端

2012年9月，石子踏进高中大门，我也迎来工作中新的挑战，任教七年级英语课，负责几百名师生的日常管理。

连续5天的新生军训结束后，分别召开了闭营仪式和七年级学生家长会。一个好汉三个帮，级部几个成员分工明确、各负其责，在这个新组建的团队里自觉、高效地完成了既定任务。

仔细一想，忙乱了一周，其实一切教学工作还没有真正开始。但是几天里12个班主任自觉勤勉的工作态度、对学生细致入微的养成教育，已经为接下来的工作奠定了良好的开端。尤其是闭营仪式前一晚，为了第二天汇报比赛达到更好的效果，每个班级都训练到天黑，有的晚饭后接着训练，师生虽然疲惫，但是面对入校的第一个共同目标，大家心甘情愿地为此付出努力。同心协力强化了班级凝聚力，加快了师生以及同学们之间相互熟悉的过程。

寄宿制学校的班主任老师最辛苦，学生在校一天，老师就寸步不能离开。特别是刚入校的学生，学生初次离开家不适应新环境，班主任就需要多一份耐心去缓解学生的紧张，减少家长的挂念。在接下来的正常教学生活中，一定还会有很多问题，我相信有这些令人尊敬的老师们鼎力相助，一定会顺利度过难关。

七年级家长会上，请来家教中心的专家们就"小升初"做了讲座，强调家庭教育在孩子成长中的重要性。几个专家以小品的形式，展示了升入初中的孩子在适应新生活的过程中常出现的问题，直观的表现形式让家长更清楚地理解和体会，并针对自己的表现进行反思。

不同的家庭教育对孩子影响非常大，常说幸福的家庭是一样的，不幸的家庭各有各的不幸，但是在所有不幸的家庭里，孩子是最不幸的弱者。所有的问题孩子背后肯定存在一个问题家庭，而出现问题最多的学生常常是没有父母关注的留守儿童，还有很多是离异家庭、甚至失去亲人的孩子。社会转型将大批务工人员带到城市，也看到这些家长无奈地将孩子留守在家中，虽然能给予物质上的满足，却无法给予他们成长过程中的陪伴，无法给予他们最需要的情感与教育上的关注。

究其一生，青春期是非常短暂的一段时间，但是许多家长错误地认为教育就是学校的事，事实并非如此。家长自身的行为品质、观念、受教育程度、对教育孩子的参与度更加重要。作为衔接高中并影响接受高等教育的初中阶段变得尤其重要，也许就在父母没有足够重视的这段时间，学生的思想意识、学习成绩将产生很大变化，甚至影响他能否再继续接受教育，学生的教育转折点也就在此转向。

并不是每个家长都接受"知识改变命运的"说法，现实也越来越严酷，每年返乡的大学毕业生都面临就业的困难，为了考取稳定的事业编制，悬殊的录取比例让很多本科生、研究生都承受着巨大的压力。甚至只有研究生才有资格进入市直中学，面对困难的就业形势，费时费资却不见未来的现实，很多家长更侧重于让学生早早打工挣钱。

是短视？还是现实？这取决于家长的视野，以及接受教育的渴望。他们的认识和态度将影响这些刚步入中学的孩子们。把握好开端，陪伴好过程才是学校和家庭教育最需要的。

惊心动魄

早晨陪学生跑完步，吃早饭的时候，前一晚值班的冯主任走过来。我随口问道："昨晚怎么样？还顺利吧？""别提了，简直崩溃。"我的心瞬间狂跳起来，出了什么情况？

学生能够顺利度过每一天，成了内心最大的愿望。开学已经一周了，学生应该清楚校规和基本要求啊！听着他的叙述，心脏确实像过山车一样经历了最大幅度的跳跃。第一次当班主任的刘老师和值班的冯主任确实经受了一次真正的考验。

吃晚饭时刘老师发现一个学生没回教室，听学生反映已经回家了。他没给学生开假条怎么可能离开学校呢？及时给家长打电话，并立刻组织学生在校内寻找。没想到这个孩子直到下晚自习还没回宿舍，就在他们急得团团转时，他们班另一名学生在宿舍突然满脸苍白喘不过气来，刘老师赶快把他带到值班室，没有好转，又和冯主任把他从6楼驾到一楼，并拨打了120，紧急通知家长却没人接电话。这个学生说他还有一个电话号码在教室，两个老师又跑回教学楼5楼找遍了所有的书和本子，终于翻出了电话号码，居然一个都打不通。值班校长准备亲自开车去通知家长，等救护车赶到了，这个孩子却说好多了，原来他有比较严重的过敏性鼻炎。

一场虚惊刚刚结束，另一场更为惊险的剧目立刻上演。已经10点钟，那个出走的孩子没回学校也没回家，喝的醉醺醺的家长跑到学校破口大骂，并且报警叫来了警车。自称家财万贯的孩子父亲蛮横地指责学校，让几个心急如焚的值班校长老师有苦难言，孩子的确是从学校出走的，要负责任，但是这样自命不凡的家长如果在教育孩子方面没有问题，孩子会这样草率、没有纪律观念、不负责任地擅自离校吗？所有人围着教学楼、校园大声呼叫，还派人到校外附近网吧去寻找，依然不见踪影。

接近 12 点，孩子的母亲打电话来说，孩子回家了。那一刻，按冯主任的话，所有的人瞬间变得清醒、兴奋，取代了刚才的紧张、沮丧，但是疲惫也随之而来。已经折腾半夜的刘老师连家也没回，蜷缩在办公室的椅子上眯了几个小时。

当我听完这番叙述，正要去办公室找刘老师，见他正在走廊里对那个有鼻炎的学生询问情况，连忙向他表示问候和感谢。他开玩笑地说，"没什么，简直太刺激了"。这个开学前还轻松愉快无牵无挂的年轻人，一个月的班主任经历比六年的体育老师工作带给他的感受还要丰富。

成长需要磨炼，对于任何一个人都是如此。这其中的辛苦和委屈只有经过沉淀才能理解，终将有一天他会体味到老师们赞许、同学们拥戴的甘甜。

那个擅自离校的孩子被家长带回学校，胖胖的一个小男孩，圆头圆脑分外可爱，一双小眼睛紧张地盯着地面。问他为什么不告诉老师随便离开学校，答案很简单，因为一个学生碰了他的书，发生口角，最后相互推搡，他很害怕。想回家，又怕家长揍他，因为家长经常揍他，左右为难的孩子只好翻墙躲在校园外的树丛角落里，被蓬松的灌木遮盖着。大家在校园内喊叫他的声音都听得到，就是不敢出来。最后，又困又饿又怕，只好回家了。

看着这个又可爱又可气的孩子，内心感慨，每个人天真的日子能有多少，还是避免给他依然稚嫩简单的心灵带来伤害吧，成长的岁月会慢慢带走这一切可爱的冲动。多一些耐心的教育和帮助，多一份宽容与呵护，他们更容易学会如何与人相处，更容易理解校规的意义。

孩子家长为前一晚不理智言行不停地道歉，老师当然能够理解家长的心情，更不愿意出现任何危及学生安全的事件发生，只想尽快了解事情原委，迅速解决问题，这是学校不能推卸的责任，当然在解决过程中也需要家长的帮助和理解。

刚升入初中的孩子，依然还带着童年的稚气和率真，只有亲切的关怀才能化解他们内心那些可爱的小矛盾，只有耐心的劝导才能教会他们如何处理成长中出现的各种问题；多一份粗鲁和生硬，就在孩子的内心播种多一份愤恨和厌恶；多一份冷漠和忽视，就会让孩子多一份自卑和痛苦，甚至自暴自弃、中断学业。

一直记得这样一句话，孩子的未来决定一个家庭的生活质量。不要轻易扼杀一个家庭对孩子的希望，我也会一直记得。

七年级关键词

七年级是培养中学生良好学习习惯的关键时期。帮助学生梳理学习方法，做好必要的提示，可以有效地帮助他们夯实基础。各任课教师根据学科特点引导学生掌握正确的学习方法，级部还经常通过开会、公示栏展示等形式指导学生尽快适应初中学习生活。

一、接受变化，认真听讲

对比初中和小学，最大的变化就是科目增加，难度增加。英语对于很多学生是一门新学科，初中数学的课堂容量和知识难度明显高于小学。历史、地理、生物等学科的出现，让学生感觉任务更加庞杂、没有正确的学习方法很难适应，跟不上课堂进度当然就更没法学好基础知识。

对于语文数学和英语，事实上仅靠课堂学习还不够，上课认真听讲可以掌握基础知识，还需要及时巩固和拓展延伸，良好的听课习惯是学习的开端，在课前预习的基础上做好笔记，记录每节课的重难点，有益于课后复习整理，举一反三，灵活掌握相关知识。注意听讲，不仅能掌握好课堂知识，还能发展自己的认识能力，培养专注、关于思考的良好习惯。

二、热爱阅读

选择了一段苏霍姆林斯基的话来鼓舞大家：我坚定地相信，少年的自我教育是从读一本好书开始的，并且表现为他能用最高的尺度—那些英勇的、忠于崇高思想的人们的生活来衡量自己。一个人在少年时期和青年早期读过哪些书，书籍对他意味着什么，这一点决定着他的精神丰富性，决定着他对生活目的的认识和体验。这一点也决定着青年人的观点和情感的形成，决定着他对自己的义务的态度。

所谓生活在书籍的世界里，这是指去接触最美妙的文化领域，体验到一个深知文化财富真正价值的人是多么胸襟宽阔。

只有当一个人在上学年代里就爱上书籍，学会从书籍里认识周围世界和认识自己的时候，他在毕业后的自我教育才成为可能。

三、建构扎实的基础

七年级的知识在中考是隐性的，并非不考，而是一直在考，这些基础知识是以后学习的必备工具。如果没有掌握好起始年级的基础性学科工具，初二初三几乎无法适应，等到初三发现与同学的差距，已为时已晚。在关心自己的考试成绩的同时更要关心自己的学习状态。不懂就问，没跟上的马上跟同学讨论，如果想等到以后去"查缺补漏"，那只能是漏的百孔千疮。错过初一基础阶段，想在初二初三时再弥补这些知识缺陷是非常困难的。

四、坚持做题，落实基础知识

1、培养怎么处理审题与做题的联系。已知条件都读不全、读不懂，其实这是做题没有思路的主要原因，综合的题目需要你从已知条件中去挖掘新的已知，务必克服对审题重视不够，匆匆一看就急于下笔的不严谨的做法。

2、会做的题目不失分。要将你的解题思路转化为得分点，特别是数学，主要体现在准确、完整的推理和精确、严密的计算，避免出现"会而不对""对而不全"的情况。需要严谨的解题过程，严密推理和精确计算。同时特别注意规范步骤和书写，"会做"的题才能得分。需要在初一就重视规范，改变自己的"重思路，轻步骤，不计算"的不良习惯。

3、整理错题集

习题整理，方法总结，成绩优秀的学生有个非常相似的学习习惯：不仅有个习题整理的本子，并且都视这个本子为宝，在总结经验中寻找规律和方法。

五、避免偏科

未来的中考是综合性考核，需要各学科齐头并进。偏科会严重影响整体成绩的提高，有时候偏科也会降低学习的信心。因为某些科目学不会，该科的成绩就会越来越下降，对该科产生排斥心理。偏科现象的出现容易受外因的影响，可能因为在学习某一环节遇到困难、某位老师的言行、甚至因同学的一句话等因素，产生学习兴趣和状态的转变。到初三毕业班明白道理再想补"瘸腿"非常困难，原因很简单，每科都在复习，时间非常有限。

各个科目之间都是有一定联系的，例如：语文不好，缺乏良好的阅读理解能力，就会影响政治、历史试题的分析、判别等。一旦出现偏科现象，及时做好调整，否则会感到烦躁和厌倦，进而产生对学习的畏难情绪，很可能影响到其他学科。

要想取得同样的进步，把时间花在不努力而导致成绩差的学科要比花在那些优秀学科上能取得更大的收获，把余下的时间多分配一些到弱科上，你会取得比较大的进步的。

初一很短暂，初一很珍贵，初一非常关键。

关注细节

为保证级部管理工作制度化，管理细节明确化，管理结果透明化，特制定七年级班级量化管理工作补充细则。

一、管理职责

1、每天两名值班人员，至少一名值班领导，对班级常规管理和班主任到岗情况进行检查。

2、值班人员每天早晨7:40、中午12:40对班级及卫生区的卫生打扫和保持进行检查。

3、对两操（周一早晨站队进餐厅）、及两餐的路队和就餐秩序进行检查。

4、午自习至少抽查两次，保学生较好的午休和自习纪律

5、每周不定期对宿舍进行卫生统一检查。

二、结果公示

1、两名值班人员对当天检查结果核实无误后，值班领导根据检查情况进行量化打分；

2、针对每天早晨宿舍管理员和学校值班领导报送的前一天宿舍检查结果进行量化打分，课间操和午自习后对检查结果进行公示。

3、对于当天的检查结果，值班领导有解释权，值班教师负责对于当天的检查结果进行公示并将原始资料统一保存。

三、量化统计

1、每周五负责德育的级部领导会同级部教师进行量化统计，并于下周一进

行公示，对有异议的量化结果进行复查并更正。

2、每月末对于该月的整体量化结果进行汇总，经级部其他领导核实无误后，进行公示，兑现奖惩办法。

四、量化统计应用

（1）每月分档次发放班主任费。

（2）每学期末汇总本学期班主任量化结果，会同班级文化课成绩结果，分档次发放班主任绩效。

（3）每学年结束后，根据全年量化结果、学校评优标准对班主任进行评优。

五、量化资料的保存

每天的量化检查结果由专人保存，每周进行汇总，每月装订成册，保证纸质资料至少两年的完整无误。电子稿件由负责德育的领导和保存量化资料的老师各自保存，保障资料的有效性。

在反思中提升

七年级级部成员团结协作，在工作中注重细节，培养学生规范、扎实落实养成教育。值此七年级结束，大部分学生比较稳定，养成了较好的学习生活习惯，自觉自律意识。教师队伍爱岗敬业，师生相互信任，在学校领导的指导下，圆满完成各项教育教学工作。

一、教师管理工作

1、规范班主任工作

七年级多数班主任年轻富有活力，但是部分没有当过班主任，缺乏经验。通过谈话、组织优秀班主任做经验介绍、学习班级管理常规等形式，提升年轻班主任的管理能力，为保障顺利开展班级工作创造条件。一个学期以来，各位班主任爱岗敬业、工作勤奋，通过常规检查、学习督导、管理学生等方面大量细致的工作，为培养七年级学生良好的养成教育做出了贡献。特别是学校倡导学生早读以后，很多班主任冬季顶风冒雪、披星戴月赶到学校，为学生做出了表率，激发学生极大的学习动力，他们的行动让所有师生为之感动。

2、教研活动和交流

面对具体学情，教学部确定了低起点、步幅小的教学策略。通过周前会、各学科教研活动等方式，明确关注每一个学生的要求，分析学生现状、扎实备课，特别是英语和数学，要求学科教师之间相互听课，积极带动年轻教师的成长，关注提高课堂效率和课下辅导。每次阶段性测试后进行认真总结，对学生给予鼓励和交流。经过师生共同努力，虽然各班仍有差异，但是班风稳定，保持积极向上的学习氛围。

3、教学工作反馈

统计教学量化数据，及时向老师反馈常规业务和班主任工作量化检查结果，对于在班级管理和教学中检查出来的问题及时反馈，培养工作中的正能量，听取教师在教学中提出的建议和意见谦虚，努力创造和谐的办公环境。

二、常规管理工作

1、日常检查工作促进学生养成教育

七年级作为起始年级，全力做好小升初的衔接，规范学生养成教育，加强班级建设，力争使学生做一个正直、善良、组织纪律性强、智慧、健康的中学生。学部成员明确分工，对于一日常规进行全方位检查。特别是学期初强化卫生和午自习的督察力度，培养学生养成规范的行为标准，七年级的卫生状况和自习课纪律在全校保持领先。

2、培养学生良好的学习习惯

值班人员加强对早读、午自习、课堂、课间纪律的巡查，通过召开七年级学生会、期中表彰会、主题班会等形式，引导学生学习常规，针对各学科进行学习方法指导，提高自习课的纪律要求，因材施教，培养学生自主、自觉学习意识，进一步提高中等生的学习成绩，帮助学困生取得学习信心，让他们在教师辅导和优生帮助下，逐步提高学习动力，培养较好的学习习惯，形成基本的学习能力，保证一个学生也不能放弃。

3、加强宿舍巡查力度

在常规检查期间对于偶发事件迅速处理，发现学生中存在的问题及时教育并进行跟踪督察。宿舍纪律卫生良好是保证学生充分休息、精力充沛的基础，为加强七年级学生宿舍管理，制定相关检查标准，召开宿舍室长会议，每一个学生明确具体要求。通过宿舍检查、及时公布结果，兑现班级量化，促进师生对宿舍管理的重视，保障学生良好的休息环境和睡眠质量。

6.组织学生开展丰富多样的文体活动。

一年来七年级先后组织了跳绳、拔河比赛，书写、演讲竞赛，元旦文艺汇演，参加学校团委在不同季节和纪念日中的植树、扫墓、感恩等活动。让学生在活动参与中，强化班级凝聚力，增加个人体验和感受，展示各项技能和风采，同时丰富他们的业余生活。

三、完成学校的各项临时性工作

根据学校整体工作安排,与其他科室积极配合,做好临时性工作,参与完成学校检查考核量化等工作

各项工作高标准、严落实、持之以恒。对班级、宿舍卫生和纪律、课堂督察等细致的工作,一直坚持到最后一天,让所有老师、学生明确言既出行必果。学部成员精诚团结,分工明确,协作真诚,为顺利完成本学期的工作奠定了基础。

放 假

最后一声铃响余音落尽,宣告着期末考试结束,学生们欢呼着从教室里蜂拥而出,预示着他们初中阶段的第一个学年过去了。

这一学年饱含着沉甸甸的收获、快乐、期盼和烦恼,经历首次级部管理的挑战和压力之后,心情却如窗外雨后的天空,沉重而不失清新。

看着偌大的校园里排列着各种车辆,一群群学生和家长们拖着大小行李热闹地忙乱着,在离校的沸腾中拥挤着此起彼伏的快乐。关上窗,如同隔离一出正在上演的哑剧,任其孤独地喧闹。坐在静下来的教学楼里,不由深深舒一口气,微闭双眼,难以抑制的放松通体疏散开来,如释重负、轻松惬意。

那些周而复始的、拥挤着疲惫、压力、紧张的日子过去了。因为寄宿制学校的封闭性,这些进入青春期的孩子长时间集中在校内,活跃的个性在温水一般的学校生活中难免引发躁动,也最容易产生安全隐患,让人时刻神经紧张,充满担忧。好在,一切都无惊无险,虽然很多日子如同复制般地叠加累计。

我一直认为,和其他行业相比,教师的日子似乎过得更快,一年固定的两个学期、分别被无数次大考小考和节假日割裂开来,整齐地叠放在格子里。每天相同的生活节奏,在不同的季节里呈现出绝无异样的色彩,教师的生活始终在淡淡的蓝和淡淡的绿和黄之间渐变。没有多少浓烈的氛围、多少起伏的节奏。相对独立的空间、独立的专业,与学生相处的日子里让人心生单纯,工作生活甚至人际关系异常单调。华发染上前额依然那么简单、甚至是有些迂腐的简单。

脑海里快速翻转着一年来在校一百多个日夜的印象,清晰又纷乱地缠绕着那些清晨或黄昏,那些勾画在书本和黑板上无数的文字和符号,在每天时钟的滴答声中,又似乎没有痕迹地被埋没了。可是和学生们在一起的快乐却清晰地印记在脑海里,无论课上还是课下,教室里、走廊里,那些一起学习和玩耍的瞬间,那些绽放在大家脸上的微笑，丝丝缕缕地弥漫在心底。

　　如果说印象最深刻的，该是冬季唯一的一场小雪吧，老师和同学们在覆盖了一层薄雪的操场上开心地追逐打闹、欢呼雀跃，宣泄着积郁了一冬天的热情，那也许是最值得回味的一番快乐吧！

　　"不妨有时去乘一乘儿童的船，跟他们在一起待些时间，用儿童的眼光来看看世界。请你相信，如果你学会了这样做，那么在学校生活中就会避免许多由于互不谅解而产生的那些冲突：教师不理解儿童做些什么和为什么这样做，而儿童也不理解教师到底要求他怎么做。"

　　"学习的教育性方面首先表现为：用一种形象的说法来表达，就是在科学基础课程这个整齐的乐队里，要使每一个学生都找到自己喜爱的乐器和自己喜爱的旋律。如果一个学生没有爱上一门具体的学科、一个具体的科学知识的领域，那就没有个性的智力充满性和精神生活的丰富性

　　　　　　　　　　　　　　　　　　　　　　——苏霍姆林斯基

八年级关键词

学生进入八年级对学校环境更熟悉，对中学紧张、陌生的感觉逐渐淡化，距离中考似乎遥远，学生的学习动力和压力还不充分，加上青春期的懵懂，学生性格中逐渐显示出逆反的特点。

如果珍惜八年级难得的巩固和上升期，一定会为毕业中考奠定良好的基础，如果重视不够，随着教学内容的难度加大，学习状态不够积极，学习成绩就会大幅度退步，容易出现明显的两极分化现象，学生厌学、沾染坏习气、自暴自弃等。为了避免出现这些状况，需要对学生进行以下引导和教育。

一、爱上阅读

一个学生如果在小学没有培养出读书的习惯，仅仅靠读课本和参考书难以开阔视野，也很难提高理解能力，在具体的各学科学习中也很难体会到成功的快乐。"知识是一种使人变得崇高起来的力量，这是比任何东西都更强有力的一种激发求知兴趣的刺激物。如果一个学生广泛地阅读，那么在课堂上所讲解的任何一个新概念、新现象，就会纳入他从各种书籍里汲取到的知识的体系里去，学生感到这些知识是帮助他把'头脑里已有的'东西弄得更加清楚所不可缺少的。"苏霍姆林斯基的这段话让所有师生值得思考。课本和教参犹如母乳，即使再有营养，达到一定年龄已经无法满足成长的需要，多读课外书犹如补充了营养全面丰富的辅食。

二、努力学习物理

初二新增物理学科，掌握正确的学习方法至关重要。学习物理最重要的是要理解，靠死记硬背不能取得良好的效果。上课听讲和讨论最重要，一定要将基本概念、原理和规律听懂，在实验操作中体会理解来龙去脉，融会贯通，听不太懂的要记下来。疑问是思维的动力，多动脑积极思维，多质疑解疑，才能真正弄清物理概念和规律。学好物理需要及时复习，提高记忆效益。通过足够的习题训练，查漏补缺，理解物理概念、定律之间的内在联系。

三、提高自己的总结能力

八年级是初中阶段同时学习科目最多的一年，课程紧、任务重。为了高效掌握各学科新授知识，学生需要在学习中坚持培养总结的习惯。通过各学科知识点的梳理、题目的分类，总结学科规律，提高解题能力，拓展思维的广度和深度。总结是为了运用知识，积累素材和消化学科信息量对增强理解、提高能力非常有益。总结的形式可以利用笔记，也可以通过复述、讲解等，通过个人或小组合作完成知识的总结和运用。

四、树立提前中考的概念

很多学生到了九年级下学期才开始着急、积极备考，等中考结束总觉得还有很多遗憾，认为复习时间能更充足一些的话，中考成绩一定能再提高一些。所以八年级要树立提前中考的概念，特别是面临地理生物学业水平考试，成绩将提前记入中考总分。在时间分配和学习要求上给自己树立更高目标，积极应对知识积累和心理素质培养，准备迎接中考。

五、查缺补漏

一些学生在七年级因为种种原因，部分科目或部分知识点存在漏洞，进入八年级，很多课程的衔接中会提供复习和应用的机会，学生普遍在学习意识和自控能力上有较大提升，充分认识自己的薄弱环节，利用八年级这个缓冲期尽快把漏洞补上，否则可能会过早地偏科，甚至对其他学科和总体成绩册产生消极影响。

六、重视沟通

学生进入八年级，自主意识更加强烈，青春期的逆反言行也更加明显，非常抵触家长的一味说教，更加容易和同学交流，受周围同学的影响，也容易受到不良习惯和行为的侵袭，产生矛盾、疑惑，有些学生误入歧途，沾染不良习气。所以八年级学生需要随时关注自己的心理变化，遇到问题一定要和家长老师进行沟通，及时进行心理疏导和正确观念的确定，排解不良情绪，这样才能保证身心健康成长，在正确的行为轨道上健康发展。

　　八年级处于整个初中阶段承上启下的关键时期，学习任务繁重、压力变大，学生们应该在老师指导下提高学习效率，掌握适合自己的学习方法，养成良好的学习习惯，培养健康的思想意识，在成长最快的青春期奠定良好的基础。

小组合作竞学

> 成功的欢乐是一种巨大的情绪力量。它可以促进儿童好好学习的愿望。请你注意无论如何不要使这种内在的力量消失。缺少这种力量，教育上的任何巧妙措施都是无济于事的。
>
> ——苏霍姆林斯基

八年级处于中学阶段承上启下的关键时期，良好的学习习惯和方法对于提高学习成绩，培养自信，促进其今后的学习意义重大。各学科知识层次正处于渐进式铺垫阶段，学生还有机会对掌握不牢固的知识进行弥补。

一、调研师生教学现状

学生进入八年级，增加一门物理学科，其他学科在容量和难度上也明显加大加深，很多学生出现明显的不适应感，因为功课难度大、学业任务重，部分学生出现厌学情绪。各学科教师也认为学生基础薄弱，进度缓慢，教学效果不理想，两极分化严重。因为作业完成不及时、质量不高、学习状态不专注，师生之间还偶尔出现情绪紧张的现象。

如果就此按部就班地完成教学任务，会让很多学生慢慢失去学习兴趣直至掉队。针对师生反映出来的教学状态，级部召集各学科骨干教师进行讨论分析。

八年级教师整体敬业精神较高，年轻教师多，乐学上进，对于学生进步充满期待。学校组织教师参加过生本教育培训，对于小组教学的理论依据和操作方式有所了解，还有几位教师一直坚持在课堂上采用小组教学活动，无论课堂效果、教学成绩都比较突出，他们的经验为其他学科的尝试起到了带头作用。

二、调整课堂教学模式

经过老师们分析讨论，报经学校领导同意最后确定，在八年级教学中，结合我校的五环教学模式，课堂教学环节中渗透小组竞学，以此给大部分学生提供相互学习交流的机会。

为了统一思想、达成认同，级部召开全体教师会议，公布了课堂教学中采用小组竞学的方案。在会上对小组教学的意义、操作方式再次进行了培训。利用一周的时间请有经验的教师进行课堂示范，老师们精心准备，集体教研、相互讨论，对学生进行了动员和分组，确定各学科小组名单。

每个6人小组中学生层次不同，有成绩优秀的学生、也有需要帮助的学生。根据学生的基础明确上课内容、作业、课下辅导和背诵的不同要求。英语、数学、物理和语文学科率先投入小组竞学尝试，在师生的积极尝试下，课堂有了很大变化，学生渐渐成为了课堂的主人，由原来的被动听课变为主动参与。

小组之间的学习竞争激发了学生的热情，学习变得不再枯燥，学生体验到学习中成功的快乐。生教生的角色转换激发了学生的自信心和责任感。每个小组成员体验知识形成的过程，增强了探索求知的强烈愿望，在课堂上有了更多的话语权，学生在课堂反馈和检测中讨论互评，努力做到新学内容堂堂清。

课堂氛围的变化，还体现在师生的上课情绪，师生之间建立信任，交流变得顺畅，关系更为融洽。学生的学习状态，课堂效率明显提高，为防止出现反复，学校和级部领导对每位教师进行听课，鼓励各学科坚持小组教学，收集各班课堂小组得分汇总表，对小组教学操作过程的疑虑进行商讨解答。每天多次进行查课，保障当堂测试的时间。经过半学期的努力，一批年轻教师能够在课堂上熟练操作，充分调动学生在小组竞学中的积极性，每节课师生体验到合作学习的快乐。

三、改变表彰奖励办法

为鼓励学生主动学习，突显学生的进步，八年级修订了期末考试奖励办法，通过总分及单科进步鼓励取得进步的大部分学生。特别设立了优秀小组奖，通过每天对各小组学习中的相关数据累计，表彰各学科在小组竞学中表现出色，成绩进步的小组。期末考试中许多学科平均分取得了进步，学生受表彰奖励奖的面积大幅度提升，改变了传统的几名三好学生垄断受奖的局面。

新的表彰奖励办法中，设立了级部30名特优生、30名优秀生，让每个班里最优秀的学生努力进入级部的尖子生行列。为了促进学生的均衡发展，鼓励学生立足基础争取进步，设立了进步明星。无论上次考试成绩如何，下一次考试成绩与上次对比，根据进步幅度，表彰班里的前10名进步明星。考虑到有些学生偏科严重，势必会影响将来的总分，设立了单科进步明星，表彰在年级里各个学科进步幅度最大的10名学生。为了鼓励学生在课堂教学小组教学中相互帮助，提高课堂学习效率。还根据平时表现、考试成绩综合评选出各学科优秀小组。

新的表彰方式立足基础鼓励进步，激励学生坚持不放弃，老师和同学关注他们的努力和变化。通过半年来师生的共同努力，很多学生在课堂上变得非常积极，许多优秀生在帮助小组成员过程中赢得信任和尊重，更加充满自信，极大地促进他们学习能力、理解能力、表达能力、沟通能力等综合能力的不断提升。小组竞学激发了更多学生的学习积极性，许多原来学习困难的学生在小组同学的督促和帮助下，也不再游离于班级的学习氛围，中等生的进步最明显。

学生真正成为了学习的主人。

梳理学习方法

习惯是行为的基础，在初中阶段坚持良好的学习习惯，对取得良好成绩、自觉学习意识至关重要。认真梳理，无外乎具备规范的学习行为、有效的学习方法。

1、制定计划

计划是指学习时间和内容的通盘统筹，要根据不同的学习任务设计短期和长期计划，分解到各个时段，小到早读的背诵内容，晚上的阅读任务，周末的自测范围都了然于心，对照计划按时完成。

2、坚持预习

预习就是要获得不懂的地方，也就是听课时特别注意的地方，找到思维的断点，重点，听课有侧重了，完成作业也更高效，预习是学习的起点。

在预习中注意读、写、练。就是阅读，书写，练习，用几分钟读一遍教材，记录不懂的地方，预习的目的是要形成问题，写在预习本上，第二天听课就会关注到不懂的地方，听老师讲解时要迅速记录下来，有效预习最后就是练，在做题中检验，会做说明理解，不需要重复，经过这样的过程，预习就变得有效了，时间不宜过长过 10 分钟。

3、专注听课

听课是学习的中心，跟随老师，抓住重点，确保理解，跟上老师思路才能抓住重点，首先抓所有学生都要掌握的本节课重点，还要抓住自己个性化的重点，每个人的知识点是不一样的，各有各的需求，自己缺什么就抓什么重点，一定要有个性化，要听懂个性化的重点，当堂消化掉。

4、及时复习

复习的方式很多，背诵、检测都可以。也可以通过想一想、说一说的方法来自查和检测。想一想就是回顾老师讲课的内容，课后及时回想知识，能想起来的部分,已经掌握,想不起来的需要再复习,这叫查缺补漏,漏在哪里,缺在哪里,回想就能把这些补上了。说一说,就是复述,在复述中强化记忆力和表达能力,写作能力也会提升,成绩自然会提高。

5、规范作业

做作业前需要必要的准备,避免盲目应付作业。复习以后再做作业,保证环境安静再做作业,做作业不拖拉,作业之后要小结。作业步骤规范、字迹清晰。作业完了要告诉自己得到什么,有什么经验。课堂知识吸收的效果就看写作业的时间,平时训练有素,每次越快越好,快而又准。

6、积累错题

作业或考试过后将错误更正反思,什么题型上有问题,以后多做这样的作业:哪些是审题、哪些是运算出了错误,把错题抄下来,考试前再复习,了解自己学习中的薄弱环节。有了错题本,就会很好的归纳和总结,考试之前复习就会有目的性了,掌握了这部分易错点,也就减少了失分点。基础知识更加完善,也就提高了成绩。

学习取决于心态和学习能力。在改善学习法中提高学习能力,心态也需要在学习和考试中不断调整,有了以上条件,一定会收获满满。

谁之过

  那些走上邪路的人，实际上是一些非常孤独的人。

  生命既是一种强大有力、不可战胜的财富。同时也是一种脆弱的、往往是无助的、极易受到损伤的珍品

  学校的复杂的教育过程中产生的一切困难的根源都可以追溯到家庭。人的全面发展取决于母亲和父亲在儿童面前是怎样的人，取决于儿童从父母的榜样中怎样认识人与人的关系和社会环境。

——苏霍姆林斯基

  有人的地方就有矛盾，成人之间所有矛盾的起因，从孩子的成长过程中已经出现。即便是在同一环境、同一要求下，学生的发展也不可能规范地齐头并进，虽然有校规校纪作为行为准则，总有一些学生任由心性的自由发展，忽略尺度的约束。

  看着孩子离开校园，真是心痛又无奈。在一次次机会的妥协下，并没有唤起他们改正的良知，一个同伴的呼唤可以将所有的规则抛之脑后。这起索取财物事件，终于在两天后解决，但是问题背后暴露出的种种原因却让人无法不深思。

  学校的教育意义深远，学生的成长成才大至影响国家未来，小至关系家庭幸福，但有时却感觉学校的教育功能苍白无力，却又无可奈何。一帮不知天高地厚的十几岁孩子，正值叛逆期、被家庭忽视以及社会上种种影响和诱惑，老师的说教，即便是再情真意切的谈话都如此空洞，如风般从耳边吹过。真的是那句话吗？一个有劣迹的同伴对于一个青少年的影响要比良师高出十三倍。

  最后一个离开的学生也是整起事件的幕后操纵者，这个词虽然有点危言耸听，但是眼前这个瘦瘦的男生用之无愧。每次看到他细小的眼睛，总是无法不猜想，

是什么原因使一个十几岁的孩子，过早地在脸上现出清晰的阴狠表情？

家庭往往是最初的缔造者。他的父母在他七八岁时离婚，判给父亲抚养，几年之后，父亲再次组建家庭，继母带着一个年龄相仿的女孩来到他的家。他随亲生母亲在另一个城市上完七年级，然后回到父亲身边，转到我们学校重新再上初一。从入学时满脸的不屑可以看出，他不是一个专注于学习的省心学生。果然不久开始违反校规，两年来打架等事件屡次出现，在一次次谈话和家长交流之后，并没有多少起色，最明显的变化是他变得更加深藏不漏，表面上都是别的学生捣乱，但是背后却是他在指使。

通过和他父亲和继母的交流了解到，他父亲对他非常暴躁，甚至多次用皮带毒打，他眼中流露出的凶狠也许就是在一次次挨打之后积淀的仇恨，他才有胆量一次次对同学挥之于拳头。继母看上去贤淑达理，对他非常在意，但是重组家庭无法回避的矛盾，深藏在孩子心中的不满和怨恨是别人无法理解的，其中的敌对也不是那么容易消解，更难轻松建立信任和安全感，而不安全感最明显的体现就是撒谎，他可以看着你，不眨眼睛地坚持本是谎话的誓言。

向同学索要钱物并打人事件被同学告发之后，他用他父亲的性命发毒誓，他与该事无关。在对更多学生的调查中，证明他纠集几个人把无关的人赶走，自己先动手打人，只要不亲手抓住他，绝不肯承认既定的事实。在了解中得知，他有一个最信任的朋友替他向别人要钱，这个肯替他扛起责任的朋友，居然说出就是被开除也不会说出真实的情况。

最后面对这个学生和家长时，他的表现让老师非常吃惊，即便是面对足够的证据，他坚决不承认索要的钱是给他的。

在证据面前他居然还是声嘶力竭地宣称根本与此事无关，叫嚣着让他们来当面对质，报警吧！让警察来调查吧！在他的高呼声中，我们还没有来得及反应，他父亲已经狠狠得将一记耳光打在他脸上。几乎在瞬间，我明白了，为什么有些孩子不敢指认他。因为他也可以这样对待他们。只要被那双透着凶狠的眼睛盯视一番就够他们颤抖的，更不要说他的背后还有一些社会上的干哥干姐。

他以嘲笑的口吻说，我还在乎那点钱，我干哥干姐一个月就给我300多元钱，当他以骄傲的口吻说他在校外有几个兄弟，如何场面，看着他瘦削的脸上不屑的表情，我几乎想象得到，若干年后，他是不是也会成为一个叱咤风云的"大哥"。

在如此多人的调教下，他怎么会不变的老练狡猾，他之所以能以别人无法预计的速度成长起来，与他如此深厚的背景影响不无关系，积攒起如此傲人的能力，才敢在众多学校领导和家长面前无恐叫嚣。

成长，对于每个人来说，都是那么可贵的美好时光，可是有的孩子，这明亮的一页被难看的蛀虫爬满了。忽然想起那个被欺负的孩子家长坚持要报警，经学校反复协调才作罢。如果一个现在就留有案底的孩子，会不会真的随着案例增多、年龄增长受到法律的制裁？

作为学校教育者，还是抱着每个学生都是发展变化的良苦用心，期待着他能快速走过这一段糊涂时间，某一天幡然醒悟，回头再看自己青春期的叛逆能够自省悔过，真心向善，明理乐学，从此开始光明的前程，毕竟决定每个人步伐的方向，在自己的脚下。

看着他和父亲走出校园的背影，父与子，谁之过？

走过八年级

立夏之时，迎来八年级结束之际。回顾这一学年师生相处的朝朝暮暮，忙碌紧张而且充实，一只充满活力的班主任和任课老师队伍，特别是还有几位细心、勤奋的女性班主任，在教学管理一线兢兢业业、甘于奉献；几位朝夕相伴、团结协作、荣辱与共的级部成员在级部工作中身先士卒、积极为师生做好服务与配合。在这一学年里，通过严格落实计划和分解措施，保障了教师的教学常规、学生教育教学管理顺利完成。

学生管理。八年级学生正处于成绩分化、思想波动的状态，为了保障学生稳定地度过关键时期，首先注重加强预防教育。利用全体学生会议和分层学生会议期间对学生明确校规校级，规范养成教育标准。

八年级学生正处于思想意识不稳定时期，也有些同学缺乏自律，拉帮结伙，不能遵守学校纪律甚至无视法律规章，出现了向其他同学索要钱财、打架等行为，在同学们之间造成了很坏的影响。针对这些现象，经常与出现问题的学生进行谈心，明辨是非，鼓励他们严格要求自己。增加与学生交流，不间断地与所有自律性差的学生进行谈话，用心鼓励感化他们。邀请从事公安的学生家长给学生做法制报告，增强学生的法律意识。对于出现的学生问题及时与家长取得联系，耐心说服教育，及时化解矛盾。

2、常规教学管理。在新学年初和下学期地理生物考试后，分别编排了课程表，保障顺利正常的教学任务，全力完成地理生物学业水平考试的筹备和组织。制定早读、晨读、午自习管理标准，明确读书任务，每天按时对各班级读书质量、纪律保持等情况进行检查，针对不能按时到位的情况给予公示。每周参加学校统一组织的业务检查，对作业和备课中出现的问题及时反馈，增强教学环节的规范和实效性。组织阶段性测试，适时督促学生学习的自觉性，及时反馈学生的学习效果。

3、全力以赴迎接地理生物学业水平考试。八年级进入下半学期以后，迎接地理生物学业水平考试提上了日程。首先给学生召开地理生物动员大会，明确考试的重要意义，向学生们提出来了具体的奋斗目标、复习策略。学校领导、级部和任课教师多次召开调度会议，制订了严密的复习及应考计划，明确了具体时间表。通过集体备课、听课教研等方式细化课堂教学内容。在晨读中增加背诵时间，增加复习容量。为拓展复习题目的视野，向兄弟学校筹集复习资料。为了保障学生尽快积累考试经验，在全体八年级任课老师的积极配合下，级部制订监考表，先后组织了6次模拟考试，严格按照正规考场安排，规范考试、严格阅卷。让学生们在一次次模拟考试中发现不足、填补知识漏洞，也增加规范做题、调整考试心理状态的应试经验。

4、坚持落实听课、查课制度。对八年级所有教师进行推门听课，全年我在整个级部共听课280多节。及时了解教师的课堂管理和知识传授情况。每天定时不定时查课至少4次，了解学生上课情况。进入6月份，特别是在地理生物学业水平考试之后，根据新编排的课程表，保证各班级正常的教学秩序，促进学生全面发展。

5、开展小组竞学。在上学期全市调考之后，根据我校教师和学生情况，明确了下学期奋斗目标。为提高课堂教学效率、增进全体学生的学习动力、关注每个学生的发展，确定了小组合作竞学的课堂教学要求。明确各学科在课堂开展小组讨论、教学、反馈等教学形式、增强学生的参与体验过程，让每个学生在每节课中得到不同程度的收获。在一个多学期的小组教学尝试下，学生的积极性大幅提高，以往在八年级出现的学生厌学、严重分化现象在这届学生中有明显改变，尝试新的教学方法，对于老师特别是年轻教师的成长大有裨益。

6、召开学生会议，及时总结和沟通。根据学生在不同时段，针对学习状态、考试成绩、遵章守纪等方面的变化，以全体、分层次的形式多次召开学生会议。学生家长会、表彰大会、行为规范专题会议、法制教育大会、学习动员大会、全体女生青春期教育大会。在会议上对学生进行鼓励并提出不同要求，期望他们严格要求自己、明确目标，每天进步一点点。

7、有条不紊地落实周周清。为解决八年级课时紧、任务重的困难，适当增加对所学知识的巩固和检测，周日返校对部分学科进行周周清训练，检测一周的学习效果，提高学生周末复习的自觉性、纪律性，有效地珍惜利用时间。

8、全面、个性化的奖励措施。在期末考试后，八年级根据学生基础和小组竞学活动的要求。为激励更多优秀生发挥自己潜力，鼓励大多数学生更快进步，促进各学科充分利用小组教学形式，形成自主互助学习的风气，使每一个学生得到关注。八年级设定了特优生、优秀生、进步明星、单科进步明星以及优秀小组成员等多种形式的奖励方式。让学生感受到被激励和关注，保持积极向上的学习热情。

9、及时总结梳理每周的工作，以简报或通知的形式，在周末下发到各个办公室共100余篇，让每位教师和学生了解教学和管理中的亮点、存在的问题和要求，以便于更好地统一思想和工作标准。

根据学校安排完成临时性工作。及时和各职能部室增加联系，配合政教处在三餐、宿舍对学生加强管理，针对出现的问题进行及时处理。配合团委、政教组织参加各类学生活动、组建家委会召开家长会，在兄弟处室部门的大力协助和领导眷顾下，八年级整体工作顺利结束。

迎接九年级

以教学质量为中心，以学校对毕业班工作的总要求为指导，以升学指标为动力，团结一切可以团结的力量，调动一切可以调动的因素，抓思想，促教学，抓管理，促质量，面向全体，全面发展，保证毕业生顺利升入高中而努力奋斗。

工作目标

根据本届学生人数少、基础薄弱、优秀生不足的实际情况，在一中自主招生中力争有突破，超额完成一中、二中指标生名额，中考合格率和上年持平。

工作措施

1、思想动员

（1）充分利用每一次学生集会，对学生进行安全教育和理想教育，对发现的问题及时解决。定期开九年级全体教师会，鼓舞士气，增加凝聚力，确保师生思想稳定，相处和谐，无重大不安定因素出现。

（2）每月举行不同类别、不同级别的教师学生座谈会，议教议学，评教评学，听民声，纳民意，科学管理，最大限度地调动师生教与学的积极性。

2、教学工作

（1）课堂教学方面，按照本年度学校推行的小组竞学方式，进一步强化学生的主体地位，学生在完成前置性作业的有效预习中，通过生生、师生交流，小组展示学习成果等环节，调动学生自主学习、合作学习的积极性，向课堂四十五分钟要质量。大力开展听课活动，通过有效的学科集体备课，保证课堂重难点、作业内容的精确性，针对小组学习方式进行交流共勉。上学期组织好毕业班的新授研讨课，下学期组织好复习研讨课，努力做到相互学习，相互借鉴，取长补短，不断创新，资源共享，全体受益。

（2）作业教学方面，坚持周查制度。要求教师共同研讨，统一布置作业，按时批改，学校每周检查、反馈。

（3）规范教学常规，落实"五查"制度。常规教学中，查教案、查课堂、查学生、查作业、查反馈的"五查"制度，确保用足用好教学工作时间，向时间要效率，向时间要质量，不准随意停课、调课、改变课堂时间用途，最大限度地发挥时间作用。努力搞好教育教学督查工作，争取问题在一线发现，在一线解决。

（4）强化学习风气，激发学生的潜能。通过召开不同层次的学生会议，提高学生作为毕业生的紧迫感，珍惜时间、勤奋学习，通过小组之间的纪律、卫生、学习态度、完成学习任务等方面的竞争，调动学生热情、提高学习效率、弥补知识漏洞，激发学生的潜能，为提升成绩奠定基础。

（5）做到分类推进，强化辅导。通过小组竞学进一步落实因材施教的原则，分层落实教学内容，根据学生数量少的情况，部分学生的作业面批面改，在辅导上下功夫，在补困上作文章，全面提高合格率。坚持每周一次教研组或备课组会议，集中精力研究教学中出现的传统问题和现实问题，认真研究近五年来我省各地，特别是我市五年来的学业水平考试试题。教师设计合理的作业、布置合理的任务加以引导，提高学习时间的利用效率。

（6）严格落实教学计划，精确时间，每周、每月做好教研组、级部、学校不同层次的教学反馈和总结

3、体育训练工作

（1）第一学期的第一周为准备阶段，要求学生准备好训练器材，体育教师制定好训练计划。

（2）训练时间为体育课和课间，班主任及任课老师协助组织训练，对学生实行分包。

（3）体育教师逐项目逐人明确目标。上学期集中时间，集中精力练体能练技术，下学期巩固技术。

（4）每月进行一次体育测试，成绩计入学生测试总分。

4、信息技术考试安排

根据考试时间安排，学生集中模拟训练，考前增加课时，加大训练力度。

5、理化生实验操作考试工作

（1）上学期期末相关老师制定出理化生测试计划。

（2）下学期开学后，物理学科复习八年级教学内容，边复习边训练、化学学科3月中旬结束课程，所有实验训练操作一遍，生物学科分时段复习已学内容并进行实验操作训练。

（3）下学期4月中旬前结束所有学科实验操作训练，转入模拟考试。考试前，每个学科老师至少要组织学生模拟考试二至三遍。

6、艺体特长生培养工作

艺体教师严格选才，制定切实可行的训练计划，充分利用课余时间对艺体有特长的学生进行培养。同时，积极联系文化课教师，强化这部分学生的文化课学习，相互配合，齐抓共管，避免这部分学生出现成绩下滑现象。

7、家校联合，建立定期交流机制。

（1）每学期召开两次家长会，期中检测后的家长会由级部统一组织，期末检测前的家长会由班级自行安排，可以分层次召开。

（2）班主任及全体任课教师全部参与，精心准备，要求每次开会要有目的，有准备，有效果。

（3）结合学生考试成绩情况，由班主任及任课老师跟指标内学生家长进行一对一谈话，为家长分析形式谈想法，提建议，提要求。

（4）通过家长会议构筑家校平台，实现情报互通，信息共享，共同教育好学生之目的。

冬季是收藏和酝酿的季节，以勤能补拙的执著信念，珍惜时间、奋发努力，积累、贮存更多知识的种子，迎接明年春季的蓬勃生长、盛夏开花。

走近中考

九年级进入第二学期，备战中考的氛围更加浓厚，首先是全力以赴完成春季招生工作。

1、组织动员。通过召开家长会、学生会议、师生座谈等形式，让学生和家长全面了解春季招生政策，正确理解其中意义。通过考试、反馈学生成绩，让家长正视学生现状，做出适合学生发展的选择，为学生升学做好准备。

2、组织调度。明确时间要求、制定统计表，安排固定的报名处，配合招生学校做好与各班级学生的宣传协调工作，召开动员会议之后及时跟进，每天调度各班级报名进展情况，协助班主任做好解释协调。

3、保障春季招生期间的正常秩序，减少对教学进度的影响。每天进行查课，课间巡查，避免出现不稳定和安全事件。

4、春季招生结束后，做好总结工作。及时做好教室桌椅、宿舍调整，召开师生会议，稳定情绪，鼓舞士气，全力备战中考。

一、集中精力备战中考

1、统一认识，积极向上。全体初三教师发扬统一思想，勇于拼搏的高昂斗志，在有限的60天时间里克服一切困难，为了学生的发展，甘于奉献。

2、精心制定复习计划，扎实落实。在有限的时间内，在备课组长的协调下，全体教师认真备课群策群力，制定出一套切实可行的复习计划。明确时间和要求，有复习策略、题目落实、检测明细。以每周为单位，明确进度和内容要求。呈现出一目了然的复习时间表，张贴在教室内。让师生对整个复习过程和要求清晰明确，相互促进落实和监督。

3、强化班级和学生管理。

在春季招生结束后，结合各班级人数，重新调整小组教学的组织形式。倡导继续采用小组教学，让学生保持一种归属感。根据学生成绩和中考意愿重新分组。小组成员可以根据学生实际情况，有倾向性地保持成绩的相近性。有利于学生相互学习讨论和鼓励。保持良好的纪律、卫生以及生活习惯是学习的基础。级部还要协助各班级、政教处等全力做好学生日常管理。避免出现影响学习状态的违纪事件发生。

4、加强优等生的培养。根据今年的招生政策调整方向，在鼓励全体同学备战中考的过程中，制定对优等生的培养计划，努力突破自主招生和统招生名额，保证用好分配的指标生名额，避免出现浪费现象。采取级部、班主任负责制。分层帮扶同学，通过加大关注、沟通和督促增加他们的信心和学习积极性。每周末安排独立的附加作业，加大训练量和时间的利用率。对年级特尖生进行适度辅导。

5、强化体育训练。增强体育课效率，每天课间操采取跑步、跳绳相结合的训练方式增强体能，加大测试频率，让学生明确各项体育项目的成绩，加强日常训练充分填补可提升空间。

6、强化时间管理和潜能培养。通过视频、个案事例、宣传材料鼓励学生在有限的时间里全力以赴，发掘自己的潜能。

二、细化备考准备工作和各阶段的检测。

1、根据市教育局下发的通知要求，及时高效地完成各项报考准备工作。绝不会出现因计划措施不到位影响工作进度。

2、认真组织教研室统一安排的模拟调考，及时完成试卷批阅和成绩汇总及反馈。

3、根据学生实际，每周根据各科进度在周末返校举行周周清。周一及时阅卷反馈，对于优秀生适时当面反馈。

4、根据各学科进度，对课程表进行适度调整，增加学生集中训练的时间。

九年级第二学期工作计划表

月份	主要工作	周次	工作安排
三月	1、召开家长会 2、春季招生 3、完成新授课并制定第一轮复习计划 4、体育训练 5、第一次阶段性检测和体育测试	第一周 （3月9-14）	1、召开家长会、春季招生 2、教师制定第一轮复习计划 3、分学科研讨如何上好复习课 4、引导学生制定复习计划
		第二周 （3月15-21）	1、新课教学进步。 2、春季招生总结 3、召开教学质量分析会 4、召开全体学生会
		第三周 （3月22-28）	1、第一轮复习进行听课、评课 2、第一次阶段性考试 3、级部组织体育测试。 4、分层次分包优等生
		第四周 （3月29-4月4日）	1、第一轮复习听课、评课 2、分层次召开学生动员会 3、调度复习进度，准备组织考试
四月	1、全市第一次模拟学业水平测试、总结。 2、根据量模拟成绩，班级任课老师对学生进行分包 3、级部组织体育测试 4、召开家长会，指导学生正确报考、填志愿	第五周 （4月5-11）	1、迎接全市第一次模拟学业水平考试4月（9、10） 2、分层次召开学生会议 3、第一轮复习进行听课、评课
		第六周 （4月19-25）	1、模拟考试总结 2、级部组织体育测试 3、高中报名 4、召开家长会 5、第一轮复习进行听课、评课
		第七周 （4月26-5月2日）	1、微机考前培训。 2、第二次阶段性测试。 3、制定第二轮复习计划

成为你自己

月份	主要工作	周次	工作安排
五月	1、扎实做好第二轮复习。 2、做好学生思想工作 3、任课老师加强对学生心理辅导 4、全市第二、三次模拟学业水平测	第八周 （5月3-5月9日）	1、小范围召开学生会议 2、参加全市实验测试 3、第二轮复习听课 4、迎接全市第二次模拟学业水平测试 （5月7、8）
		第九周 （5月10-5月16日）	1、积极推进第二轮复习扎实进行。 2、模拟考试总结 3、参加中考体育测试 4、加强学生思想稳定工作
		第十周 （5月17-23日）	1、准备第三次模拟考试 2、参加全市微机测试、全市体育测试
		第十一周 （5月24-30日）	1、迎接全市第三次模拟学业水平测试5月（28-29） 2、筹备第三轮复习
六月	1、做好考前模拟训练 2、稳定学生情绪，做好学生心理辅导 3、模拟考试、总结分析。 4、迎接初中学业水平测试	第十二周 （5月31-6月6日）	1、做好学生思想稳定工作 2、模拟考试成绩分析 3、九级全体教师中考备考工作会 4、加强对学生个别指导 5、组织模拟考试
		第十三周 （6月7日-12日）	1、迎接初中学业水平测试 2、组织模拟考试 3、心理调试。

走向另一条路

九年级日程过半，下半学期开学一周后，学生将面临第一次分流，参加春季招生。

学生们在七年级踏入校门同步起航，历经两年半，因为拥有不同的基础和信念、对学习的努力和专注不同，已经产生明显的成绩差异。准备考入普通高中继续求学还是到职业高中学习专业技术？不同学生将根据自己的基础做出适合自己的选择，在未来不同的环境中继续追逐梦想。

历时两周的春季招生工作比较顺利，截止计划的最后一天，已经超额完成教育局给我校既定的招生指标。看着137个学生在下周将进入职业学校学习，心中的感觉喜忧参半。这些学生在初中阶段没有出色地完成自己的学业，有些学生没有感受过在校期间真正的精彩。毕竟，在基础教育阶段，在没有更全面的衡量尺度时，成绩还是界定学生完成学习效果的基本标尺。

在这两周里，不断地和班主任联系，了解到他们在做工作时遇到的困难。学生们面临人生第一次关键的选择，这是一条通往何处的路，家长还无法预测。报名过程中，不少学生想去参加春季招生上职业高中，但是家长不同意，可以理解他们的想法。传统的认识，可能学生再没有机会参加高考，无法实现上大学的梦想。其实，三年前，国家已经颁布了春季高考的政策。为职业类学校开通了一条上大学的通道，其中不乏一些名牌大学。

对于成绩不是很优秀，只能考一般类高中，甚至刚刚达到最低建籍线的学生，选择上高中是一条非常辛苦的路，如果学习习惯和学习状态不改变，很可能上课听不懂，没有办法跟上正常教学进度，高中学业水平考试越来越严格，部分学生甚至坚持不到高中毕业。如果选择职业类学校，还可能以中上游的成绩入校，两年半后以一定的文化课分数、一定的专业技能分数在春季高考中胜出，也算是另辟捷径。

还有一类家长，对于政策性的信息了解不全，听不进去任何解释，不愿意接受变化。既然把孩子送到中学，只接受一种结果，就是上完初中再说，至于考不上高中怎么办，不知道。不认真考虑学生未来的出路。也有相当一部分家长，很清楚孩子根本考不上高中，宁愿让他们毕业后去打零工，也不接受上职业高中。

事实上，很多年前，老师们对于职业高中也有偏见，生源差，没有很大就业空间，无论如何都应该上高中，无论如何应该接受高等教育。可是，现实让我们应该更清醒。十几年的高校扩招，让很多孩子接受了高等教育，但是，严酷的就业率也让人无法接受投入产出比，特别是对于一些家境贫困的学生来说。

连续三年来，所在县城，每年回来3000多本科、研究生毕业生，通过公务员和事业考录的人数比例极小。当年高高兴兴上大学的一家人，四年之后开始为出路发愁。最后多数都到民办的小企业打工，很多所学专业根本用不上，只能从最基本、最简单、单调不需要太多技能的工作做起。

在职业高中学到一技之长，具备相应的资格证件齐全、接受过一定的培训和实习锻炼，他们更受到企业和市场欢迎。

正视现实，让考大学希望渺茫的孩子们，及早找到一个出路，学习一技之长，甚至多学几年，掌握养家糊口的基本技能，不至于早早依赖于拼体力谋生，更何况许多企业需要有良好品行、职业精神、专业精进的蓝领。

认清自己的优势和劣势，学业的路总是要面临选择，我们能做的就是提供更加清晰的解读，两周的春季招生动员期间，开了三次大会，有针对性地交流，很多班主任通过和家长电话联系，接待咨询，把学生的基本情况告诉家长，尽可能地让他们了解全面，结合自己的情况进行定夺。毕竟这是决定他们未来走向的选择，适合自己的就是最好的选择。无论别人怎么想，每个孩子在初中毕业以后，能够在新的环境里不断提升基本素养，才有益于未来行走地更加自如。

看着这137人走出校园，提前进入新的一级学校读书，抛开了让他们头疼的数理化，从另一个角度开始学习生活的技能。也许决定了他们将来的职业方向，也许只是一个稍稍驻足的停顿，然后可以走的更远，当然，不排除还会有人偏离这个起点，另辟人生方向，接受不同程度的教育、接受不同程度的历练总是人生中必修的功课。

今天的态度决定明天的高度，有力量才能飞翔。有勇气面对自己，做出选择，已经是迈向了成长的第一步。

请你努力去唤醒那些无动于衷的、态度冷淡的学生们的意识吧。一个人不可能对任何事物都不感兴趣。接近那些无动于衷的头脑的最可靠的途径就是思考。只有靠思考来唤醒思考。

——苏霍姆林斯基

毕业季的春天

四月是春天里最美的一段时光，也是心中最美的季节。

只是这一年的四月，没有多少时间赏阅春光。连户外的花儿也没多看几眼就萎落了，那满树白的、粉的蔷薇花不知不觉中已经成为记忆。

每天在学生中考和儿子高考的夹缝里生活，的确非常忙乱且充实，四月的每一天都历历在目。

三月底九年级完成了春招工作，连续两个星期的宣传动员，召开了三次会议，分析各种形势，一部分学生参加了春季招生，进入职业高中学习。

进入四月，真正开始了学科竞赛。上旬忙碌了一个星期，举行了第一次阶段性考试。选拔学生组建了第13班，重点培训几个学生参加自主招生考试，四月11号考试结束，13班还能否存在下去？靠老师兼课很难保证其精力和热情。

趁着这个特殊时期，计划把别的班也就此调整一下，商量了几种方案，征求各方面的意见，很难统一。四月10号改完试卷统计完成绩，级部几个人和分管领导开始认真商量，连续讨论了几个小时，考虑到方方面面的取舍和影响，老师面对变化能够接受的程度，以及利害关系。直到快晚上十二点，结果是最不堪的一个，一切照旧，回到最初的12个班。谁也不必再付出太多，也不必担惊受怕。当然也不必再奢望有什么奇迹发生，对于这届生源最差的学生，学校上下已有潜在的定势。回家的路上非常沮丧，为什么做成一件事这么困难？

这种沮丧的情绪持续了一晚，被郁闷和烦躁纠结着，睡不好，不甘心。第二天是星期六，早晨醒来，和本年级的一个老教师通电话征求意见，他赞成改变的想法，为了更多的孩子在最后的中考中取得好成绩，大家不会计较太多。像一簇火苗迅速点燃了心中的热情，为什么要妥协呢？还是要坚持下去，无论如何要试一试！

这个徒然蹦出来的想法立刻驱散了一夜灰暗的情绪。于是，给儿子做完早饭，看他离开家去上学，自己等不及吃早饭，就开始给所有相关的老师打电话。把改革方案中牵扯到的所有老师都打电话说明，对有可能存在抵触情绪的老师进行解释。整整三个半小时，耐心地解除了一个又一个障碍，最终圆满完成了通关。

即便依然有怀疑的声音，毕竟得到了绝大部分人的理解和赞同。关键的时刻，有拍板决定权的人一定要坚定。虽然，我一向听取建议、顾及大家的感受，但有时非常坚定倔强。那个时刻，我做到了，决定担当和负责，我用坚韧不拔的意志力做到了，选择以前从未有过的班级调整方式，这也是给自己四十五岁生日最好的礼物，那一刻的感觉如此轻松。

四月十二日星期天，生日当天，我带着两个级部领导到学校加班。保留了十三班，并且将原来的班级两两重新组合，实行走班。一套班子的老师，还是教原来的学生。召开班主任会议，把分班的细节、操作方法和依据进行公示，因为之前在电话中已经进行了沟通，老师对于决定很容易接受。接下来，班主任对学生进行思想动员，开始分班。两个相邻的班分成ＡＢ班，原来的两个班主任依然是新组建班的班主任。在最后的复习阶段更适合他们各自的基础，因材施教也不过如此吧。

星期一清晨召开全体教师会议，达成统一意见。初三学生距离升学考试还有43天，本届学生整体基础偏薄弱，特别是在复习阶段，因基础差异较大造成整体冲刺效果受限，在选拔性强烈的中考中，我校学生不具备优势。

为了针对所有学生因材施教，尽量让他们在现有基础上有较大程度的提高，在极其有限的时间内，拟对初三学生复习阶段的班级状况进行调整。将现有两个邻班为单位，分别打乱依次排名重新分为两个班。除个别老师外，教师们依然担任原来的班级课程，因为学生做了调整，上课的效率将会提高。

分班相当成功，没有任何反应，学生很自然地接受了。在后来的两周来看，效果非常好，每个班学习的风气都很浓厚。尤其是A班，没有不学习的同学干扰，学风更好。B班也没有出现担心的捣乱闹事现象。这两年小组竞学培养的结果就是学生很懂事，即便是有些小问题，也是这个年龄段难免的，守规矩是最大的亮点。

接下里的一周是中考报名。星期天，所有班主任老师提前到校给学生办理报名手续。各个班级高中报名的比例比较合理，尤其是一中，对于我们这届学生来说，所报数目是最合适的，一切顺利地没有任何干扰和纠缠。一个星期的报名结束，人数不多的艺体专业考试也顺利通过。

进入四月底，中考体育即将到来，进行了冲刺阶段的跟操调整，班主任每天给学生掐表跑完800米。在集体训练跳绳中为学生计时跳绳，老师们对学生的督促和鼓励无形中给他们注入了无穷的力量，极大地增强了学生的信心。

四月最后一周变得更加忙碌，又组织一次第一轮复习模拟考试，考试依然是促进和检验复习的有力手段。严格地按照中考时间组织监考和阅卷，这也是对前期总复习的一次提前检验。一旦进入五月，随着实验、微机、体育等考试的临近，更没有多少时间组织文化课的模拟考核，规范的考试和阅卷助于师生发现问题、及时改进。

四月的最后一天，学生的中考生涯即将进入冲刺阶段，无论什么困难，都会在大家的坚持下得以克服。也许会不自觉地参考往年的做法，但是，凡事都不是一成不变的，所有的犹豫和彷徨往往会禁锢一个人的思想和前进的脚步。每一年都会根据学情有所突破和改进，也许很多事情就是在不拘泥、敢于冒险的情况下取得创造性的效果。

奋斗的真正意义

分享任道明博客中的一段文字：

有人会问：难道有目标一定会成功吗？

有一句古话说：希望越大，失望越大。如果我深信自己会成功，结果失败了，请问我如何面对？那时的痛苦是最深刻的，因为期望越高，掉下来就越痛。

曾有位作家说过："人生有两大痛苦，一是得不到自己想得到的东西；二是得到了自己想得到的东西。"

这句话道出了真谛，看似矛盾却是那么有哲理。

目标达不成时痛苦，当目标达到后发现不过如此而已，重新陷入到痛苦当中。得到结果并不是最重要的，最最重要的是追求的过程，在那个过程中你享受到了奋斗带给人生最美的滋味，同时让自己变得越来越有魅力。

在你们考试之前，你制定了明确的目标。结果如你所愿，终于等到了你盼望的结果，当时的你会非常的兴奋。请问这样的兴奋会持续多久呢？如果没有了新的目标，没有了方向，感觉会非常的无聊。请问为什么？

很简单，那个考试目标其实并不是最重要的，最最重要的是你为了达成目标而付出的努力，在那个奋斗的过程中你享受到了人生真正的乐趣，同时让自己变得越来越有智慧。

如果达不到目标，失败了，那我们该如何去面对呢？

首先我们试问自己：我们全力以赴了吗？如果答案是肯定的，那么就没有什么好后悔的了。同时告诉自己：当一扇门关闭时，必有另一扇门向你打开。

暂时的失败只是提醒你是否该调整行动的方向，方向正确了，就为下次的成功奠定了坚实的基础。失败并不可怕，它却是成功的组成部分，是成功的前奏，是成功的铺垫，更预示着成功即将到来。

将潜力转化为实力、需要努力和方法，但更需要坚持下去的毅力。
坚定的信念让人充满希望，
坚持的斗志让人自信。
所有的这一切，需要点点滴滴地渗透。
瓢泼大雨只能破坏土质，
正如，改良土壤，需要细雨慢慢浸润

时间的付出与成绩提高成正比
对于毕业生尤其如此
珍惜剩下的每一天
全力以赴，极尽争分夺秒。

成为你自己

走过毕业门

中考结束一周后,学校为九年级学生举行了盛大的毕业典礼。这些瞬间长大的学生在学弟学妹面前步入会场,客人般的腼腆拘泥,却掩饰不住就要毕业的满眼兴奋。

在校长致辞、老师、同学代表告别演讲中,可以清楚地看到毕业生们专注的神情,绯红的面孔流露出心潮澎湃的激动。那些熟悉的动人故事,饱含真情的祝福,连客串的节目都丝丝缕缕地牵引、点点滴滴地渗透出心底翻涌的不舍。

最后的环节,走过花环编织的毕业门。大屏幕滚动的画面在舒缓的音乐中唤起师生三年共同学习生活的珍贵记忆,流溢出真纯的师生、同学之情。一排排学生走上红地毯,毕业门边等候着与他们告别的学校领导和全体老师,学弟学妹排成行的欢送队伍一直延伸到校门外。

内心深藏的情感再难抑制奔涌而出,有的含蓄内敛、有的真挚动容。在紧握的双手、不舍的拥抱、深深的祝福之间,含泪的双眼饱含着深情厚谊,轻声话别中流露出挂牵和叮嘱。学校熟悉的一切、长长短短的片段变得难以割舍,在默默握手和拥抱中传递着彼此浓浓的惜别之情。

这些来自农村的孩子朴实善良勤奋上进、吃苦耐劳,异常珍惜进城上学的机会,在读书改变命运的征途中不懈前行。他们中间很多是留守儿童,还有离异、单亲家庭的孩子,长期缺失父母的关爱、照顾和鼓励。在形成世界观的年少时期,也有部分学生受到不良习气影响,失去学习的信心。老师不希望教育不足的现象在他们身上重演,那些入情入理的交流、诚恳的关怀渐渐消蚀他们心中的坚冰,在这样一个值得纪念的日子里全部融化成留恋与感激的泪水。

也许有过对老师批评教育的怨责、也许有过同学间的矛盾和误会,所有的前嫌和误解都在送别中回归宽容,一场送别,疏导着大家丰满的情绪,营造起一家人的深切归属感。沾满泪花的面颊绽放出微笑，饱含温暖的凝视中充满对未来深深的期许。

这样隆重的毕业典礼上，学校对学子们寄予深沉的祝福和期望，让他们在告别的时刻心灵再次回首、宣泄并得以新生。面对别离，感受彼此的不舍，收获安慰和肯定，树立对未来的信心。他们的生活，将从一个阶段的结束迈向另一个新的起点。

学生们走过毕业门，怀有感恩之心，心中有爱、心中有梦。那些朝气蓬勃的生动面孔逐渐离开视野，曾经的时光已经给未来拓上底色，他们拥有美好的青春，必将循着不同的色泽营造灿烂，绘就未来。

> 成为你自己

喜 报

在全体师生共同努力下,我们精心陪伴三年、这届曾被怀疑的学生,中考成绩超出了所有领导、老师的预想。超额完成学校制定的升入重点高中计划数,一中指标生达到新突破,重点中学录取人数创历史新高。

献给所有一路同行的老师们:

总想对你说

总想对你说,
时光匆匆,经转流年
多少学生走进我们的视野里,编织梦想,色彩纷呈
又一个告别酷暑的开学之季
我们回到熟悉的校园,再次相遇
满眼那深浅相融的绿啊,郁郁浓浓
一张张如花的脸,奔跑在浅草之间,笑迎着你我
于是,开启了一段段无法历数的感动

九月的第一天
晨曦微明,草尖盈润,树尖的小鸟还没开始歌唱
教室里朗朗的读书声已经响起
飞出窗棂、穿越薄雾
在秋凉风静的校园上空,萦绕成一串串欢畅的风铃

而你,在教室的一角,异常平静

或坐、或站，满眼都是那一张张专心读书的脸

你的出现，像一簇火焰瞬间点燃了他们的热情

你用无声的行动坚定着他们的信念

毕业班，进步一定与汗水相连，成功必将与辛苦同行

你让他们相信，从此以后，每一个蜕茧成蝶的瞬间，需要体验甘甜和疼痛

是的，从此以后，这俨然成了一道靓丽的风景

越来越黑的清晨，在站台上等待第一班车的，是你孑然的身影

只为兑现你与学生无声相许的承诺

我在，你们为理想奋勇拼搏的时刻，总有我在身边陪同

是啊！在越来越冷的清晨，你穿过静寂的街道，独行于星月相伴的寒风

只为回应空寂的黎明中那声声热情的召唤

你就是见证他们挑战自我、成就梦想的英雄

于是，校园里那一扇扇窗，灯影相映的画面如此浓重

总想对你说，其实我很感动

每次看到你和学生谈心：在教室、在走廊、在操场

诚恳的眼神里饱含着鼓励和信任

即使温和的语气里偶尔也会有严厉的敦促

那也是满满的叮咛、殷殷的期望太过深沉

正是因为在意才变得焦灼

正是因为担心才反反复复不懈地追问

那些将别人家的孩子放在自己心上的人是神

你不愿成为神，只希望自己有双智慧的翅膀

在孩子们天使般、成长的岁月里

你可以带领他们翱翔在知识的天空、描绘成大写的人

总想对你说，其实我很感动

在每个平淡的、有如白纸一般的日子里

你紧张地忙碌于纵横交织的琐碎和平静

那些备课被描画成无数精准的格子

只为填充学生们每一天的进步，汇聚他们喜悦的心情

堆积如山的作业里，你一笔笔写下由衷的赞扬和期许

那无声的对话会一直温暖到学生的心坎，如影随形

总是有那么多课间，你被无数身影簇拥在桌旁

等待着检查或辅导的学生，绯红的脸上写满紧张或者不宁

可是，他们是否会细心地注意到，你声音里的嘶哑、眉宇间戚戚的神情

他们又何尝会想到，时常因为疲劳、职业疾病的折磨

你多么需要一份身心彻底的放松

是啊！多么希望一份轻松！

可是，上课的铃声又一次响起，就像冲锋的号角

激发你以最饱满的精神开始启程

课堂，那是一处平凡、神圣的阵地

也许你语言精准、思维睿智、也许你知识渊深、态度亲和

你的智慧和勤奋早已赢得学生的钦佩和尊重

　　课堂，总是让你搭建成最炫的舞台，展演着学生点点滴滴的蜕变，积淀着他们未来的华丽转身。

　　而你总是退到教室的一角，用赞许的目光追随他们的精彩，用耐心的脚步等待他们的懵懂

即使你的青丝慢慢染成白发，稚气的孩子们已经挥别成背影

当眼前又出现一批求知的眼睛，总会再次让你迸发出全新的热血、满心的真诚

也许，你以为自己只是平平淡淡地出现在他们的青葱岁月

却不知道，讲台上你的豪情、你的音容会像画面一样清晰地镌刻在他们心上，留存在漫长的记忆之中

总想对你说，其实我很感动
落日的余晖，或许很绚烂，或许很冷清
可是你却无暇顾及那其中的变幻，甚至来不及望望窗外渐变的落叶，疏散一下闲适的心情。
简单的晚餐过后，找几个同学面批一下当天的作业，还要准备一下晚自习需要的课程
直到一天里最后的下课铃声响起，月牙高悬，甚至连繁星也坠入天际
疲惫是你唯一的语言，却被默默地化做无声

仰望着静寂的月光，有那么一刹那，你甚至也会泛起一丝的沮丧
感觉日复一日的重叠，生活简单到没有痕迹
没有冒险、没有变化、没有机会着华美的衣裳，没有机会见迷人的风景
是啊，这就是最朴实、最规律、最辛苦的你
可是，这真的是你吗？你是否真的能够看清？

你拥有着别人永远也无法得到的信任
那是交换心灵、感染性情、牵引人生的负重
你拥有着别人追求一生才顿悟的幸福
那是终日与清新相伴的单纯，远离物欲、内心平静的空灵
你每天执着编织的正是那精美、律动的音符。
那也许就是我们忙碌的意义，敦促着你我不懈地前行。

元旦节目：喜赞教师

辞旧迎新笑开颜
热歌劲舞搞联欢
我拿什么来表演
三句半

金龙才去银蛇到
学校老师大团圆
谈谈成绩和发展
谝谝

教师齐心搞教研
一门心思传教案
电脑天天连轴转
累瘫

年轻队伍成骨干
研究生老师在增添
谦虚、勤学又苦干
还养眼

班主任工作应赞叹
吃喝拉撒都要管
学生、家长事事谈
咽炎

教师夫妻风景线
举案齐眉把手牵
五好家庭讲团圆
眼馋

后勤老师很关键
无论冬夏满院转
登高爬低把活干
可赞

老满、老田和老颜
一杜二王勇承担
熬掉头发图发展
不畏难

其他领导可圈点
迎检、听课、想安全
查宿舍、查早读、查早恋
费手电

办公室评比要争先
齐心协力换新颜
跳绳跑步大灌篮
好看

学生社团已组建
操场、楼道无纸片
作家、主持的摇篮
灿烂

祝福话儿说不完
敲锣打鼓道几言
今年又是吉祥年
拜早年

一祝大家都平安
大吉大利无灾难
学校福利更健全
发钱

二祝大家身体健
劳逸结合莫蛮干
加强保养是关键
多锻炼

三祝大家心莫烦
新年愉快心胸宽
欢声笑语暖心田
真舒坦

学生在学校里所掌握的知识，它们之所以需要，是为了使一个人在接触了文化财富之后，感到自己是一个真正的人，产生一种自己是劳动的聪明而有才智的主宰者的尊严感，为自己在生活中不只是为求得一块面包在操劳而感到幸福。

——苏霍姆林斯基

教学的艺术不在于传授本领，而在善于激励和唤醒。

——第斯多惠

寄语七年级学生

良好的开端是成功的一半

同学们：

大家进入中学已经一个半月，你们体验了军训的磨练、想家的煎熬、适应了新的环境、结识了新的老师和朋友。开始学习与小学大不相同的科目，面临有些招架不住的作业和诸多要求。国庆长假稍作休整，接下来将面临阶段性考试，我相信大家有一个相同的感受，那就是时间过得太快。

对于一个成长的孩子来说，一个月何其短暂，但是同学们在开学以来的这一个多月，却是接受变化最多的一个月。我们非常欣喜地看到大家的成长，学会自立、各尽其责，保持了良好的卫生、出操和就餐习惯。清晨教室书声朗朗，自习课变得安静有序，同学们争先恐后地参加学校社团活动，为生病的同学悄悄送去开水和安慰，你们的点滴进步都让老师们非常感动。我可以骄傲地说，你们已经开始了真正的中学生活。

过去的一个月，很多同学适应了这里的生活和学习节奏，摆脱了想家的苦恼，平静了焦躁、惶恐的情绪，很快将面对初中的第一张成绩单。大家会不会自问，这个月我到底学到了什么？面对三年的初中生活，我该如何度过？下面这些建议也许对你有帮助。

1、学会坚持

看看周围的同学，你会发现，那些真正成绩优秀、品行端正的同学，多数比较平和，能够稳定地坚持做一件事，使之成为习惯。情绪化和三分热度往往会虎头蛇尾，这是因为做好任何一件事不是靠一时冲动，而是需要日积月累。

2、学会求助，培养信心

老师会精心准备每一节课，同学们也听得很认真，但是，有些学生对部分内容听不懂，就游离课堂之外，甚至自暴自弃。放弃一节课、一两天的课很容易，但是，放弃的结果就是越来越听不懂，心情会越来越沮丧。老师讲的所有内容，不是要求大家同时学会，但是请同学们不要停下学习的脚步。通过请教老师和同学、通过思考，学会一句对话，努力做对一道题，你将体会到学习的快乐，会发现自己越来越有信心，老师陶醉于你们学习的眼神，世界上最希望你进步的人，一是父母，二是老师。

2、竞争很激烈、大家需努力

竞争不仅在于本校的学生之间，竞争也不仅限于课堂和在校期间，周末和节假日更是拉开差距的机会。曾有人说，八小时之外的功夫决定你是否成功。同学之间在学习上存在差距，如接受能力、上课理解能力和应用能力，这些都取决于你的专注程度。你掌握了大部分知识，几个没掌握的细节却总是出错。而考试，考的都是综合，一个知识点没掌握它就像核裂变，会突然冒出一系列的错题，于是差距产生了，只能靠课下及时巩固，勤奋努力、细致认真来弥补。

也有的同学认为自己粗心所以没考好，一位非常优秀的老师和一个粗心学生的对话：学生说；"老师，我本来可以考110+的，因为粗心最后只考了90+"，老师问"1加1等于几？"。他回答道"等于2"。老师说："题目只有会做和不会做两种，把你的熟练程度和对知识点的认识再提高一个境界，这些题目对于你来说都是1加1等于2的问题，你就不马虎了。"整理错题，尽快掌握各学科教师介绍的学习方法，对提高学习效率至关重要。

"业精于勤而荒于嬉，行成于思而毁于随。"勤奋永远是真理。没有不学就会的天才，没有不努力就成功的天才。

3、明辨是非，慎独自控

初中是形成价值观的关键时期，也很容易接受别人的蛊惑，特别是对于离开父母的住校生。要多结交身边的好玩伴和朋友，有句土话叫做"人搀不走，鬼搀飞奔！"我们需要自我管理和约束，好环境、好老师、好伙伴会影响一生！网络是把双刃剑，有好有坏。沉溺于网络，学业必然受影响！虽然网络已经常态化、工具化，节制是关键，玩物丧志是真理。

4、学会感恩

无论哪位同学的点滴进步都与你们的自律严谨、勤奋好学分不开，也与父母关注、老师谆谆教诲、同学帮助分不开，更与最辛苦的班主任分不开。懂得感谢父母给你的一切，感谢老师同学的帮助，懂得珍惜，也会成为进步的动力。

5、文明守纪

我们日常在校内外与人交往，将来大家进入社会，分数不会被写在身上，但是你的言谈举止、诚信礼貌都关乎你的受欢迎程度，你的做人做事原则、遵章守纪的意识却决定你的生活状态和质量，要做一个对家人、邻居、社会都没有伤害、没有危害的人。

大家记得梁启超的《少年中国说》吗？"少年智则国智，少年富则国富，少年强则国强，少年独立则国独立，少年自由则国自由，少年进步则国进步，少年胜于欧洲，则国胜于欧洲，少年雄于地球，则国雄于地球。"真诚地希望大家心怀天下，立大志、立长志，从充满蓬勃生机的少年做起，勤奋自勉，好学善思、珍惜时间，从今天做起。

寄语八年级学生

全力备战地理生物考试

同学们：

大家好！你们已经走完了初中阶段一半的路程，今天，距离地理、生物学业水平考试只有 100 天的时间，除掉周末还剩 72 天。

我们应该知道这次考试的意义，地理生物学业水平考试成绩将纳入中考总成绩，实质上就是提前中考。这是你们面临的第一次真正的选拔性考试，我们没有理由不重视！这两门课顺利结束，你们在九年级就能轻装上阵，集中精力学好其它功课；假如考不好，明年有重考的机会，但是它有可能成为你的思想包袱，牵扯毕业季的学习时间分配，甚至影响复习的信心，所以，面对中考的考验，我们需要全力以赴！

一、思想决定态度，态度决定高度

认识不到地生考试的重要性，你一定不会有最佳的复习状态，现在部分初三同学遗憾当初地生成绩不理想，真正体会到后悔的滋味。我们现在还有 70 多天的在校时间，这段时间说长也长，抓紧了，利用好了，我们可以足够努力，然后去享受成功带给我们的喜悦；说短也短，蹉跎了，大意了，眨眼的功夫考试就到，到时候留给我们的只有无尽的悔恨。你是愿意选择到初三去后悔呢？还是愿意选择现在开始努力呢？相信每位同学的心中都有了明确的选择。

二、状态大于方法，方法大于勤奋。思想意识上去了，再有好的方法辅助，我们就会如虎添翼，起到事半功倍的效果，所以要学会借鉴好的方法来助我们一臂之力，我们可以借同学之力，与同学多交流，一个人一种方法，两个人互相交流就会了解两种方法，在众多有益的选择中我们可以找到更适合我们的方法。我们还可以借老师之力，不懂不清楚的地方抓紧时间请教老师，也许老师的只字片语就可以让你豁然开朗。学会借力，可以让我们的复习更高效。

三、把简单的事情坚持不懈地做好就是不简单。

课堂是学习的主阵地，有科学的复习进度和内容安排，抓住课堂不放松，坚持每节课都能高质高效地完成任务，你就抓住了学习的主动权。合理安排课余的时间，每天有个小目标，每周有个中目标，最后有个大目标，不浪费一分一秒可以利用的时间，早读你比别人早来五分钟，自习课你比别人早进入状态五分钟，一天里我们有很多零碎的时间，每天完成任务不欠账，你就会比别人更有信心。你就比别人离成功更近了一步，比别人拥有了更多胜出的机会。

四、相信老师、相信自己。

同学们很幸运，首先我们拥有一支极负责任的优秀班主任团队。这些老师早出晚归的辛勤付出，同学们应该有目共睹，希望同学们能体会他们的良苦用心，我也相信他们带动大家创造更为浓厚的班级学习风气，给予大家最大的支持。你们的地理、生物老师业务精湛，有深厚的教学功底、备考经验，可以不遗余力地帮助同学们。地理生物学科需要理解加记忆，不要以基础不好为借口，每一天都是明天的基础。只要肯努力，按照老师安排的复习计划和任务，结合自己的基础有针对性地补差，你会发现它们并不像你想象的那么难，功夫到家，想不考 A 都很难！最重要的是你们总体素质优秀，从初一到现在，你们的课堂纪律、学习状态、及其它常规表现出色，为集中精力做好复习提供了保证。做好任何一件事最重要的是人的因素，无论出现什么样的困难，只要我们不怀疑不退缩，就不会动摇我们成功的信心。

五、要自信但不自负！

我们有信心却不能自负。从幼儿园就熟稔龟兔赛跑的故事，正常情况下应该是谁会胜？结果呢？这是为什么呢？乌龟胜利在于踏踏实实、一步一个脚印，并懂得持之以恒！而兔子败就败在自负上。在座的一些同学，也许你的基础并不是很好，但若能在复习中注意积累、持之以恒，完全有可能超越现在暂时比你强大的对手！而目前基础好一些的同学，若不能保持警醒，也有可能像自负的兔子一下败下阵来！所以，我们要自信，但千万不要自负！

阳春三月，万物萌发，这是一个孕育希望的美好季节！我们在这里吹响了迎战地理、生物学业水平考试冲锋的号角,从现在开始,我们将成为一名勇敢的战士,去迎接一场全新的挑战!三分天注定,七分靠打拼,爱拼才会赢!

"两年磨剑、六月试锋",置身于升学竞争的洪流之中,我们别无选择,只能破釜沉舟,背水一战。只有脚踏实地,不断完善自己的知识提高能力,以最好的状态迎接地生学业水平考试的挑战,相信你们必然会获得最后的胜利,一定可以做到。

寄语九年级毕业生

成为你自己

同学们：

我们在此表彰本次期中考试涌现出来的勤奋好学、成绩优异、进步突出的同学，表扬互帮竞学的优秀学习小组。

我也很遗憾地看到了许多同学眼中的失落，因为自己的成绩不够理想，如果此时你已经产生不甘心，那证明你开始思考和自省，这正是你即将进步的开始。

既要表彰先进，也要分析差距，总结经验，为以后的学习加油鼓劲。差距的产生与同学之间的学习基础、学习习惯、家庭教育等方面有关，但是最根本的原因是大家不同的学习状态、不同程度的学习动力和能力带来成绩上的差异。

忙碌是我们的关键词，九年级的四分之三已经过去，面对大踏步走近的中考，接下来的一个月如何度过？我们一起来分享。

第一个词：驱动力

每个同学走进九年级都会有一个目标，大家是否天天把它放在心里，天天都在为它努力呢？请大家看这个片段，每天晚自习后，老师巡视各班级，发现别的同学都回宿舍了，还有一个学生在教室独自学习。他的内心一定也有一个目标，有一份强烈的激励他勤奋的愿望，并且每天都被它鼓舞着。我们看到的只是他近期一直努力的小片段，更多勤奋的瞬间可能被大家忽略了，但是，他在这次考试中提高了47个名次，就是对这些瞬间最好的回馈。他的名字就是三班的吴开昆。我相信还有很多同学也在进步，甚至比他的进步还大。那么，请为这些值得我们学习、对自己负责任的同学们鼓掌。

从开学第一天起，同学们就小鸟一般早早飞到教室里读书，一直坚持到今天，你们在教室里读书的样子让人振奋，还有陪在教室里读书的班主任老师。无论什么时候的自习课，走过每间教室，都会看到大家奋笔疾书的身影，为了梦想而努力的人总是会得到别人的尊重和感动。所以，我倡议大家也把掌声送给进步的自己，送给陪伴我们的老师。

你想成为一个什么样的人，要过什么样的生活？会驱使着你向着这个方向和目标努力。我们在英语课中接触了很多职业，有些职业需要上大学，学习复杂高深的专业，有的职业需要初高中毕业上职业高中，通过职业培训，就可以学习一门专业技术，当然也有的只是需要健壮的体魄从事体力劳动，专业性较差。其实，很多同学的父母就是希望自己的孩子通过读书多一层选择，甚至改变命运。也许你还没有具体的方向，但是，只要有足够的勇气天天坚持努力学习，你要过什么样的生活，不是到了18岁才能决定，现在每一天都行走在准备决定的路上，你的内心驱动力有多大，你就准备多充分，坚持会多久。

第二个词：考试

九年级最频繁的就是考试，未来的日子我们需要面对的考试越来越多，如何对待考试也是九年级的基本课程。在规定的时间内正确地完成所有题目，是我们每天努力达成的目标。建议大家平时以考试的态度完成作业，闭卷、独立，检测你离这个目标还有多远。诚实应考是最基本的品质。

考试之后，大家第一时间最关心的是考了多少分，排名有没有变化，这都可以理解。但是看完试卷就塞进桌洞是否妥当？考试的真正意义是及早曝露问题，及时补救。正确的方式是认真分析，哪类题目得心应手，哪些题目做错了，出错概率如何？做错的真正原因是什么？是紧张心态不稳定造成的思维混乱，还是对这个知识点掌握不牢固、这个环节有漏洞，还是有些知识根本没有学会？不能仅仅以马虎为借口原谅自己。

考试的另一个重要作用是锻炼自己的心态，本来很有把握的题目，在考场上却突然短路，头脑不清，因为紧张造成失误。一次次的考试就是磨练自己的心态，慢慢变得不紧张，把考试的状态视为常态才能保证正常发挥。

第三个词：结伴而行

想要走得快，一个人走，想要走得远，结伴而行。

在我们开展的小组竞学中，在期中考试中进步突出的是中等生和部分原来学习困难的学生。特别是英语、数学和物理学科，各班级之间的平均分在减小，这说明同学们的整体实力在增强。

  我重点讲一下小组竞学中的困难和顾虑，特别是每个班里学习困难的学生和优秀生。有一天你发现班里的学霸就坐在你身边，不再是远远地坐在教室前边，这些优秀生和你一组坐在你身边，给你提供了方便求助的机会，但是知识不会在空气中传播，需要你约束自己、用心专注地接受帮助。任何的奖励和处罚措施都是促进大家为小组荣誉而奋斗，在学会的成就感中获取动力，在学习的成就感中获得自信，这是学习带给我们最纯粹的快乐。所以，想要进步的学生，老师和同学们对你很关注，你可能会下决心，决心在瞬间会充满力量，但是能够坚持下去，才有可能让你们成为下一批进步最快的学生。

  作为小组里的组长或班里的尖子生，有部分组长会有顾虑，怕影响自己。你有没有发现，原来的你是在听老师传授知识、反复训练的基础上取得好成绩。现在，除此之外，还有一种方法，是你在教别的学生过程中取得进步，这种方法理解更加透彻、掌握更加牢固。除了显现的分数之外，你在帮助别人的过程中赢得了信任和尊重，在内心建立起来更多的自信。不断增强的理解力、表达能力、与同学的沟通能力，这些软实力将促进你学习能力的提升、身心健康、与人合作共赢。你会慢慢懂得，做一个对别人有帮助的人一定是最受欢迎的人，生活最快乐的人。最终你会渐渐发现，其实受益最大的是你自己。不仅仅是成绩的进步，还有逐渐树立起来的、互助共赢的人生信念。

  第三个词：坚持

  美国的波士顿马拉松赛场上，比赛起初阶段，观众热情的呐喊加油、数不尽的赞助商扯着条幅助威，运动员穿着新跑鞋，信心满满，一路上有志愿者发放矿泉水。但是，随着时间推移，出现了许许多多的上坡和下坡，热闹的场面已经退去，渐渐拉开距离的选手们要独自面对漫长的坡道，特别是路线最长的伤心坡，也是很多运动员们最终选择退出的地方。孤独、疲惫、看不到尽头。但是，坚持下来的往往是最坚强的。

  我们已经踏上了一段为期三年的中学马拉松长跑，这一年我们挑战的是最长的一段上坡路，面对任何心碎的挑战，不要气馁，我们可以坚持到最后，面对目标。

  坚持是一种品质，认真是一种态度，优秀是一种习惯，绝对不要轻言放弃，也许你与成功只有一步之遥。让我们一起努力，成就最好的自己。

  如果没有整个社会首先是家庭的高度的教育学素养，不管教师付出多大的努力，都收不到完满的效果。学校里的一切问题都会在家庭里折射地反映出来，而学校的复杂的教育过程中产生的一切困难的根源都可以追溯到家庭。人的全面发展取决于母亲和父亲在儿童面前是怎样的人，取决于儿童从父母的榜样中怎样认识人与人的关系和社会环境。

——苏霍姆林斯基

家庭是孩子成长的最好助力

尊敬的家长，你们好！

教育专家朱永新说过"家庭是真正的'人'诞生的摇篮。一个孩子进入学校之前，其认知风格、行为习惯、情感态度甚至价值观，在家庭里都已经形成了。学校只是起到改造的作用，进一步校正、帮助他成长的作用。所以家庭对孩子真正的'人'的形成是很关键的。"

做人是孩子的立身之本，欲使孩子成才，先教孩子做人。这是家教的最重要任务，从孩子出生家庭就开始影响他们的心理发展和品德的形成，家长的言行就是孩子模仿的样板。但是在现实生活中，不容避讳的是，许多家长对怎样当好父母的紧迫性缺乏足够的认识，不懂得怎样教育孩子，尤其是孩子上学以后，或重智轻德，只关心孩子的考分；或信奉"棒头出孝子"，教育孩子简单粗暴；或对孩子过度溺爱，百般呵护，缺乏培养孩子担当的意识……在家庭教育上形成的一个个误区，由此给孩子的身心健康成长带来负面影响，甚至延误一生的发展。

高尔基曾说："爱自己的孩子是连母鸡也会做的事，但如何教育好他们，却是一个严重的问题。"

学生已经步入中学，一周的时间都在学校度过，是不是孩子的教育已经全部转移到学校，不需要家长的参与了呢？答案显然是否定的。朱永新老师这样提醒家长。"事实上，无论孩子在哪里，总是离不开父母的影响和教育。优秀的孩子总能在他背后找到和谐温馨的家庭背影，一个孩子形成了不健全的人格，也能从家庭中找到某些冲突和矛盾的因素。"作为中学生家长在孩子的青春期还要做些什么呢？

一、行为上引导孩子。

"小树易直也易弯"作为家长，以身作则的教育魅力是巨大的。试想一个做任何事都精益求精的家长，他的孩子一定是个认真细致的孩子。注意教育引导孩子什么事该做，什么事不该做，那对孩子今后的成长是非常有利的。孩子一直在观察着父母的举止，这也成为他们最直接最生动的模仿样板。如果家长要求孩子学习时，自己在旁边看电视、玩手机，怎么会获得孩子的信服？如果学习环境有限，孩子只能服从家长要求，渐渐养成边看电视边做作业，边听歌边做作业的习惯，作为中学生已经具备了自我意识，他的想法可能通过行动表现出来，家长不看书凭什么要我去学习。开始以各种谎言欺瞒家长不完成作业不学习，慢慢家长也就放弃了对孩子的期许。希望孩子有进步，家长自身需要有克制有追求。

二、畅通和学生的交流。

现代生活将人们带入节奏紧张的生活，但是孩子的成长是家庭生活中最重要的一部分，也是没有回放的现场直播。父母作为第一任教师有不可推卸的责任。青少年时期正是生理心理发生变化的关键时期，可塑性极强，最需要别人的正确引导，教育引导孩子不能以自我为中心，要经得起批评与挫折，克服烦躁心里和怕苦畏难心理。孩子们面对学业上的压力和同学交往上的矛盾有时难以自我排解，容易产生心理和行为障碍。

经常和孩子进行对话，发现问题的苗头，及时安抚进行沟通，就会起到疏导启发的作用，使孩子得以健康成长。对青春期的孩子，在教育方法上父母更应该讲道理，态度不要粗暴，语言不要挖苦，讲究分寸。优秀的父母都是以自身开朗豁达的个性、民主平等的作风去影响孩子，在言行上做孩子的好榜样，从生活中培养孩子好习惯，从启发中引导孩子学会宽容他人、懂得感恩和珍惜。

三、鼓励学生精进学业

为孩子创造一个良好的学习生活环境，让他们能够专心投入，坚定目标，奋力拼搏，争取优异的成绩。如果家长在周末能够和学生一起读书学习，那对学生是最有成效的影响，最无形的鞭策和鼓励。对待成绩要平和冷静，过分急躁会让学生压力过大，每个学生的学习能力不同，他们的学习状态和学习成绩有差异非常正常，要对学生进行鼓励和指导。有些学生出现明显的偏科，除了老师在校期间进行辅导，也请家长特别关注，让孩子在节假日多复习想办法进行弥补，避免因瘸腿学科影响学生的总体成绩。

家庭环境对于孩子的影响是潜移默化的，因为孩子长期生活在家庭中，作为父母，需要做的就是尽可能的去为孩子创造一个和谐的家庭环境，对孩子的成长负责任。家庭环境、家长意识对学生学习、生活习惯的培养影响极其深远。家庭关系和谐，家长稳定的态度容易给学生带来积极饱满的情绪。家长有不良嗜好、家庭充满争吵和矛盾会导致孩子缺乏安全感，影响学生的学习生活，甚至会影响他们未来的生活质量。

我们周围有些家长充斥着拜金主义、学习无用论的观念，宣称上学也找不到工作，学不好也没什么，不如早早打工算了，言谈举止不注意场合不顾忌孩子的想法，影响学生上学的动力。现在已经有一小部分学生辍学，对其他学生也有影响。家长要从长计议，鼓励学生努力学习争取更多的学习机会，接受更多、更优质的教育资源。

四、提醒孩子慎重交友。

伊索有一句名言："对一个尚未成熟的少年来讲，坏的伙伴比好的老师起的作用要大得多。"可见朋友对孩子的影响至关重要。周末尽量陪孩子一起度过，在谈话中注意他的学习态度、说话方式、对一些事情中表现出来的看法，比如是否出现在物质攀比、过分注重着装，甚至买一些不符合他年龄的衣服，留怪异的发型。周末是否和一些不良朋友相处，是不是上网吧，甚至在家无限制地上网，这些行为表现出他在微妙地变化，要注意引导和管理。

初中两三年决定着他的世界观、价值观和原则的建立，影响着未来的人生方向，家长正确坚定的态度会起到调整作用。如果出现不良苗头不以为然、不及时地制止，学生就会慢慢地不认可家长，不接受家长管教，难以脱离不良行为的影响，甚至在不良朋友圈养成不良习气、壮大他的胆量，出现小到违纪大到违法的行为。

五、多与老师取得联系。

学生在校与在家的表现可能会大不相同，经常与班主任老师联系，让学生意识到家长对他们的重视。对学生的学习状态和同学交往及时了解，发现在学校的异常现象积极配合老师解决。如果家长在外地工作确实需要和孩子取得联系，可以办理"家校通"电话卡，避免配带智能手机带来的各种隐患，方便他们晚上偷偷上网聊天、玩游戏、看视频和电子书，不仅影响睡眠，还会受到不良信息干扰。

望子成龙，盼女成凤，是每个家长的愿望，青出之于蓝而胜于蓝是每个老师对学生的殷切希望。要想我们的孩子安全、健康的成长，离不开学校这片沃土，离不开园丁的辛勤培育，更不能缺少家庭的关怀。您孩子的点滴进步，我们都和您一样感到无比欣慰和高兴。为了他们的美好未来，让我们一起携起手来，同心协力，愿我们的学生蓬勃向上，全面进步；祝各位家长身体健康，工作顺利，合家幸福。

携手同行毕业季

各位家长:

大家好!为了我们的学生、您的孩子能有更好的进步和发展,今天我们又一次相聚在这里。在学生直接面临中考、面临人生第一次重大选择的关键时期,能够充分了解今年的中考动态和相关升学信息,对学生的未来至关重要。

学校特别重视这次家长会,班主任逐一打电话通知家长能够按时参加,今天能够在百忙中抽出时间来参加会议的家长,足以说明大家对自己子女的教育非常重视,能够积极配合、支持学校的工作,让人尊重和敬佩。家长会的目的就是让大家在未来屈指可数的时间里,及时了解毕业班的基本情况,和老师充分沟通,共同高效地完成备考和升学任务。

一、算算时间账:今天是阳历3月8日,中考时间是6月11日-12日,距今还有93天,去掉节假日28天,在校时间还有65天,中间穿插中考报名、参加体育、实验、微机考试等等,看似还有一个学期,其实能够在教室里读书的时间只有两个月,60天。这么短的时间里,如何最高效地学习,学生、老师和家长的思想行为统一至关重要。既要有紧迫感,从心理上高度重视和关注、又要有计划有步骤,稳扎稳打,将复习备考的任务扎扎实实地落实好。

二、有限的时间里学校和级部在做什么?

1、精心安排教学计划并落实跟进

学校召开各学科教研活动,老师们认真研讨并规划复习步骤,学校和级部及时沟通、听课、检查落实情况,适时加以修正,保证每节课高效实用。三月份只有两周的新授课时间,3月底市教研室将组织一次调研考试,及时了解学生新授课结束后的基本情况,为下一步复习做好准备。然后进入第一轮全面复习,时间截止到四月底,利用一个月的时间对初中三年的内容集中复习一遍,时间紧、内容多，对学生是很大的考验，四月底将进行第一轮全市模拟学业水平考试，进入五月后开始进入第二轮复习，按照专题分类复习，全市还要进行第二次模拟学业水平考试。六月份进行集中综合测试，迎接第三次模拟考试。

整个复习过程将穿插体育训练和测试。体育考试50分，和化学的成绩相同。这是大体的复习及考试轮廓，各个学科将针对计划明确详细的复习要点，有针对性地落实复习和检测内容。学校和级部将根据市教研室统一调度，严密地组织测试，通过一次次的模拟考试检测知识落实情况，不断提升考试技巧磨练考试心理。考试之后会组织学生进行认真分析，反馈存在的问题，通过各种形式的座谈，做好学生的情绪疏导。

2、详细制定并落实各个阶段的迎考任务。这个学期繁杂而紧张、复习迎接考试千头万绪。我们会充分准备每个月的中心工作，对待细节工作有条不紊，保障学生在各个阶段按时完成相关任务，这几个月中间还穿插几项重要工作：三月份的职业学校招生，四月份将进行体育和中考报名，五月份开始面临一系列考试，体育考试、实验考试、微机考试，这是最忙碌而紧张的一个月。

庆幸的是，我们这届毕业班的老师特别是班主任都是责任心很强的优秀老师，有多年带毕业班的经历、积累了丰富的中考经验，会细致入微地做好学生的教学和管理工作，级部会努力将各个备考环节缜密周详地进行落实，请家长们对教学工作尽管放心。

3、加强学生日常管理

根据以往的经验，初三最后一个学期是学生最紧张也是容易浮躁的一短时间。级部在时间利用、纪律、卫生、学习生活习惯等方面加强管理，给学生创造一个积极向上、稳定、良好的学习环境。关注学生的情绪和学习状态，对于压力过大的学生要采取适当的方式进行减压，对于违纪、干扰其他同学学习和休息的学生将严格给予惩处。特别是在宿舍带手机、一旦发现会一定给予没收、在宿舍说话打闹严重影响别人休息的同学，将免除住宿资格。

我们多数孩子不是过目不忘的天才，在现在这个阶段，抓紧时间和训练是最有效的办法。几乎所有中学和大多数学生都进入了这样一个快车道，奔跑着从时间中提高分数。既然已经算过了时间账，我们就要抓紧一切可以利用的时间，鼓励学生早起读书，一年之计在于晨，我们将面临最重要的一个春天，决不能错失这宝贵的季节。

三、期望家长做什么

1、做学生精神上的有力推手

家长可能认为孩子在学校，怎么帮忙呢？每个周末，家对他们来说就是加油站。你的态度决定着他们的行为动力。你漠不关心，他就无所谓，你充分表示鼓励和关心，就会缓解他们的压力、给他们增添信心和力量。尽量少责骂，少说泄气话，多鼓励和安慰。耐下心来进行交流，既然爱你的孩子，就慎重说话的内容和行为方式，让他们感觉到你的爱意，让他们带着期望和信心回到学校。

2、排除一切干扰、做好后勤保障

希望家长给学生讲清楚，这段时间不要带手机，现在的智能手机上网内容更丰富。虽然从初一就要求，有些家长做不到，学生就很难做到。你的姑息迁就让学生体会到你对他要求不高，现在想要升学就要全力以赴，免除一切干扰。做好生活上的照顾，学校的饭菜搭配是很合理的，不要吃太多零食，过多的添加剂对大脑是极大的损伤，不防给学生带点花生、饼干、细致的家长可以搭配水果和牛奶，对学生的营养体力有一定的补充。天热以后的饮料冰糕要控制，期望家长未来的几个月里能够在家里及时鼓励、督促学生在家学习、按时返校，人生能有几回搏，你的鼓励和推动会促使他们产生极大的信心和动力。

3、教给孩子自我减压的方法

进入总复习最缺乏的就是时间和休息，有些孩子会努力把所有的时间都用在学习上，过度的学习会导致大脑疲劳，造成紧张身体不适，反而影响学习效率。有的学生过度紧张影响睡眠，父母要安慰孩子尽力就好，指导他们运用"转移注意"和"自我暗示"的方法缓解自己的紧张情绪。如想一想有趣的事，在心里哼一两句自己喜欢的歌，做一下深呼吸，还可以握紧拳头，让双手保持几秒钟的紧张，然后放松下来等。

4、认识自己的孩子

离中考还有两个多月，考试中偶尔会冲出黑马，但是黑马一定取决于实力，他的收获一定和付出相匹配。根据学生稳定的学习状态和成绩就可以推断下一步升学的方向，这个时候家长要客观地认识自己的孩子。

大致三种情况：第一种：有的学生三年来一直很努力、学习态度端正。成绩也不错，在这紧张的新学期里完全有能力跟上老师的复习进度，对原来不足的知识可以查缺补漏，成绩还会提高，在班里可以起到很好的带头作用。

第二种：有一部分学生在前两年没有在学习上全力以赴，疲于应付，可以跟得上进度，到了九年级，茅塞顿开，突然想要努力学习，但有很多知识漏洞，特别是进入第一轮复习时，各科加起来几十本书复习一遍，会觉得比较吃力，如果能够克服困难坚持下来，积极向老师同学请教，这是难得补救和提升的机会。

第三种也有不少学生，基础比较差，过去的两年多，学习上非常被动，学起来特别困难，家长和自己的期望值不高，没有强大的学习动力，得过且过，在学习中非常辛苦而且痛苦。

各位家长，你的学生是属于哪种情况？一是和老师联系了解他们的考试分数和学习状况，班主任把上学期两次全市统一考试和阅卷的成绩都准备好了，大家一看便知。第二，在家中的表现。一周在校5天，在家两天，加上假期，其实，一年的时间孩子在你们面前和在学校时间几乎相等，在家学习的情况可见一斑，每位家长对自己的孩子应该很清楚。

5、正确定位。

这几个月的时间对于学生和家长都非常关键，学生和家长的职责和分工都很重要。因为我们面临的是中考，既要学生刻苦学习，还要面临不远的升学。家长不仅是陪孩子忙学习，还有一个更加重要的角色，陪伴学生做好升学的选择，下一周就要进行职业学校春季招生工作，接着开始中考报名，作为家长，关注学生的现实，理智地分析了解社会和升学的基本信息，为孩子的未来选择一条适合他的方向，这是对孩子负责，也是对家长自己负责。未来似乎很远，但是路在脚下一步步跟进。

6、创造稳定和谐的氛围，加强与老师联系。

周日督促学生按时返校，家长还要和老师特别是班主任多联系，对学生出现的异常现象及时反映，发现问题积极解决。关注学生与外人交往，保证安全。

家庭关系和谐会给学生带来稳定的情绪，未来的时间要组织很多考试，每次学生成绩可能会有反复，正确面对，及时进行鼓励。家长的态度可能会对孩子影响很大。个别同学不能吃苦，总是找各种借口请假不参加体育训练，无法保证取得良好的体育成绩，繁重的学业需要良好的身体素质做保障，请家长做好工作，如果不是特异体质的学生鼓励他们每天训练，也不要错过长身体的黄金时间。

各位家长朋友们，希望我们全体师生和齐心合力，认真负责，让所有学生在这个毕业之季都能全力以赴成就最好的自己、梦想成真。

在叩问中警醒

第一章 心灵断想

"能够在这一生中，确实认清自己，为自己找到一个正确的目标，走出一条路，充分发挥了自己天赋的，就可以算是一个成功的人了。"

——罗兰

成为你自己

面　对

石子，

一直想和你有一次书信往来，像自己当年上大学期间，那份盼望家信的幸福感你们是体会不到的，那份在字里行间感受到父母的温暖你们也是体会不到的，文字和口头语言还是有差异。在北京的你似乎并不遥远，微信、电话让我们很方便了解彼此的生活状态，但是，却一直有些话想对你说。

昨天和你通话后，这份愿望变得更加强烈。

一周前，想对你说，"你有没有觉得比较幸运，即使是偶尔感觉，在我们这个家庭长大，接受父母对你的教育和影响。"

因为，在那一天，看着我的学生那么困难地读出并不正确的单词发音，那么困难地背诵一句话。有些学生周五不带一本书离开学校，过一个完全轻松的根本不学习的周末。即便是这样，他们的家长也无可奈何，也许因为打工根本无暇顾及，也许在孩子巧妙的谎言中，任由孩子恣意地放松。

越来越清晰地感受到，面对家庭教育的缺失，学校教育，老师影响和要求有时是那么微弱。并不是每一个孩子对老师有限的教育言行都能接受，真正愿意接受、坚持接受的，正是那些从小受到较好家庭教育的孩子，不只是知识，还有做人做事、待人接物有原则。从每个孩子的言谈举止中就可以折射出他/她背后的家庭内涵。

有那么一瞬间，我在想，多么幸运，我的孩子从小养成了很好的学习习惯、阅读习惯，这些习惯养成根植于家庭的熏陶和影响。在读书中沉淀下来许多好习惯，对时间自然地珍惜，很早养成制定计划，有责任感。这些良好的品行才有助于你的成长。

有那么一瞬间，我觉得你是幸运的。 但是，昨天，我们通完电话，这份侥幸不再，甚至心情变得不再轻松。

你无意识地对我说，周围的同学是来自什么地方，英语如何了得。从你的语气里我清楚地感受到了一丝无奈。似乎，一直没有在意所在的现实。你的同学绝大部分来自大城市，他们从小受环境影响、视野显然更加开阔，接受的教育也更加优质。仅从英语来说，很多同学接受过更加专业的训练，甚至有出国经历。虽然，你具备了很好的英语基础，但是，没有良好的外部环境，没有更多与外界交流的机会，你也仅仅为一套高考英语试卷做了比较完美的答案。至于地道的美音，精准的听力毕竟还是很薄弱，在经历千辛万苦的应试教育训练后，开口说英语是那么不容易。

而你，恰恰选择了这个曾经最得心应手的学科，真正走近它，和别人一起走近它，才发现周围还有这么多优秀的让你"心跳"的精英。

石子，有那一瞬间，我突然感到自己如此无力。我给了儿子什么呢？如果说曾为带给孩子较好的基础自鸣得意，如今，面对山外之山，面对儿子跻身于这样完全不同的生活圈子，在为之骄傲的同时，是否能与他感同身受？

我想了很久。你们的确曾经站在不同的起跑线面前，甚至跑道的质量也不同，但是终点在哪里？

如果说，在前18年，你们生活在不同层次的城市，你们接受了不同的教育，不同的家庭背景带给不同的阅历，甚至，还会因此衍生出不同的走向。

但是，未来的神秘之处就在于一切都是未知的。

也许，他们在三年、甚至六年前就取得比较流利的口语，比较精准的听力。但是，就一个人的语言发展规律而言，早期接受训练对准确的发音确有优势，但是语言毕竟是一种表达工具，对它的驾驭程度取决掌握的容量和纯熟度，这是由稚嫩到成熟的锻炼积累过程。所谓"闻道有先后，术业有专攻"，知识和能力的获得可以有先有后，只要具备完善的心智，只要具备坚持的毅力。上大学就是培养学生完善自己的知识体系，健全自己的人格力量。

石子，在大学里，见到更加优秀的人，这是人生的宝贵财富，他们会成为引领你，鞭策你前进的动力。在你将来独自谋生的日子里，还会遇到让自己难以企及的人物，甚至会感受到自己的卑微无助。山有高低，水有深浅。天生我才必有用，保持什么样的心态去面对，这是比什么知识都重要的课程。

人与人之间总是会有差距，永远会有，大家只是忙于追逐的路上，这是生活迫使人们做出的选择，停下来思考如何理解这份差距，也许更助于理解奔跑的意义。

这么多年你那么迷恋篮球，我想，在精彩的赛场中，奔跑着不同级别的球员，不是只靠一位英雄。他们相互信任为之拼搏、他们鼎力相助为之狂喜，他们相互容忍为之坚持，也为之痛苦。在一份养家糊口的薪金之外还有一份对篮球的热爱吧，不然怎么会有那么坚强的大心脏承受每个赛季、每场比赛输赢之间的荣辱冲击呢？

石子，我相信，你迷恋的除了比赛的精彩，技术的高超，还有一份对他们的倾慕和钦佩。那么，是否，你会在这些不老的英雄身上汲取顽强的精神，沉淀着自己面对任何挫折、甚至挫败的力量？

努力，是高尚的品质，能够承受难以承受之痛，是生活的一部分。在最美好的年华里，珍惜自己，珍惜拥有的一切机会，珍惜你身边的困难，它会让你成长地更加坚实、更加真实。

期　望

父母往往对孩子充满期望。但是到底期望是什么？似乎可以不假思索地回答：期望孩子拥有快乐的生活，期望他们一生平安幸福。能够给孩子达到这一目标的条件都努力去满足，甚至可以去买一份价格不菲的平安保险。

希望孩子今后快乐幸福。可是扪心自问，今后是从什么时候开始，多久以后的今后才是期望中他们可以拥有幸福的时限？得不到准确的答案。

但是多数家长内心深处有一个大概的界限，那就成人以后或者是大学毕业吧。因为那之后的人生将是他们自己要走的人生，之前的日子似乎都将依从于父母，那是可以控制孩子幸福感的时期。时而施舍一点幸福，时而又容分说地剥夺，这种控制变化的规律源于父母的情绪和喜好，让孩子不知所措，不知道该如何自由地获取他的幸福。

其实，没有什么以后的幸福，一生的幸福包括二十岁之后，也应该包括二十岁之前的每一天。人的每一天都异常珍贵，都应该是充满幸福和阳光的日子，这才是期望。

和一个母亲聊天，她很自豪地夸奖自己的儿子。孩子善良细心，当父母在沙发上休息时，儿子会悄悄给他们盖上一床薄被，愿意帮母亲做饭，逛街会主动走到马路外侧保护母亲，每天和他们拥抱再入睡。对父母无话不谈，聊学校的点滴和同学融洽，学习也上进。绵绵的语调中充满对儿子的疼爱和骄傲。

她为什么会有这样体贴的孩子，因为她做母亲做得很出色。

很多家长过度关注孩子获取知识，忽视做人做事的重要性。虽然也会说教如何与人为善、好善乐施、与人交流。父母如果不能言传身教，甚至行为上背道而驰。孩子在行动上缺乏体会，只能觉得虚假，他们会以自己的眼睛辨别做人处事的方式。有一天孩子做出与父母相同的举止、说相似的话，像镜子一般照出父母的行径，那是让人哑口无言的尴尬。

　　作为成人，对自己的不自信，也会衍生出对孩子的不自信。父母成长过程中不出色，缺乏安全感，就会极度渴望孩子弥补自己曾经的不足，满足一份隐藏于内心的虚荣，因此时常被焦虑和担心控制，父母的情绪自然就传递影响给孩子。不厌其烦表达对孩子的爱，带来更多的是压力和紧张，而不是轻松和快乐。

　　那个母亲出色的做法在于懂得置换，懂得以自己的想法去推测孩子的内心，先让他去做他想做的，然后他自然去做父母期望他去做的。

感恩有你

窗外阳光明媚，灿烂得像少女的脸，看一眼都禁不住抿嘴微笑。一曲古典音乐像微风一样，在安静的房间里萦绕，或轻或重，或急或缓地掠过天花板，飞向敞开的门窗，和窗外的阳光交相起舞。就这样坐在沙发上抿着嘴角，拿一本书，品一壶茶，享受着少有的自由和幸福。

不禁在想，生活如此善待自己，怎么会如此幸运？我拥有着最简单的快乐，最质朴的满足，一份平静的幸福。这份满足和幸福感一定会有出处。它在哪里？

因为健康，因为平安？还有更多是来自家庭，来自父母。我相信，一定是这样。

每天都在阅读有关家庭教育的文章，从中学习如何给孩子更好的影响，如何借鉴给学生家长，让他们重视家庭教育对孩子的重要性。却很少联系到自己的原生家庭。虽然很多时候不自觉地想过我的父母给过我们什么样的教育，今天的自己一定和父母的教育有着无法割舍的联系。但是，随着年岁的增长，也许以为自己已经成熟，不自觉地将这种联系忽略了。

独自在家享受这份静静的幸福，这个疑问悄然而生。不禁在想，当时间将所有曾经说过的话、做过的事涤荡干净，总有什么会留下，会深入骨髓地伴随着你，这就是家庭留给你的印记。

父母勤奋勤俭的生活状态就是样板。他们不迎合不乞怜，两个人相濡以沫，在几十年的岁月里，在那些我们理解和不理解的机会或困难面前，无声地影响着我们凡事自力更生，不依赖不懒散。正是这份自我约束和克制影响着我们，无论是学习还是工作，都在能力范围内，努力将一切做的尽可能完美，不留遗憾。因为自立坚强，才会倍感自尊和坦然，赢得别人的信任和尊重。

父母简单的生活模式就是样板。父母都是年轻时离开家乡，两个人白手起家，在上班工作的同时，不知付出何等辛苦，独立把四个孩子抚养长大。在一个少有亲戚走动的家庭环境里，没有经历里里外外的家族活动，也未曾有过许多的利害关系，以及因此衍生的矛盾和麻烦。我们生活里没有家长里短的飞短流长，所以，我们没有无中生事的习惯，没有亲人间最不耻的伤害。

父母的恻隐之心就是样板。远在外地的祖父母是他们永远的牵挂，长途跋涉地去探望、每月将有限的收入抽出一部分寄回给父母和兄妹，以这样的方式极尽赡养关爱之心。成长的记忆里，总会浮现出几张困苦的脸，那是邻居每次到家里求助的表情。在我们节衣缩食满足温饱的年代，父母总是竭尽所能接济邻居家的孩子读书，父亲说读书是有时限的，错过了就再没有机会了。

父母真诚朴实的话语就是样板。很多被当作的唠叨渐渐成为做人做事的准则。"多念别人的好"，这样朴素的一句话，是母亲时常对我们说的。听的过程也许并不在乎，但是不自觉依此去做的过程中才知道它的意义和作用。这句话让人心胸开阔，培养正气，让自己减少很多抱怨和矛盾，和周围的同事和家人和睦相处。虽然做的还不够，却是我最相信的一句话，也是今后的岁月里最执念的一句话。

父母无条件的爱就是样板。无法细数他们年轻时历经的艰难，用他们的坚强和隐忍将自己的孩子养大成人，年老了还帮我们将一个个孩子带大。按照当地风俗女儿不能在娘家坐月子，因为无人照顾，毅然将两个女儿接回家伺候月子。几年里看到的都是父母领着大孙子抱着小外孙，不禁心生愧疚，惭愧不能让他们像别的老人一样自由轻松。但是，他们的脸上只露出温暖的微笑，掩饰所有的劳碌和疲惫，只是淡淡地告诉我们不要分心，好好工作。

我们的小家不自觉地复制了原生家庭的模式。如果是家教的影响，我们很幸运生在这样一个普通家庭，遇到这样的父母。我们正视最简单的生活规律，从年少到成熟到老迈，分角色、分阶段努力做好应尽的职责，给孩子最朴实无言的爱。

传承着这个家庭最真实的家教：为人善良正直、勤劳朴实、做事认真坦荡，对人关爱、宽容。也许和创新大胆、非富即贵的现代理念格格不入，但是，小人物的简单，简单的生活方式，会带来最自然的快乐。这也许就是我感到幸福的出处。

虽然我们没有给父母的晚年提供富庶的生活，但是我知道他们更欣慰于孩子们一生平安。虽然我们没有时时陪伴，但是电话里的笑声就是内心最大的期许和满足。

听一首乐曲，读一段文字，看一眼蓝天。真的很幸福，感谢有你们，我的父母。

青春致敬母亲

石子上高一时带回来一本小说，炒得正热的《致我们终将逝去的青春》，我抢在他前面先看了一遍，虽然那些似曾相识的校园画面不属于我，也不是我追忆的青春，但是依然把我带入青春的回忆。

那些深藏的老歌，沉醉于当年美国电影《爱情故事》的旋律不能自拔。青春，似乎还没有充分回味，已经渐行渐远。身边已是青春模样的高大石子，他已经越来越接近当年自己的韶华时光。自己在母亲的角色里，悄悄改写所有的生活旋律，对青春故事的回忆只限于偶尔清悠的闲暇，而那闲暇又是那么稀缺，真实的琐碎和故事中的纯美相距遥远，于是故事便真的成了故事。

母亲，这个角色让我辛苦而享受。

更不要说每年还有母亲节让我们骄傲，其实自己对这个近几年流行起来的节日并未足够重视。曾在母亲节写过一篇关于母亲的文章，两年前的母亲节，父亲在住院，给父母都买了礼物送到医院，惹得两个老人掉眼泪。没想到那一天自己也收到了石子的礼物，一个幸运瓶，里面装满了他用好几个小时写的幸运星，我幸福地捧在手里舍不得打开，在以后的几十个清晨里开心享受着每一个祝福，那时才觉得很多时刻要珍惜。

虽然平淡的日子里渗透着孝心，但是有这样一个日子，以某种形式表示对母亲的关爱，对于子女来说也不失为一种提醒，对母亲的惦念会让她开心且欣慰。

记得赛珍珠的文章里有一句话，'爱是一种能力，能够表达爱是一种幸福"。父辈是那种很含蓄的老人，对于孩子的情感表达都是淡淡的。我一直希望儿子具备这种爱的能力，在他小的时候，会以自己的行为感染他，我会毫不吝啬用语言、用拥抱，让他知道，爱一个人，要让他感受到。

石子上高一那年的母亲节，我以为天天忙着上学的他已经没有时间给妈妈准备礼物了,上完晚自习回来的儿子一开门就对我说,"今天什么日子",我假装很随便地回答,"一般啊,没什么。"儿子咧着嘴说,"母亲节,母亲,节日快乐"。

这小子连喊一声妈都变得吝啬,说着,从背后拿出一把花,一把塑料花。我吃惊地瞪着眼睛,"这哪来的?""我们今天歌咏比赛,手里拿的道具,借来的,明天还回去。"我瞬间开怀大笑,至少露出了九颗牙,听到傻笑的母子俩,老公也从里屋跑出来,看到手里的塑料花,全家笑作一团。

高二的母亲节,晚上我正在书房工作,石子回来笑嘻嘻地从背后探过来一束鲜花,粉红的包装纸内包裹着嫩黄的康乃馨,我激动地拥抱高大的石子表示感谢,对旁边羡慕的石子爸爸戏谑,这辈子看来只能从儿子手里接受鲜花了。

高三的春天每个人都是弓在弦上一般得紧张,有一天清晨我起来做早饭,发现窗台上摆着一个花瓶,插着几只粉红的康乃馨,当时惊讶地差点丢掉手中的盘子,这肯定是石子昨晚睡觉前悄悄放在那的,什么日子呢?我脑海中飞转着"生日、母亲节?都不是啊!等他从卧室出来,我小声地问还眯着眼睛的石子:"儿子,你送给妈妈的花儿?"石子一下睁圆眼睛,随即脸上露出一丝腼腆的微笑,"是啊,母亲节快乐,提前过吧,不好意思,我记错了。"看着他去洗涮的背影,快乐瞬间飞向了窗外的天空,清朗舒畅。

青春,是序曲,是生命的前奏,然而在许许多多离开容颜靓丽的日子,依然可以感受到生命的精彩,只要心中有一个与青春无关的青春。

画 面

有一幕至今难忘，像画一样镌刻在记忆里。

那是父亲住院期间，连续几个月的治疗，药物已经给他带来太多的副作用，食欲不振、行动不便，每次到医院都有说不出的压抑和无奈。因为化疗之间身体要休整，各个疗程住院的病房并不相同，但是每次踏进六楼肿瘤科对于我都是莫大的折磨。一次次进出病房，看到的都是病人和家属无助和迷茫的目光。

又一个傍晚走进父亲的病房，新来的病友是一个不到五十岁的女人，如果不是被痛苦的病容掩盖，这是一张温良美丽的面孔。床边陪护的椅子上坐着一个年轻人，二十岁左右，想必是她的儿子吧。不知已经毕业还是在上学，俊朗的脸上戴一副眼镜，非常阳光的学生模样，正在亲昵地给病人擦手。

床头柜上摆放着一碗馄饨，他端起另一只小碗，用勺子把馄饨一个个舀出来吹凉喂给母亲，母亲吃的很慢很吃力，终于对儿子递过来的勺子再也不愿张嘴，用手指指让儿子吃饭。他听话地在母亲的目光里分享着这一碗馄饨，每次望向母亲，总有一丝满足的微笑在他脸上浮现，完全不似在病房吃一份简单晚餐的样子。

我忽然明白那是因为和母亲在一起吧，那满脸的幸福是在家中享受妈妈做的美味才有的。多年以后，他的记忆里会不会记得这一时刻，和妈妈在病房分享一碗馄饨的味道，因为妈妈还在。

吃完晚饭他细心地扶母亲躺得舒服一点，然后开始帮忙擦拭伤口。因为是乳腺癌，碍于我们这些外人在旁边，母亲将外套斜盖在身上，儿子在外套遮盖的那一边帮妈妈小心地擦拭，很专注细心的神情，没有任何的紧张和勉强，不时小声地和母亲说着什么，只是有一句我们听得很清楚，"没有什么，你不要自己琢磨。"

那一瞬间内心涌出无尽的感伤，本应是最美好的母子，他们的记忆里曾有多少这样母子依偎的幸福画面。可以想象，当年，怀抱着儿子看他甜蜜地吮吸乳汁，年轻漂亮的妈妈该是如何的快乐和骄傲。而今儿子一脸专注地为母亲擦拭伤口，想象不出他第一次看到妈妈手术后的样子该是怎样的心疼，满是伤口的乳房怎么会和曾哺育过他的母亲联系起来？

　　一定是惊讶，紧张，甚至不忍直视的痛苦和尴尬，一定是颤抖着双手不敢碰触吧？而今他每天小心地帮助母亲轻拭伤口，也许已经习惯这个助于康复的程序，专注的表情里只有一个信念，只要母亲在，她的美丽就永远在。但是对于母亲呢？这一时刻是无奈，折磨，抑或是幸福？

　　孩子，不就是幼年时围着爸爸妈妈绕膝欢笑，等到父母年迈、甚者成为病者依然俯身膝前，那些最美的希望已经变成最富足的安慰了吧？

七年与梦想

周末,把石子放在书桌上的《麦田里的守望者》看了一遍。似乎对于自己,看这样的书有点不合时宜,但是名家塞林格的语言什么时候读起来都是享受。

轻抚着书面,喜欢书,喜欢文字中那些温馨的气息。

在一本杂志上看到《成功的七年之痒》,一个人如果要掌握一项技能,成为专家,需要不间断地练习 10000 个小时,每天练习 5 个小时,每年 300 天的话,需要近 7 年的时间。文中还列举到六六经过了 7 年的努力协作,才成为了一名作家,披头士乐队成名前举办过 1200 场音乐会,比尔.盖茨在发家之前已经做了 7 年的程序员。生活中的很多人没有在 7 年之后硕果累累,那是因为,没有投入精力和热情来练习一项技能。每天做各种事,形式上忙忙碌碌,很丰富的样子,其实我们并没有在练习,因此不能专精。

花一分钟想一想,曾经最想做的事情是什么,然后每天去做这件事,7 年后,你会发现,你已经可以靠这件事出去混饭吃了。生命中的下一个 7 年,下一个 10000 小时,你打算怎样过? 看到这个问题,我真的认真地思考了一下,这一辈子中,真正让自己自由支配的 7 年并不多,我还有没有梦想?

一直想做的事?

生命中的每一个阶段都有明确的方向,但是我知道,有些并非完全是自己的意愿,甚至许多选择是无奈的。为家庭、为孩子、为不可改变的心性所为,努力完美地达到当期目标。时至今日,才发现其实内心还有一个自己最喜欢做而一直没有全心投入的愿望。

大概 30 年前,上高中时,来自老山前线的战斗英雄到学校给学生做报告,不记得具体内容,只记得他问过一个问题,"你的理想是什么?"

片刻的等待,每个在场的同学都在内心考虑自己的梦想。我那时最清晰的愿望就是成为一个作家。如果还要更早些，那是上初中时，一篇通讯稿子在父母单位的广播站播放过，兴奋之余曾内心自问，什么时候让我的文字成为铅字。

如果说后来真有变成铅字的文章出现，应该是在大学的刊物，后来单位的报纸。如今 30 年过去了，是不是已经忘记了自己的理想。

为了升学，当年选择了自己最不喜欢的专业，为了生活，努力地在这个职业中做到最好，因为我们受的教育是干一行爱一行。虽然没有多么爱，但是在工作中也感受到了其中的乐趣，收获了这个行业中的各种荣誉，试了不同职位的责任和荣耀。职业的道路，还能走多远？是不是已经倦怠？

内心依然有梦吗？

我想是的，余生还有几个 7 年可以自由支配？也许未来的这 7 年是最自由的。松开了孩子的手，当我们还拥有健康和内心的希望时，是否该全情投入，为了自己曾经喜欢如今依然喜欢的事？让心底藏了多年的梦想不再是梦。

踏实走出每一步

午后窗外阳光正好，课间十分你是否感受到其中的温暖？此时的你，背负一天繁忙的功课回到家，一定觉得累了。虽然"忙"是一天的主旋律，还是会偶尔生出厌倦，是吧？

姑娘，很久不见。

虽然看不见现在的你，但是可以想象到你的样子。像所有路边一闪而过的高中生。虽然正值花样年华，因为早出晚归的疲惫，因为喘不过气的压力，本应清澈的眼神布满愁绪，水灵的面颊变得黯淡。

好在，这仅仅是生命中的一小段，很短的一段。

虽然很久没有见到你，但是一直关心着你。像所有从我们面前长大的孩子，牵扯着我们的目光。更何况，我们曾经那么朝夕相伴。

你很苦恼，很烦闷。因为这份让你不愿面对的成绩，也许有一些时间你甚至不敢承认这是自己。初中时曾经相对轻松的学习状态，还算优秀的成绩单。怎么仅仅换了个校门、历经两年，就糟糕得让你觉得不堪忍受、难以置信。你会有这份疑惑，是吗？

这份难以消化的沉甸甸的纠结，更何况周围还有那么多双家长、亲朋老师同学的眼睛和声音，用各种方式表达着他们的期望，还是期望。你一定很不好受，是吧？

其实，谁不是这样呢？你看不到别人的眼泪，感受不到他们的煎熬。

哪个经历过高中生活，真正认真学习的人不是这样呢？所有的骄傲、梦想、快乐都压缩在一个壳子里，一个叫做高考的壳子里，随着成绩的高低起起伏伏。

好在，这是人生的一小段，短暂之极。但这是凝缩得如压缩饼干一样沉重的一小段。

这一段让人时而充满希望、时而让人充满沮丧，它摇撼着你的灵魂，千锤百折，考验着你的隐忍和坚强。

这一切终究会过去，当不久的未来你回头看去，未来的成长中，你回头看去，所有的经历和磨练都是财富。既然古语都有"苦其心志，行弗乱其所为。"你要坚信，高中阶段不仅是最全面接受各学科教育的时候，也是让你学会面对挫折、认真反思、接受变化的最好阶段。有了这三年的磨练，你会发现，将来再出现什么变化你都会接受——不过如此。

孩子，七门功课，面对内心，认真想一想。相对而言，哪一门是最害怕的、可以接受的、觉得最轻松的。不要盲目地忙乱，每节课专注听讲，抓住一些能听懂的内容。做作业时快速浏览找到与这一部分相关的内容，全力以赴，不要出错，保证会做的要做对，哪怕只是一道题，一个步骤。确保你能做对，争取结果正确。你需要从最基础的地方做起，一点点拯救已经失落的信心和勇气。

太慌张、太紧张、太着急，就会迷乱了，这样的心理状态下做什么都是徒劳。有不会做的题太正常了，作业太多太正常了。别贪多，你对自己已经会多少、还可以争取学多少要有把握。能说出理由的题目就是真正的掌握了。孩子，别贪多。千万记住这一点。忙乱不会有效率，只能让时间无意义地浪费。保证做一点会一点，你可以应付作业、应付考试、你也把时间都应付过去了。不要贪多，任何作业、考试追求质量。贪多一定嚼不烂，只能系统紊乱、消化不良。

孩子，你记住。学的慢不丢人，学不会不丢人，成绩不好也不丢人。学习是自己的事。是锻炼人坚持和思考的个人活动。抓紧时间很重要，停下来思考更重要，有过程，结果一定好。

学习的确不算是快乐的事，更何况天天被人评比着。但是学习是成长中必须经历的事。放慢节奏、踏实每一步。从今天做起，你迈出的每一步都是进步。我坚定地相信你，学习是属于你的独立成长过程。不要在乎别人的看法，也别太在意那些批评甚至失望，那也仅仅是别人的情绪表现，无法左右你的行为。你是决定自己快乐与否的关键，你会找到那份快乐的。

走出第一步吧。

师生相聚

初中同学在微信上晒聚会的快乐，让我们重拾青葱岁月的天真美好，感叹再难重聚的遗憾。没有想到几天后我参加了别人小范围的初中同学聚会，而是作为他们的老师。

正在上班，突然接到电话，声称是我的学生，几乎完全陌生的声音，不等我追问，已经报上姓名小邱。在听到的那一刻，禁不住叫起来，真是太意外了。

这是我上班后带的第一届学生，那个班的学生也只比我小6、7岁。因为子弟学校就在生活区内、老师和学生的家住的很近，他们会在周末成群结队地到我家去玩。对于年轻的我来说，他们不仅是我的学生也是很好的朋友。上课教他们书本知识，下课大家一起聊天玩耍做游戏，一起到俱乐部去看电影、结伴出游。有的学生甚至还没大没小要当红娘。他们三年的初中生活就在我这个年轻的班主任兼玩伴下度过的。

后来很多同学考上了市重点高中，进市里读书，我也开始自己的恋爱和婚姻，随着环境的改变、平时的联系慢慢减少。又过了几年，随着企业的扩张，很多开始上班的学生调到外地，也有不少开始成家立业。大家的工作和生活境况变化更大，联系渐渐中断。这个叫小邱的学生已经十几年不见，所以连声音都变得陌生。

当他和另外几个同学出现在我眼前时，真的吓一跳，满脑子都是他们曾经快乐调皮的身影和表情，然而，疾步走过来和我握手拥抱的已经是成熟的中年人，有一个几乎认不出。我在他们眼里一定也是变老、变丑了，那个年轻活力四射的老师已经如风干的果核，憔悴干枯了。

他们找到我，源于他们昨天在初中同学群里聊天，聊起当初最喜欢的老师，还记得谁，大家不由地都提到了我。有一个学生说出我现在工作的学校。小邱今天正好出差经过，但是不知道我的电话，后来通过114查号台才联系上我。于是邀了最近的几个同学，迅速跑到学校来找我。看着满校园如他们当年年少的身影，恍惚回到从前，大家很快亲热地聊起那些可爱的旧日时光。

吃饭时，他们看到我儿子的照片唏嘘不已，感慨时光飞逝。初中最喜欢的老师如今已经有了比他们当年还大的孩子，他们自己也已经为人父母。才真正接受二十几年闪电般消失的时光。享受着过往记忆带给我们的快乐，开心地享受当年的学生给我上课，讲述他们拼搏、曲折、失败和成功的故事。

老师曾经传授给他们的做人做事道理，二十多年后，再次从他们人生经历中提炼出来。教育，那些曾经以为很重要的分数，早已随风消逝，了无痕迹。留下的是大家在生活的课堂上归纳总结出来的：真诚、善良、坚持。这才是教育留给一个人身上最真实也是最可贵的品质。当初的师生关系，褪尽种种要求和约束，留下最珍贵的仅仅是想起和被想起，忘记或难忘记。

教师节

在教师节这一天和同事们结伴外出游玩，享受社会提供给教师的福利，回来看到微信群里满满的祝福和问候。

最让我感动的是年龄相仿的最早两届学生，他们建了班级群。一百多条留言里，大家争相给老师们送祝福，还纷纷发起红包，后来又为谁抢了给老师的红包发生争执。

恍然之间，我似乎回到20年前。在那个亮堂堂热闹闹的教室里，满眼都是学生们年少时的模样。亮晶晶的眼睛，有调皮的，有安静的。也有趁着老师不在斗嘴吵闹的，就像此时在群里一样。我微笑着翻看一条条透着真情的文字，看着这些率性的笑谈，就像回到当年的样子，大家都怀有一份真纯的情感。如果不是年轻的我们真诚善良、勤奋努力，也换不来学生如此坦诚的真心惦念和感恩。

那一份份鲜艳艳的红包，就像他们当年红润的面孔，就像如今成年善解人意的微笑。我们看到了就会充满感激和感动，无论谁领取都是共享一份真挚的同学之情、师生之谊。

这是自己作为教师度过的第26个教师节。二十六年里，带过的学生虽然没有桃李遍天下，但是大江南北还是有不少学生发来问候。特别是微信让大家沟通无极限的今天。总有一些感激让自己诚惶诚恐，总有一些惊喜让自己深深感动。

当老师的日子，面对那些似乎什么也不懂的轻狂少年，也许曾有管理困难的烦恼，也许会有因为难以提高的成绩困惑，甚至有些时候倦怠了周而复始的单调生活。

在如此相似的年年岁岁中，静守着清贫被逐渐边缘化，被日渐膨胀的物欲、金钱至上的价值感淹没而无可奈何。似乎只有到了这一天，曾经的学生一声亲切的问候，遂将慢慢沉寂的骄傲触动。我是一名老师，陪伴过他们的少年，影响过他们的成长。

老师，其实如此容易满足。不在乎功名高低，不在乎利益多寡，有一份牵挂已经足矣。

老师，曾经的崇高和荣耀感，伴随着科技化信息化的普及被慢慢弱化。因为他们不再是独自掌握教育资源的群体，发达的网络让知识获取的渠道，学习方式更加开放化。

老师也在人们的意识里渐渐被请下神坛。伴随着知识产业化，知识创造财富的现实性，知识可以最大程度的利益化。掌握足够知识的老师有的迅速并入这个利益的链条，家教、辅导班、贩卖教辅资料等等，不惜背负起人们的骂名，因为大家对教师已经有一个约定成俗的固有观念，只讲奉献不讲所取，最好可以不食人间烟火，只需要精神家园。

的确有一些这样更注重精神需求的老师，他们的行为显然没有达到圣贤。但是淡泊地活在自己的理想里，当年所受的师范教育，就是要将自己的学识、自己对教育的热忱潜移默化地传承下去。所以，面对任何一届学生清亮的眼睛，他们都会毫无保留地延续那渐渐稀缺的真情。

在真实的琐碎里，坚守着故事里的纯美，不让希望真的变成相传的故事。

素 描

讲台上的年轻人个子不高，也许不足170cm，微胖、健硕。在教室里行走的步伐轻捷灵活，偏圆的脸上架一副眼镜，镜片后一双不大的眼睛变换着丰富的眼神，配合时而微笑、时而专注的神态。秃裸的前额宽阔饱满，已经呈现出这个年龄不该有的成熟。

静悄悄的教室里回荡着他洪亮的声音，清晰简洁而且幽默。抑扬顿挫的语调控制着面部的肌肉，调节出不同的表情。"大家说这是一只什么样的蚂蚁？什么？六条腿？"在学生应声附和时，他高扬的声音牵动着脸上绽放的笑容，让大家觉得非常亲切和善。

学生回答问题表示迟疑时，他抚摸着自己叠成一条缝的双层下巴，微笑着看着学生："谁来试试？看看谁最给力？"得到众多学的响应，他的笑顿时在圆脸上漾开来。语气非常坚定，声调中却含着笑。学生得到他的鼓励更加轻松，当学生读到："小蚂蚁看到一粒饼干屑，就要快乐地晕过去了。"他一只手拿着书，另外一只手拿着白板笔，随着学生的朗读不停挥舞，甚至做昏倒状。当学生停下来，他会不尽兴般地追问："还有吗？还有吗？"语气中的急迫让他不自觉地时而碰一下眼镜，甚至拂一下耳朵，就像一个快乐的导游，不停地引导着学生继续表达，享受着学生们独立思考、领略独特风景的妙处。

最后，他总结说："这是一只不贪婪、坚定、义无反顾、幸福的小蚂蚁。"那一瞬间，我感觉他就像在给自己定义。

幸福是那么渺小而又真实，值得拥有。

羁　绊

写下这两个字,也许因为很多时候处于这样的心态之下吧。特别是晚饭之前看了一则小文,说,人们总是被很多事情羁绊着,现实的或是内心的一些想法,让自己失去了自由的空间。

忽然想起下午的一个小片段。坐在办公室不由把视线转移到窗外的操场上。教学楼北面正对着操场,标准的四百米跑道,旁边是六个篮球场地,一个圈起的排球场,其实最受师生欢迎的是篮球场边上的那片休闲花园。靠北面的是纵横交错的杨树林,一条方砖路之隔就是绿地花园。平展的草坪被曲折蜿蜒的花砖小路分割成不规则的图案,草坪中间栽着高矮不一的灌木花丛,被修剪得错落有致,一直延伸到路边,被一排高高的垂柳、宽敞的道路与教学楼隔开。

两个班级在上体育课,大概过了半节课的样子,学生开始自由活动,慢慢离开了跑道,除了一些篮球爱好者在打球,更多的学生走到花园来玩。极其偶然之间,望向窗外,正在视线之下,依然绿意盈盈的草坪上,平铺一件淡蓝色的校服,上面落坐着一个身着黑色套头衫的瘦削女孩,抱膝的女孩旁边是一个高挑的男生,他似乎犹豫了一下,也同样把校服铺开,在女孩旁边坐下来,一件白色长袖T恤衫把他衬托得非常清爽。

在四楼望下去,虽然看不清他们的面孔,仅从视觉上感觉清新优美。虽不愿意相信这是两个有点过分"接近"的初三学生,虽然看不清他们的神态,但是看得出,他们不是很开心,没有交流的动作手势,只是沉默地坐着,似乎男生在转头和她说些什么,但是并没有热烈地交流,就像是吵架后的沉默。不远处就是他们的同学,开心地又跑又笑,这两个人被一丛矮矮的灌木遮挡起来,木然地沉浸在他们的沉闷里。

蓦然在想,在这样美好的年纪里,内心有些美好的感觉千万不要说破,让它在心底悄悄绽放该有多美。一旦说破，两个人会不断地浸没于丝丝缕缕的矛盾、误解带来的麻烦里。男孩终于坐不住，抽起身下的校服起身走了，女孩没有一丝反应，也许是在生闷气。但是片刻之后，另外两个女孩走过来，和女孩子叽叽喳喳半天，还相互逗弄一番。红衣女孩跑到同学们中间，不一会儿，刚才离开的男生被带回来。不知道他们又说了些什么，总之，这两个闺蜜笑嘻嘻地离开，剩下这两个学生重新坐下来。似乎比刚才轻松了许多，难道是别人帮他们解开了小矛盾？偌大的操场上、花园里一边是一群撒欢的学生，在这个孤零的角落里，是这两个相互慰藉的"小朋友"，那么遗憾的不和谐、孤独、落单。

不知道他们是怎样的学生，是不是也属于留守孩子，在过早的独立中寻找一份大人给不到的温暖。但是，本该在最纯粹、快乐的中学时光里，他们是不是要以这份过早的心思来羁绊自己的自由和快乐？当大家肆无忌惮地享受着同学玩耍的天真无邪时，他们失去的那份同伴相嬉的快乐，若干年后还能找回本应属于这个时段才有的真纯吗？

任何一个丰富的内心都最容易心生旁骛，只是不要，让它羁绊了属于自己的生活。

学 习

秋季参加省优质课听课活动，清晨踏进学校大门，扑面而来一份高大上的国际范儿。视野所及开阔明朗，广场与塑胶跑道颜色各异、彼此相融，对比清新，如茵似镜。沿途身着裙装、正装校服的中学生面带微笑，以标准普通话、英语、日语一路指引大家步入造型别致的砖红色建筑。

宽敞的门厅落地长窗，窗明几净，视野通透。长廊两端摆放着几张精致的桌椅，圆形保温桶分有咖啡、奶茶自助，温和的气息在早晨的空气中萦绕着袅袅清香。

进校短短几分钟，不觉已置身于浩然、端庄、清雅的氛围，瞬间多了份沉静。忽然明白，一所学校正如一个人，在触目的瞬间，其独有的风格气质悄然溢出，清晰可辨。

进入剧院般的会场，舞台上已经布置好上课的桌椅、多媒体设备。学生还没有进场，宽大的幕布上正播放着学校宣传片：扮相亮丽的学生们欢快地庆祝圣诞节，整个画面洋溢着浓浓的西方文化气息。准备上课的教师在舞台上忙碌着准备道具，幕布画面也很快切换为课前视频。在热情的音乐声里，不同肤色、不同国籍的人们在心手相牵的互助中传递着温暖和关爱。一排排听课老师在暖红色的座椅间穿行落座，像准备观赏一台精彩的演出，整个礼堂沉浸在节目开始前的期待和兴奋之中。

直到上课已经开始很久，这种丰盈在胸的激动一直持续。仿佛误入满眼色彩亮丽，耳畔语言优美的幻境，无法从观赏的角色中醒悟过来。舞台中间身着粉色洋装的年轻女教师清秀文雅、语调流利纯正。24张淡蓝的桌旁，四人一组围坐着同色校服的学生。

像《音乐之声》中那个热情的家庭女教师带领着孩子们飘至眼前。我无法不迷茫于这画面般的课堂，沉迷于舞台般的精美与和谐。师生英语表达流畅、语音语调清晰地道，屏幕上的课件内容美观贴切，视频转换自如。课堂内外、书本内外的资源衔接自然流畅，水乳交融。

在有限的时间内，经过教师不着痕迹的环节设计、学生阅读、思考、交流，深入文本又融入生活。师生从容优雅，平等亲和，完全沉醉于面前一篇美文的欣赏与感悟之中。在阅读中体会作者用心、品味文章主旨和含义，引发思考与启迪。国际学校的学生们如此流利的英语，教师深厚的语言素养、精湛的设计成就了这样一堂让人心旷神怡、不忍告别的课堂。

目送舞台上25个师生华美退场，回味课堂，双手汗渍，满眼迷茫。似眼前走过一位知书达理的闺秀，低头回看自己，像一位粗陋的村姑怯懦、木讷。

不由自主被紧张、自卑压抑着。回想自己的学生，进入初中连字母都无法认全的纯天然的孩子们，就像一群不认字、未曾启蒙的少年匆匆步入课堂，面前再优美的诗歌、再精彩的故事，理解是道天堑，屏蔽着他们从阅读中品味快乐和满足。老师只能长时间进行枯燥的扫盲，天天沉溺于枯燥乏味的词句堆积的课堂，脱离生活的知识积累，缺乏生气的题目达标训练，师生在追与逃的日益焦灼中疲惫不堪、怨责于心。

这些常态化的语言课堂教学将师生置于何处？是基础差的学生磨灭了教师的热情和初初离开大学校园时的才情，还是被懈怠融化了激情的老师贻误了学生的潜能，错失了师生在真正温暖、和谐的课堂中共同成长的快乐？

学习是辛苦的，却也不失渐渐取得成功的快乐，语言本应是一门工具，在应用中感受其表述的含义，在阅读中接近作者的情绪和本心。运用是让文字活起来的唯一途径。

这是一次醍醐灌顶的警醒，多少年来，如井底之蛙，沉迷于没有封顶的陷阱，忙碌于分数给予的虚假的满足，纠缠于各种叠加的禁锢。学习不止于学生，学习不止于教师曾经的学生时代，学习始终在路上。

重拾起课堂中语言本有的功能，在课堂内外，让语言真正达成沟通与传递，架起理解和感受，让外面的阳光洒满心窗。

为你守候

拉开窗帘明晃晃的太阳喷着晴热扑过来,连地面都泛映着白花花的亮光,推开窗,一阵微风拂面,传来夏日短暂的清凉舒爽。

低头之际,看到花盆内绽放着两朵粉嫩的'五星梅',那呼之欲出的娇艳盈满花瓣。我掩面轻呼,生怕惊扰了那娇弱的花蕊,微闭双眼甜甜地享受细细的馨香,青翠的枝叶在花儿的映衬下更加风姿绰约、摇曳生辉,她们一定在等待我此刻难以自持的快乐。

两个月前朋友送给我这盆花开正盛的五星梅,听说它常年枝繁叶茂,即使在冬季也交替开放繁花不断,以为她茁壮并且娇艳,可以给家里增加一抹亮色。没想到抱回家几天满枝头的花儿都落了,一片片散落的花瓣蜷曲在花盆里似乎在倾诉着无奈和委屈,让我一时不知所措。问花主为什么到我家花就落了,他开玩笑地说可能认生吧。

后来的日子继续精心照看,浇水施肥,移到阳光充足的飘窗上。时过多日矮小的主干发出枝杈,叶儿渐绿、更加丰满茁壮,只是仍不见花儿绽放。一阵沮丧索性把它视作赏叶植物,只欣赏那饱满盈盈的绿。前几天无意间发现枝丫间冒出几个尖尖的突起,还未搞清那是含羞的花苞还是新叶之芽,今天居然就悄然绽放了,似乎急欲展示她的得意与骄傲,小小的粉红花瓣纤细娇弱。这早开的花儿像是告诉我,这两个多月的时间里她努力熟识了我们进进出出的三个人,拥有了家的归属感,所以才不再怯懦地绽放她的美丽,家是最让人信任的地方。

陶醉在这花开的喜悦,忽然给了我启发,各处走走看角角落落的花草还带给我什么惊喜。当我拿着喷壶到阳台给水竹浇水时,低头细看,它真的在笑盈盈地展示又一份喜悦呢。

前年过年买了几株水竹插在高高的玻璃瓶中,端放在玻璃电视柜上,绿意盎然、通体透明。半年后满瓶都是发满的根须,失去透明的清澈。同事告知可以将长高的水竹截断,没有根须的继续插在水中,下半截有根须的可以插在泥土中成活。迫不及待地依法炮制,找来一个大花盆栽了四株根须,四平八稳地插在花盆周围,每一株还保留了两片叶子,截肢后的水竹稍作修剪重新放入瓶中又变得清新秀气。只是不知道埋入土中的竹会变成什么样子,又从哪儿发出新叶呢?

日日浇水不见变化,一个月、两个月、三个月、半年过去了,原来的几片叶子依然孤零零地顶在枝头,竹杆没有任何变化,有心把它拔出来扔掉,栽种别的花儿,又不忍那有生命力的绿。有一天真的试着往上拔了拔,土有松动却拔不出来,相信那些根须已经纠结在一起,索性留着它们,在最不起眼的阳台角落任其自生自灭,偶尔也会让它们享受一点喷壶里的剩水。

半个月前,浇水时发现其中一棵竹杆上冒出一个嫩芽,不久又一个绿芽在叶叉间冒出来。半年来终于让我看到了些许的变化,在阳台挪动了一个位置、增加了浇水的次数,但是很少蹲下来仔细端详。在这个晴好的夏季早晨,原来四株光溜溜的竹杆在不同之处都在吐出嫩芽,三三两两细如米粒一般,有的稍长的芽尖已见绿意,一粒粒嫩芽像乳后的婴儿饱满快乐,即将奔涌出怒放的活力。四个竹杆竞赛一般,似乎都在憋着劲儿等待喷发出新叶。

第一次细细擦了擦那早已积灰的几片老叶,感觉它们就像孤零零的母亲忍辱负重、努力地等待着,在这半年的时间里孕育着一定会出生的宝宝,用一直不肯落下的坚挺证实给主人,耐心等待这一天的到来。我不禁愧由心生,擦拭后的叶子变得丰厚饱满,我曾经一度冷落、厌恶甚至想抛弃它们,却不知道它们在怎样默默地积蓄力量,想要成就一番让主人满意的未来。

这满眼生机勃勃的枝芽不久就会竹叶青翠,满盆枝繁叶茂。谁会知道它们的成长需要如此漫长的酝酿?那些日日夜夜被漠视的孤独,甚至有些永远也不能被看到的花开,只因你没有给它们一份等待。

以温柔的爱心、平和的耐心、助人的热心、假以时日,静听花开的声音,静等叶绿的气息,慢慢等待花儿绽放、叶儿青翠。你也许不知道,它们一直在夜以继日地积蓄力量,从你窗前的阳光、轻洒的水中;从你关注的眼神、温和的话语,它们兴奋而又执着、信心百倍而又焦灼地成长。也许就在你酣然入睡的梦中,它们悄悄地拼命地忍耐,等待晨曦初绽,以最怒放的姿态作为礼物送给你,让你品味收获的幸福、付出的快乐。

花儿如此,那满眼等待你呵护的孩子何不如此?

我的 2015

女人的年龄，对于别人可以成为秘密，但是面对每一个滑落的、音符般的年轮，自己无法欺骗自己，总是会内心战战兢兢，不愿意面对。2015年对于我，承载了许多变化，许多过往将成为符号刻在记忆中。

正值盛年的自己，在工作和家庭中担负着无限责任。2015年自己在这两个角色中领略了未曾经历的压力和负荷。

这一年儿子面临高考，而我也初次负责毕业年级的工作。从2015年的钟声敲响，我就像一名英勇的斗士，热情地冲到了最前线。旺盛的精力、苛刻的责任感迅速把我带入了一个飞速旋转的漩涡。像两条笔直的平行线精美地划出日月的轨迹。

儿子刚入高三，班主任的动员令中，大家要有瘦下十斤肉的拼搏斗志。但是，我每天准备的饮食太过丰富，如果没有变化食谱，似乎高考家长的责任没有到位。这一年的厨艺有了历史性突破，学会了煲汤、制作面点、荤素搭配、选择水果，无不从满足营养、卫生标准严格要求自己。本来就身体健壮、胃口超好的儿子，经过这一年的精心"补给"，不但没有消瘦反而长了10余斤，致使高考后的减肥成了难题。

普通的中国高考家长，对学生的学业帮助无能为力，能够全力以赴的就是在衣食上给予孩子最好的照顾，以此满足助力高考的责任感。除此之外，再多做一点就是在精神上鼓舞他，用书信、谈心的方式尽可能缓解他的压力，2015年1月起写了25篇《高三同行》，针对不同时段的学习状态、考后分析、压力排解对他进行疏导。这些细腻、感情浓郁的文字让他深深感受到家人的关爱和鼓励，成为石子高考年的珍贵记忆，其中数篇被新浪博客推荐，被诸多家长竞相转载、借鉴参考。

高三轰轰烈烈地到来，轻飘飘地离开，告别一切关注，訇然散场。

我在扮演着最重要的高三配角同时，还扮演着初三指挥者的主角。每天急匆匆地奔到学校，看到早已在教室读书的师生们，内心是满满的感动。所以才在2015年的元旦晚会上动情地书写并朗诵了《我想对你说》，真诚地感谢身边这些早起晚归陪伴毕业生的辛勤园丁们，感谢他们在最平凡的工作岗位上最出色的付出。

走过漫长冬季，迎来春花烂漫，无数日夜忙碌于不计其数的考试、阅卷、分析、谈心，紧张到几夜失眠，担心任何考虑不周带给学生们无法弥补的损失。大家在那些平淡的日出日落中追赶着与时间竞跑，能做的都做了，甚至连寒假补课这样红线外的努力都做了。而这些都值得，看着学生们不断超越，不断以一份份进步的试卷满足着张张紧张疲惫的脸。在无法更改的考试选拔制度面前，拼学生、拼老师、拼家长是所有师生、家长的共识，而我是这些年来带领大家拼的最辛苦的一个。

所有的过往都有结果，结果真的不坏。儿子进了理想的大学，学生取得超出大家预想的升学成绩。我骄傲地结束了一切，减少了近十斤的体重。

这一年里，更加理解作为父母的辛苦，利用周末陪伴母亲，利用有限的假期探望远在千里之外的公婆，在他们开心的笑容里品味着愧疚和幸福。虽然心疼忙碌的孩子们，虽然盼望着团聚，老人却依然笑着说："你们忙你们的，不用担心我。"默默地将那份孤独深埋在心底。所以，每一次家庭聚会变得如此珍贵，儿女成群地依偎在老人周围，只是看着，一张布满皱纹的脸便会酝酿出鲜花般的生动。

老人看着儿孙们在房间里散发出无限生机，喧闹出欢笑和歌声，或卧或站地闲聊着彼此的工作和生活，这样温馨的画面每年并不多，家人聚在一起，是老人的福气，是儿女的运气。

岁月，就是看着一群鲜活的生命，一天天从自己的身边慢慢走远，留下舍不掉的记忆。

这一年，是老公的本命年，内心深处有些难言的担心，迷信地说任何逢九年、本命年都要经历点磨难，而今年我们全家人都在这个范围内。从年初老公面临工作的抉择就开始压力倍增，好在一切都非常完美，虽然负荷更重，但是任何一个走在中年隧道中的男人，都肩负着工作和家庭的责任在艰难的跋涉中迎向光明。

全家人为了高考奋斗、为了各自的工作煎熬，能够让我们安心的就是我们有彼此的安慰和鼓励。在儿子烦恼时，在我急躁时，他总会像一根定海神针迅速调整气氛的倾斜。扎着红腰带平安地走过了这一年，我知道未来的日子里，我们重新归于二人世界。伴侣，就是在孤单寂寞的时候有个人在你身边，即使不言不语，但却懂你。

对于自己的性格，我无法准确地定义，一方面非常拘泥纠结，一方面又非常率性冲动。与人自然地相处是我的软肋，可以毫无怨言地伸出援手，却始终没有勇气和同事建立起深厚的情谊，似乎总不能与别人轻松地交往。害怕与别人走得太近，因为离得太近受到伤害，总是若隐若现地拉开一定距离。倒是距离很远的老朋友成为永远不想失去的财富。

2015年开始和更多的老朋友在微信群中取得了联系。大家发照片叙从前，好像几十年的断点瞬间接通。虽然照片中的容貌几乎成为陌生人，仔细辨认眼角眉梢，才依稀渐渐浮现出曾经的音容，皱纹已经深深地记刻着那些彼此不在身边的过往，但是，依然看得亲切，感觉亲近。

最幸福的是暑假和30年前的初中朋友聚会，那些扎小辫的伙伴依然神采飞扬，说着过去的故事，许多已经忘却的糗事再被提及，似乎一切都是梦境，现实是梦幻中的片尾。虽然时光擦去了容颜的光泽，心中最至纯的记忆依然清晰。

趁我们还不太老，趁我们还不太难看，想起那首好久不见，很多机会稍纵即逝。在午后的车站里迅速地辨别出了彼此的容颜，在一顿便饭、一杯清茶的闲叙中穿起这些年没有彼此的日子。也许我们都在自己的人生轨迹中携手着更多的人，但是，依然有那么一些心灵的房间是别人无法触及的，而那里装满着尘封的故事，这样举一杯清茶，不去触动它，只是看着或清晰或迷惑的记忆中的面孔，说着现在和未来，在匆匆又匆匆的聚散之间，恍惚着几十年不见的记忆和现实。

2015年，是个转折，进入九月，进入新一轮的奔忙，曾经习以为常的工作让自己有些力不从心。才感到身体渐渐出现转折，战斗机般英勇的机器开始出现大幅度磨损。难道真的像他们所说，孩子上大学去了，你们就进入了老年生活。

我惊讶地看到自己真的开始走向衰老，无奈又悲伤。难道是曾经过于拼命才出现这样的异常？经过一个多月调整，心理渐渐接受了，什么都会到来，唯有接受是最好的选择。既然容颜要老去，既然生命的活力开始衰竭，就由它渐变吧。

只要一颗年轻的心依然怦然跳动，我就有不竭的动力。

告别2015，我的生活满载着希望和理想，走向新的一年，有更多时间、更多思考，更多希望的2016年，我会慢慢地走，一路轻歌，采集一路风景，装点每一天。

心 声

今天是母亲节,这个曾经比较陌生的节日,如今在城市满街的音乐和鲜花烘托下,节日的气氛被渲染得异常浓烈。看着从身边走过的怀抱康乃馨的别人的母亲,不禁想起自己的母亲,虽然想了很久,依然没有在电话中说出感激的话,而是发了一条短信表达自己含蓄而真挚的感情。

母亲,我们的确总是这样含蓄地表达对彼此的牵挂,无论这份牵挂有多殷浓深重。天下的母亲是一样的,儿女永远是她们心中的最爱。可是,母亲,我总是无法像那些得到最爱的孩子一样,轻松的、坦然的享受您的关怀,而是小心的、谨慎地维护着母女之间那份血缘之情。也许是因为我的整个童年没有在您的身边长大的缘故吧,我想一定是的。因为那无法填补的空缺产生了一份无法抵达心灵的隔膜、一份无法靠近的生涩,总是横亘在身心之间。

因为生命中的第一个10年没在父母身边长大,建立情感的最宝贵时期过去了。母女之情只能是血缘之亲,而无日夜陪伴滋生的彼此眷恋。那段生分的距离,在后来的时间多么难以弥合。

每个女孩子都会有一段对母亲的叛逆期,也许因为曾经的距离才使那段"叛逆"显得那么漫长,那么痛苦。我们一度是彼此心中的痛。我知道你曾有过那么多流泪的夜晚,你愿意付出几倍的艰辛,只要时光能够倒流,让你再有一次机会,让女儿在你身边长大,任由你抚养长成一个知她疼她的孩子,而不是在你身边执拗地保持距离的女儿。

时光无法倒流,这份彼此心中的遗憾一年年地生根发芽。直到有一天,我也做了母亲,幸福地怀抱着粉嫩的孩子,第一次不经意地问道:"现在要是让人家把孩子带走,可怎么过啊?你当初把我送到姥姥家是什么感受?"坐在身边为孩子忙碌衣物的母亲头也没抬地回答。"什么感受,哭呗,回来的火车上哭了一路。"

一刹那的惊愕让我的视线离开母亲灰白的头发，无法想象从中原到西北漫长旅途的煎熬。已经成为母亲的我可以深切感受离开孩子的痛苦。眼眶瞬间酸胀，泪水奔流，原来自己也曾经被宝贝一样地珍爱过。

这么多年从来没有过这样的想法，只是在漫长的岁月里一直执拗地追问："为什么四个孩子偏偏把我送走？"明明知道在那个艰苦的年代，这种情况并不鲜见，很多家庭都面临这样的别离，无奈又正常。这个追问，在相当长的时间里把彼此折磨得疏远生分。

这一刻的清醒来得太突然，升腾起来的愧疚太强烈，我却无法表达内心的歉意，只能深深地拥抱着自己的孩子，融化心中涨满的歉疚和感激。

母亲，我无法悉数您经历的艰难，但是可以悉数我心中的感激。你用一双坚强又温暖的手将我们四个孩子抚养成人，还帮助我们将我们的孩子一个个带大。在娘家坐月子这是当地风俗的禁忌，可是因为我婆家远在他乡，你依然毫无怨言地把我们接回家，悉心照顾我们母子一个月，一大家人的琐碎家务变得更加繁重。

多少年来，别的老人轻松自在地享受晚年，你和父亲还天天陷入照顾孩子的忙碌中。日子很平凡，你的眼里只有别人，点点滴滴地照顾孩子和父亲，我们工作遇到不顺，你的开导和安慰总能让我们豁然开朗。母亲，你知道吗？你是我们全家人的家，无论我们有多大，孩子长多大，你总会给我们心里带来安全和温暖，用你的一言一行、一举一动让我们懂得关爱、宽容、善良和坚强。

我没有给您的晚年提供富庶的生活，但是我知道比起富庶你更希望我一生平安。我没有给你带来显赫的荣耀，但是我知道在你眼里平凡的我们就是最棒的。我没有多少言语的慰藉，但是我知道你明白女儿有一颗温暖真诚的心。母亲，我的确秉承了你的真诚和勤劳、善良和纯朴，也在你鼓励的目光中接纳所有、安享幸福。

母亲，虽然不能天天去看你，但是我享受着电话里的温馨，享受着每次坐在你身边的平静。更不要说那些在郊外散步，河边垂钓。它们会像珍珠一样镶嵌在我的记忆里。

已成为母亲的我才懂得沉迷于母亲的关爱中有多么幸福，虽然我依然还无法在您耳边说出口，但是真是很想让你知道，谢谢你，我的母亲。

2006. 5

第二章　教学醒悟

"教师的劳动就是一种真正的创造性劳动，它是很接近于科学研究的。一个教师只要善于深入思考事实的本质，思考事物之间的因果联系，他就能预防许多困难和挫折，避免一种对于教育过程来说很有代表性的又非常严重的缺点。"

——苏霍姆林斯基

反省是一面镜子，它能将我们的错误清清楚楚地照出来，使我们有改正的机会。

——海涅

从反省中探索激扬生命

摘要：在聆听学生意见中反思教学理念，学生是值得尊重、可以交流，有思想有信念有判别的生命。理解他们的心理需求、承认他们与生俱来的学习力。探索教育真谛、陪伴学生快乐成长。

关键词：意见；反思；尊重；理解；成长

期中考试已经结束，石老师担任班级的英语成绩依然遥遥领先，但是她却满怀郁闷，甚至不想走进课堂，同学们对她若即若离，特别是学习困难的学生，见到她更是唯恐避之不及。考试前的忙碌让她和学生关系更加紧张，因为部分学生不能完成各种作业被她黑着脸训斥，甚至大发雷霆。于人于己都不快乐的教学有何益处？"教育不应是对生命的控制，而应是对生命的激扬。" ① 石老师第一次对自己的教学行为及效果产生了不满。

"教的一切施为，必须不跟学生对立才谈得上。你跟学生对立了，任你说的是金玉良言，对学生全无实益，他们凭什么要领受你呢？"叶圣陶老先生的这段话更是让她反思良久，她决定俯下身子听听学生的心声。

周末石老师给两个班学生留了一份额外作业，对英语老师有什么意见和建议，以无记名的形式写个小纸条。看着老师真诚的态度，学生惊讶而又疑惑地接受了这份特别的作业。

一、悦纳心声

周一上完课，课代表神情古怪地递上来一个鼓鼓的信封，李老师虽然面带微笑内心却惴惴不安，回到办公室紧张地打开一百多张小纸条，或工整或潦草的字迹带着学生们满满的心声扑面而来。

"我认为老师讲课很好，用各种办法让我们记单词、记句子，但是，我还是莫名地感到紧张，特别是回答不出问题时，更加紧张，脑子一片空白，生怕老师生气。所以希望老师每天能有一个好心情上课。"

"喜欢英语老师认真负责，对同学们不放弃严格要求，对作业不松懈，讲的内容让同学们都了解。不喜欢课堂气氛不活跃、死板。上课的反映紧张，让同学们有些反感不想学英语。希望老师继续努力，只要学生进步，第一不重要，努力才重要。"

"老师我希望您可以像朋友一样对待我们，这样有利于学习的进步，我希望在我们犯错误的时候，您对我们有一定的惩罚。但也要对我们有信心啊！"

"老师在我心中性格开朗，我坚信'严师出高徒'的道理，希望打好英语基础，保持我们的好成绩，不要让我们失去第一，或许是你好胜，但是我坚信我们能做到。我也希望你多笑一笑'笑一笑，十年少，愁一愁，白了头'"。

"喜欢英语老师的认真负责，精神饱满地上课，作业安排得详细，不喜欢老师太过严谨、气氛太过紧张、课堂内容太满没有放松的时间，有一种强迫感。希望老师和学生调整为亦师亦友的关系，我认为，第一不重要，重要的是进步，学的开心才能进步。"

"老师您讲课很好的，时常带给我一种亲切感。有时没吃早饭就来安排我们晨读，这样不好，教学固然重要，但也要好好照顾好自己。"

……。

看着一行行或长或短的文字，不禁愧由心生。他们姑且体谅老师的用心、理解老师的辛苦，公正地评价老师的品行。对学生呢？真的走进过他们的内心，关爱、信任过他们吗？

没有，他们只是工作对象，虽然竭尽全力为他们的学业负责，也只是为了忠诚地完成工作，取得让自己满意让别人赞叹的工作业绩。

没有，从来没有把他们当成可以自我管理、发展自己的生命个体。总是把他们当成依赖老师、需要教导、需要控制的对象，他们的弱小和缺乏经验成为自己可以不拘泥形式对待他们的借口，却没有正视他们值得尊重、可以交流，正在成长的他们有思想有信念有判别。

二、叩问反思

在翻阅所有的意见之后，似乎听到了孩子们心底的呐喊："我们存在，但起点不仅仅是自己，我们默默地承接了百万年人类发展形成的本能。它不仅类似于一般动物具有低级的部分,更具有人类的特质,即学习天性、思维与符号、情感等高级的部分。"②

每个学生不是吸收文字和数字的机器,他们具有先天的学习潜能。教师更不是循环播放的录像带,将多年的知识和经验一成不变地输送给学生。他们之间不是契约关系,仅满足于学校和家长提高分数的目标。如果只满足于完成知识传递、有尊卑之别的师生定位,就会让师生之间出现隔阂;教师一味提高要求,不考虑学生的承受能力、情绪感受,更容易激发学生对教师本能的畏惧甚至反感。著名教育家爱默森说:"教育成功的秘诀在于尊重学生"。没有良好的师生关系就无法达到心灵相通,无法带来彼此的理解和相容,无法产生相互鼓励信任和战胜困难的凝聚力。教育是心心相印的活动,唯独从教师心里发出来的,才能打到学生内心深处。

她曾经和最初几届学生像朋友一般融洽相处,因为那份友好的氛围,所有学生信赖并且追随她的引导和要求,他们成绩优异,关系融洽。正如古语云:"尊其师,重其道;亲其师,信其道。"但是后来,也许因为师生年龄差异越来越大,难与学生兴趣同步,工作变成了只是工作。也许越来越严重的无处不在的成绩量化成为衡量教学的唯一标准,急功近利让所有的参与者无比急迫,本应单纯共享知识、传承文明的师生们被裹挟于无穷的压力,这份沉重的压力在传递和转嫁中渐渐疏远甚至扭曲了师生关系,滋生了倦怠。虽然每年都会收获一份华丽的教学成绩单,但是她知道这是不分昼夜加班加点,学生千方百计应对教师和家长高高在上的压制所然,教学活动越来越刻板,失去了心灵相通的感化和影响,也失去了教育的本真。

老师会变老,年龄与爱好的差异也会越来越大,陶行知先生说:我们必须变成小孩子,才配做小孩子的先生。

三、探索真谛

(一)联结情感、重塑教学过程。

"在纠正之前先建立情感联结。学生们的信念—相信老师们关爱他们—是他们感受到情感联结(归属感和自我价值感)的首要因素。"③ 每天读取学生意见成了石老师的作业,敦促自己不再做一个只会纠错的老师,和学生建立情感联结成为首要的课题。倾听他们,并认真对待他们的想法和感受;尊重他们,让他们参与做出决定的过程;鼓励他们解决问题而不是惩罚和威胁。学生对老师的印象并不是一成不变的,随着师生交往的加深而不断改善,他们积极参与学习过程的设计和落实。

学生基础差异较大,师生商量确定因材施教的小组教学方式,体现各组之间整体均衡性,关注成员之间的学习差异,确立每个学生所在档次,在学习过程中施以不同的目标要求。

调整多样性的评价方式,通过小组头脑风暴法建立了以学生为主体的过程评价手段,汇总形成大家共同遵守的评价内容。以'纵横'评价结果进行奖励。纵向指同学的各周得分,于所在档次内的进步程度;横向指对每周汇总小组成员得分形成小组成绩,以优秀小组、单向明星、进步明星等名称予以奖励。结合学生的年龄特点,唤醒那些对学习态度冷淡的学生兴趣。

"在教育领域中,任何评价都必须有利于儿童自主学习状态的形成与发展。应当尽可能把评价权交还给学生。"④看到学生们课堂上紧张活泼地互助、表演、检查,看到他们手捧贴满星星的奖状,为自己的努力收获快乐时,石老师庆幸自己幡然醒悟,开始思考和警醒,将一个人的讲台转化成师生一起成长、共同展演的舞台。

(二)激发潜能,关注个性秉异。

为了激发学生兴趣,石老师学做微课。将难点知识以更生动的视频讲解来突破。有一天,学生们听到视频中传出艺璇同学的声音惊讶不已,原来这是班里两名喜爱计算机和摄影学生的作品,他们将自己连续几个周末录制微课的过程与大家分享。在石老师的帮助下确定好文本,选好图片、自制课件录制而成,从陌生到掌握录制技巧的艰难让他们感到了学习新技能的辛苦和收获的快乐。石老师在给他们掌声的同时说道:"初学微课也让我紧张又沮丧,现在我更理解大家学习困难时的感受。"那一刻她看到了学生们眼中的赞叹和尊重。不久,讲桌上出现了一个用丝线编制精美的笔筒,那是小艾同学做的,方便老师们搁放各种笔,面对大家的赞扬,那个成绩不好终日无言的女孩子羞怯而又骄傲。

知识一定不只是某一阶段显性的学科成绩。"知识变成了力量,一种使人变得崇高起来的力量,----这是比任何东西都更强有力的一种激发求知兴趣的刺激物。"⑤师生间的理解和尊重让课堂内外的笑声越来越多,许多年来石老师没有这样轻松地进出课堂,在相互信任的目光里接受彼此的启发和引导,拥挤在身边叽叽喳喳的身影让她重新找回年轻的自信。

学生是一个个秉承人类特质的生命,尊重他们的选择,关注鼓励他们,理解他们的心理需求、了解他们在家庭或学习中的困境及畏难情绪,千方百计地帮助而不是责怪他们。承认他们与生俱来的学习力，走进他们的生活、走进他们的内心，同样也会收获他们真挚的信任和关爱。

"老师，对于我们，您是用尽心力给予我们鼓励和帮助，在学习上指导，课下与我们心平气和地交谈，把心事向您倾诉，不仅没有责怪我，还给我讲方法如何处理，就像妈妈与女儿交谈，老师，您感冒了，按时吃药，多喝水，早日康复，和我们一起快乐学习。如果头疼，别忘了让我给您捶捶背哦。我妈妈说我水平很高的。"面对学生的体谅，只有感动。感动世界上任何职业也无法贴近如此纯真的心灵。这是对一个老师最珍贵的褒奖。

（三）释放自由，共享成长瞬间

"只有让学生不把全部的时间都用在学习上，而留下许多自由支配的时间，他才能顺利地学习。" ⑥学生之所以会在课堂上表现出疲惫不堪，与他们一整天坐在教室不间断地听课、记忆、思考应付老师的问题进行紧张的脑力劳动有关，有的同学无法胜任、渐生厌倦。他们需要充足的自由时间扩充和转化知识，在活动中恢复智力和体力。从课堂上给学生赢出自由的时间进行阅读，广泛阅读中会重逢课堂讲解的零散概念，在复现中消化融入知识体系，课堂也就渐渐富有吸引力。

"周末了，和你们玩一会儿吧。"微笑的石老师和同学们跳绳比赛，绳子在头顶翻飞，速度快的让人目不暇接。学生惊讶的欢呼声响彻操场："老师你怎么跳的这么快，根本看不到你的脚动啊？""想知道吗？""想"嫩绿的草坪上瞬间绽开一圈蓝色的花，快乐的学生们围住老师听她讲背后的励志故事。

当她走进周末的阳光被学生们围拢时，就像同乘一只巨轮，她确信自己会像当年完成跳绳魔鬼训练一样，历练心智和体力，陪伴这些年轻的生命，乘风破浪，重新起航。

参考文献：

①②④郭思乐 教育激扬生命—再论教育走向生本 [M] 人民教育出版 2006 P5 P91-92 P300

③（美）尼尔森琳.洛特斯蒂芬.格伦著 梁帅译 教室里的正面教育 [M] 北京联合出版公司 2014 P73

⑤⑥《给老师的建议》（苏）苏霍姆林斯基著 杜殿坤编译 教育科学出版 2007 P59 P69

在朦胧的季节，遇见懵懂的你

一、少男少女的困惑

班长青青跑到办公室对我说："老师，你知道最近肖平为什么不高兴吗？"肖平是英语课代表，活泼开朗成绩优秀，我已经发现她最近上课经常游离于课堂之外，正准备找她谈话。

我看着青青的圆脸摇摇头，她犹豫片刻，终于忍不住脱口而出："肖平和另一个班的男生谈恋爱了，几个女生跑来威胁肖平，因为她们中间有人喜欢那个男生。"

瞬间的惊愕，电视剧里的镜头竟摆在眼前。我略显意外地问道："你怎么知道的？""肖平告诉我的。你帮帮她吧。"

已经不是第一次听到这个话题。前不久，一个男生玩手机被我发现，与他谈话时，他非常着急又苦恼地告诉我他喜欢班里的一名女生，最近刚分手所以心情特别难受。原本开朗的男孩，明亮的眼睛蒙上了一层暗淡，这样一个刚脱离母亲双手的小男孩告诉老师他爱着一个女孩子。

事情本身并不是让我太惊讶，但是对于年少的他们如此坦然还是深感意外。像看待一群过家家的孩子，虽然情不自禁地想笑、甚至暗暗责怪他们没把精力用在学习上，但是这个年龄段的学生不正处于变化期吗？作为老师该如何接受越来越低龄化、毫不掩饰的男女生交往过密呢？

二、困惑从哪里来？

传统保守的态度可能尽量回避这一事实，但是青春期的学生之间产生好感是健康发育的正常反应。营养丰富的饮食促使孩子们成长成熟更快，电视、网络等丰富的媒体让男女生交往不再神秘。

七年级的学生开始进入旺盛发育期。生理、心理的变化给他们带来自我困扰，对异性的关注渐渐苏醒，出现越来越明显的自我认知，渴望长大的自尊意识开始悖逆家长和老师，进而滋生逆反情绪。进入中学，对初中生活的不适应也会产生人际关系紧张，对于这些成长中的烦恼，如果某个异性同学表现出关注和理解，就特别容易产生好感和依赖，甚至男女生交往过密，随之不可避免地陷入种种困惑。

三、如何应对困惑？

1、诚恳交流，悦纳真心

接连几天我尤其注意肖平上课的反应，有时看她走神，走过去轻轻拍拍她的肩，她尴尬地笑笑赶紧听讲，下课趁她交作业时提醒她穿衣饮食，并没有谈及其他内容。周五她的作业里夹了一张小纸条"老师，我可以找你聊聊吗？"我一直在观察她的情绪变化，如今终于等到她放下戒备，这时的交流也许更有效。

上自习课时，我把她叫到一间空办公室，耐心地听她诉说心里的烦恼。她父母常年在外打工，和奶奶生活在一起，每周妈妈都打电话询问学习。有时她都不知该说什么，心里很烦躁。初中科目太多，学习很紧张，面对妈妈的督促压力特别大。在宿舍里熄灯后同学们说话到很晚，又要早起，睡眠不足，整天昏昏沉沉。还有一个男生经常给她写信，让她不知所措。说到最后肖平悄悄看我一眼赶紧低下头。看着面前这个略显紧张的小姑娘，不由一阵心疼。没有父母陪伴的孩子，很多事情完全靠自己辨别和判断，独自去面临各种挑战。

我微笑地拍拍她的手，安慰她已经开始像大人一样走出家门，接受新事物，这是成长的必然过程。然后耐心地告诉她，父母离开她是不得已，为了给家庭创造更好的生活，不能怪罪他们。母亲每周打电话可以看出对孩子的牵挂，这也是父母陪伴她成长的一种方式，虽然不如面对面交流方便，有些事情和心情还是要告诉父母，寻求他们的帮助和理解。

我告诉她，一个女孩不知从何时起，开始受到男孩的关注甚至好感和喜欢，这很正常、自然，只是如何处理由此带来的困扰非常关键。青少年内心充满新鲜和好奇，思想不稳定，心理不成熟，感情容易变化，男女生交往过密很容易产生矛盾，影响身心健康。在接受基础教育的初中阶段，每一天都异常短暂而珍贵，每一天的积累都影响到将来要抵达的学业高度、未来的选择。如果不能处理好自己的情绪，就会影响学习进步。我给她讲了很多身边的事例，也告诫她如何理智地对待异性的告白，如何克制情绪变化，如何通过交谈、书信等方式冷却放下这份情感。如何通过老师、父母、知心朋友帮助尽快化解这一阶段的内心矛盾。不要将一颗未成熟的情感之果轻率地摘下来，那只会品尝到生涩，随之而来的就是摒弃，会留下不尽的烦恼。在美好的季节应把珍贵的友谊放在心里，若干年后，随着年龄的成长，思想更加成熟稳定，如果情谊还在，那时的问候才更加真诚完美。肖平的眼神里明显增加了放松的清澈，她略显羞涩地对我说："谢谢老师，您像我期待的妈妈一样，没有批评挖苦我，我知道怎么办了。"

二、即时辅导，化解疑惑

肖平并不是个例，对于父母不在身边的留守儿童，许多学生面临同样的问题和困惑，只是他们没有勇气寻找帮助。后来学校专职心理辅导教师先后两次组织了七年级男生、女生心理健康辅导。通过观看视频，老师讲解，展示了学生进入青春期普遍存在的身心变化，让同学们对懵懂的青春期有更多的认识，如何面对和解决各种变化带来的恐慌、矛盾和压力。如何理解对异性萌生的好感，如何尊重异性、友好相处。通过师生互动交流，帮助学生理解在这美好的青葱岁月、豆蔻年华，同学之间学会包容、尊重、互助，培养纯净高尚的人生情操，同时学会保护自己、保持身心健康，快乐地学习和生活，顺利走过青春期。

三、创新活动，温暖你我

老师态度再真诚，一味讲道理摆事实也会让学生感觉麻木甚至反感。儿童最爱游戏，进入青春期的中学生也喜欢在活动中学习和感悟。为了让同学们悦纳自己，接受别人，以积极的心态与别人沟通，建立良好的人际关系，我们经常组织主题活动。例如：请你说说我。每个学生在一个纸条上写下自己的优点和期望，大家轮流抽签。对你抽到的学生大声读出他/她写的内容，还要补充至少一点你眼中他/她的优点。同学们在自我和相互审视中，发现自己身上的闪光点，增强自信心，在赞赏别人的同时学会宽容和理解，增强同学们之间的友谊和信任，减少孤立地信赖一人的局限性，在相互欣赏和帮助中体味家的温暖。

青春期处于人生心理变化的转型期，也是塑造性格的关键时期，虽然学生们懂得谈恋爱是家长和学校明令禁止的，但是这一时期的学生心理脆弱又缺乏克制力。

男女生交往过密，体现着渴望理解、认同和被关爱，是这个年龄遇到的头等大事，困惑于这件美好又突然的麻烦事。老师家长生硬地训斥只能适得其反，只有努力站在他们的角度上，理解并且劝告他们该如何处理，减轻他们的心理负担，一定会帮助他们走出青春期的困惑。只有通过化茧成蝶的努力和坚持，才会迎来舞姿翩翩的一天，在明丽的阳光下，在鲜花烂漫的时节翻飞起舞。